教育部人文社会科学研究一般项目"论阿普列相语言学思想在俄语教学中的应用"（16YJC740068）

教育部人文社会科学重点研究基地重大项目"阿普列相语言学理论与现代汉语语义句法研究"（17JJD740005）

本书得到2020年度大连外国语大学学科建设专项经费资助

本书为国家语委中国东北亚语言研究中心成果

阿普列相语言学思想研究

王 钢 著

中国社会科学出版社

图书在版编目（CIP）数据

阿普列相语言学思想研究 / 王钢著. —北京：中国社会科学出版社，2022.3

ISBN 978-7-5203-9585-4

Ⅰ.①阿⋯　Ⅱ.①王⋯　Ⅲ.①阿普列相—语言学—研究　Ⅳ.①H0-06

中国版本图书馆CIP数据核字（2022）第020976号

出 版 人	赵剑英
责任编辑	安　芳
责任校对	张爱华
责任印制	李寡寡
出　　版	中国社会科学出版社
社　　址	北京鼓楼西大街甲158号
邮　　编	100720
网　　址	http://www.csspw.cn
发 行 部	010-84083685
门 市 部	010-84029450
经　　销	新华书店及其他书店
印　　刷	北京明恒达印务有限公司
装　　订	廊坊市广阳区广增装订厂
版　　次	2022年3月第1版
印　　次	2022年3月第1次印刷
开　　本	710×1000　1/16
印　　张	15.75
字　　数	235千字
定　　价	89.00元

凡购买中国社会科学出版社图书，如有质量问题请与本社营销中心联系调换
电话：010-84083683
版权所有　侵权必究

前　　言

阿普列相是俄罗斯当代著名语言学家、俄罗斯科学院院士、莫斯科语义学派创建者和领军人物，其语言学思想主要体现在语言集成描写、系统性词典学和积极词典学三个方面。

语言集成描写以统一的语义元语言为工具，以语义配价理论为基础，对词位进行分析性注释，并通过支配模式揭示语义题元和句法题元之间的复杂关系。系统性词典学要求将语言单位作为一个组织严密的系统进行描写，以反映该语言的朴素世界图景。在系统性词典学中，词典释义类别和词典学肖像是最重要的两个概念，《新型俄语同义词解析词典》是最重要的实际产品。此外，阿普列相还是积极词典学思想的支持者，他认为词典应提供一切必要的信息，以便潜在的词典使用者能正确构建自己的话语。

本书对阿普列相语言学思想进行了梳理和概括，在研究过程中未局限在理论引介，而是将介绍、解析、评述、对比和应用相结合，在探讨阿普列相语言学思想的同时，一方面用汉语语料检验阿普列相理论的适用性；另一方面尝试为汉语相关研究提供借鉴。

目　　录

绪　论 ·· 1

第一章　阿普列相语言学思想概说 ································ 7
第一节　阿普列相语言学思想产生的背景 ······················ 7
第二节　阿普列相语言学思想的理论来源 ····················· 18
第三节　阿普列相语言学思想研究现状 ························ 39
本章小结 ·· 56

第二章　语言集成描写思想 ·· 58
第一节　语言集成描写思想概述 ··································· 58
第二节　作为语言集成描写工具的语义元语言 ·············· 66
第三节　语义角色嬗变与对比 ······································· 84
第四节　分析性注释的特点、形成与发展 ···················· 105
第五节　支配模式及其在语言集成描写中的作用 ········· 117
本章小结 ··· 130

第三章　系统性词典学思想 ·· 133
第一节　系统性词典学基本原则 ································· 133

第二节　系统性词典学视域下的词位信息 …………………… 143
　第三节　系统性词典学视域下的词典学肖像 ………………… 165
　第四节　语言世界图景及其民族差异性 ……………………… 178
　第五节　《新型俄语同义词解析词典》详解 ………………… 192
　本章小结 ………………………………………………………… 210

第四章　积极词典学思想 …………………………………………… 212
　第一节　积极词典学思想概述 ………………………………… 212
　第二节　词位信息及其对汉语词典编撰的启示 ……………… 217
　第三节　俄语积极词典词条示例 ……………………………… 225
　第四节　《俄语积极词典纲要》述评 ………………………… 229
　本章小结 ………………………………………………………… 232

结束语 ………………………………………………………………… 234

参考文献 ……………………………………………………………… 237

绪　　论

一　选题依据

阿普列相（Ю. Д. Апресян）是俄罗斯当代著名语言学家，俄罗斯科学院院士，莫斯科语义学派创建者和领军人物。阿普列相语言学思想既借鉴了欧美语言学的理论和方法，又具有鲜明的俄罗斯特色；既有很强的理论性，又结合了词典编纂和机器翻译的实践。阿普列相的许多语言学研究成果被译成了英、法、德、中、西、葡、波、匈等多种文字，不仅在俄罗斯，而且在世界其他许多国家都赢得了广泛赞誉。要全面了解阿普列相语言学思想的基本状况，把握其精髓，必须在整合前人研究成果的基础上，对阿普列相语言学思想宝藏做本源性的开发，对其主要著述进行系统引介和深入研究。基于上述想法，我们选择阿普列相语言学思想作为本书的研究对象。

二　理论价值和实践意义

本书的研究对象不是语言，而是语言理论；不是语言理论的建构，而是已有语言理论的阐释、对比和应用。以俄罗斯当代语言学家学术思想为研究内容，不仅具有重要的理论价值，而且具有一定的实践意义。

理论价值在于：

1. 有助于阿普列相语言学思想在我国的传播。目前，阿普列相语言学思想在我国的影响还局限在俄语界，英语界、汉语界还不甚了解。阿普列相语言学思想博大精深，对其进行全面深入的研究，厘清其发展脉络，透析其本质内涵，可以向国内语言学界提供与西方语言学理论不同的另外一个视角，展现一片较新的视域。

2. 有助于进一步检验阿普列相语言学理论的有效性。阿普列相语言学思想得以诞生的例证语言首先是俄语，其次是英语和法语，它们同为印欧语系语言。而作为汉藏语系的汉语，则是完全不同的另外一种语言。将阿普列相语言学理论应用到汉语语料中，使之得到更多维度的检验。在此过程中，如果暴露出某些问题，则可进一步完善阿普列相语言学理论。

3. 有助于为汉语研究提供理论借鉴。现代汉语研究的发展趋势之一是进行句法、语义、语用三个层面相结合的研究，阿普列相的语言集成描写、系统性词典学等研究方法和原则可以为研究汉语相关问题提供借鉴。阿普列相对词位进行的全方位立体描写，这是目前汉语研究尚未达到的。

实践意义在于：

1. 本书可以为俄语教学和俄汉互译提供帮助。在论述阿普列相语言学理论时，作为例证分析了一定数量的俄语同义词、多义词，在某些地方还进行了俄汉语对比，这些分析可以为俄语词汇教学服务，有利于对俄语同义词的辨析和对多义词的理解，对俄汉互译时选择准确的词汇也有所帮助。

2. 阿普列相词典学的理论与实践，对俄汉双语词典、汉语单语词典的编纂具有重要的参考价值。如运用语义元语言对词位进行分析性注释有助于解决目前词典中存在的以词释词、循环释义等问题；运用支配模式对词位句法信息的全面描写有助于词典使用者掌握该词位的各种用法。

3. 目前，国内以语言学家学术思想为研究对象的课题和专著尚不多见，尤其以俄罗斯当代语言学家学术思想为选题的硕士论文、博士论文和专著更是寥寥无几。国内学术界对俄罗斯当代语言学家了解得还不深入，本书可以为研究其他俄罗斯当代语言学家学术思想提供方法论上的参考。

三 研究方法及语料来源

（一）研究方法

1. 对比的方法。对比是认识事物的基本方法，一种事物的特点，只有通过与其他事物进行对比，才能更加清晰地凸显出来。语言学思想也不例外，为了突出阿普列相语言学思想的特点，我们将其与其他相关或相近的思想进行对比，尽可能联系汉语研究的现状。

2. 归纳和演绎相结合的方法。首先运用归纳的方法，对阿普列相主要研究成果进行总结，提炼其语言学研究的理论、原则和方法；然后运用演绎的方法，将这些理论、原则和方法运用到汉语的相关研究中。一方面，用汉语语料验证阿普列相语言学理论的适用性；另一方面，尝试指导汉语研究的相关问题。

3. 共时和历时相结合的方法。对阿普列相语言学思想的提取主要以其近年来的研究成果为基础，因此以共时的研究方法为主。必要时，也会追溯其思想形成和发展的历史过程，或者对其思想前后发生的变化进行对比，因此也会辅以历时的研究方法。

4. 语料库的方法。在计算机和网络技术的支持下，语料库的方法对语言研究产生了巨大影响。运用语料库的研究方法，可以获取俄语和汉语的大量自然语料，有助于根据语言事实对阿普列相语言学思想做出相对客观的结论。

（二）语料来源

书中俄语例句主要来源于阿普列相的相关论著和俄罗斯国家语料库（Национальный корпус русского языка）；汉语例句主要来源于北京大学中国语言学研究中心现代汉语语料库［《CCL 语料库检索系统（网络版）》］和百度网站上的搜索。其中，源自阿普列相论著中的例句、俄罗斯国家语料库和北京大学中国语言学研究中心现代汉语语料库中的例句没有注明出处，源自其他地方的例句注明了出处。

四　创新之处

中华人民共和国成立初期，苏联语言学对我国语言学研究曾产生过广泛、深远的影响。然而随着时代的变迁，欧美语言学的理论与方法逐渐取代了前者，在我国语言学研究领域占据了绝对的统治地位，这种局面一直持续至今。本书的研究将向我国语言学界比较全面地展示俄罗斯语言学研究的一朵奇葩，开拓一片相对陌生的视域。创新之处可以概括为以下四点：

1. 尽管国内俄语学界对阿普列相并不陌生，国内学者对阿普列相主要研究成果几乎都进行了引介，但大多是零星的、分散的，都是对阿普列相语言学思想的某个侧面进行研究。本书拟在研读阿普列相主要著述，尤其是近年来最新著述的基础上，对其语言学思想进行系统引介和评述，力求全面深入反映阿普列相的主要语言学思想。

2. 语义配价是阿普列相语言集成描写思想的核心内容。关于语义角色数量和种类的问题，在不同研究阶段阿普列相曾有过不同的认识：从最初认为的25个，到后来的16个，再到最近提出的54个。本书详细介绍了不同阶段提出的语义角色，尤其关于54个语义角色的划分，目前国内还鲜有介绍。

3. 与语言集成描写思想相比，阿普列相的系统性词典学思想还不被国内学者所熟悉。积极性和系统性是系统性词典学中最重要的两个原则，词典释义类别和词典学肖像是系统性词典学中最重要的两个概念，本书对此都进行了详细介绍，并以 быть 为例，对其词典学肖像进行了详细阐释。

4. 引进和介绍国外语言学思想，其目的归根结底在于为汉语研究提供借鉴和参考。本书对阿普列相语言学思想的引介，密切结合我国语言学研究的现状和需要。在语义元语言释义、语义角色划分、语言世界图景的民族独特性、积极词典编纂等方面，积极探讨运用阿普列相语言学思想指导汉语相关问题研究的可行性。

五 本书结构

本书研究的整体思路是，首先对阿普列相的语言学思想以及研究现状进行整体介绍，然后从语言集成描写、系统性词典学和积极词典学思想三个方面进行具体分析和论述，其中语言集成描写和系统性词典学是研究的重点。

本书研究的总体特点是突出一个"新"字和一个"用"字。"新"主要有两层含义：1. 从时间维度看，以阿普列相近年研究成果为主；2. 从内容维度看，以阿普列相最重要的、国内介绍相对较少的研究成果为主。"用"的主要含义是不仅仅满足于对阿普列相语言学思想的简单介绍和评述，在可能的地方联系汉语的相关研究，进行俄汉语对比，努力尝试用阿普列相语言学的理论、原则和方法探讨汉语的相关问题。

具体来说，首先交代了选题的依据、理论价值和实践意义、研究方法及语料来源、研究的创新之处以及整体思路和结构，该部分构成了本书的绪论部分。

正文部分从阿普列相语言学思想产生的背景谈起，对其语言学思想的理论基础进行了分析，并对阿普列相语言学思想的研究现状进行了总结，这一部分构成了第一章。阿普列相的语言学思想，在吸收西方语言学家有益思想的同时，继承了俄罗斯语言学研究的优良传统。对阿普列相语言学思想产生较大影响的是：从转换生成语法内部发展起来的解释语义学、生成语义学和格语法；源于哲学领域后被引入语言学的元语言理论；法国和德国学者探讨句子成分之间语义—句法关系的从属关系语法（依存语法）和配价理论，以及梅里丘克（И. А. Мельчук）的"意思⇔文本"理论。

阿普列相曾撰文分析了莫斯科语义学派的主要理论原则和概念，并指出这些原则和概念代表了该学派以语言集成描写和系统性词典学为特征的语言学研究。因语言集成描写和系统性词典学在莫斯科语义学派理论体系中的重要地位和作用，故莫斯科语义学派又被称为"莫斯科语言集成描写和系统性词典学研究学派"。因此，本书重点对这两方面展开深入研究，它们分别构成了第二章和第三章。

第二章围绕语言集成描写思想，重点研究了阿普列相的语义元语言理论，语义配价理论，分析性注释和支配模式。阿普列相是用语义元语言作为语言描写的工具，在语义配价的基础上，采用分析性注释的方法对语言单位（词位）的意义进行研究，同时借鉴支配模式理论，实现了语义和句法的结合与对应，实现了语义和句法的同构描写。

第三章围绕系统性词典学思想，重点研究了阿普列相系统性词典学的积极性原则和系统性原则，词典释义类别和词典学肖像这两个重要概念。除了常规的语义、句法、搭配等信息外，系统性词典学还关注词位的非常规语义特征、词位的语用信息、词位的附加意义以及词位的超音段特征等其他重要信息。通过对词位的全方面描写，可以勾勒出某语言中反映的朴素世界图景。《新型俄语同义词解析词典》是系统性词典学思想最重要的词典产品。

阿普列相也是积极词典学思想的拥护者和实践者，他用自己的语言学理论和词典编纂实践发展了谢尔巴（Л. В. Щерба）的相关思想。阿普列相相继发表论文，出版著述，不断丰富、完善积极词典学思想，使之逐渐系统化。关于积极词典学思想的相关内容构成了本书的第四章。

第一章　阿普列相语言学思想概说

阿普列相以其卓越的语言学研究成果，在俄罗斯和世界其他许多国家都赢得了广泛赞誉。他的语言学著述极为丰富，截至2011年年底，累计发表313篇论文、13部专著和11部辞书。他的著作被译成英、法、德、中、西、葡、波、匈等多种文字，对俄罗斯语言学的发展产生了巨大而深远的影响。"阿普列相是当今著名的'莫斯科语义学派'的领军人物，在理论语义学、词典学等方面的成就使他无愧于'当代俄罗斯语义学第一人'的称号。"[①]

第一节　阿普列相语言学思想产生的背景

任何思想都不是凭空出现，都会有产生它的沃土。阿普列相语言学思想也是如此，它的诞生有其深厚的国际背景和国内背景。与20世纪上半叶世界语言学的发展、俄罗斯语言学研究的历史传统以及苏联20世纪50—60年代的学术氛围都有着千丝万缕的联系。

一　20世纪上半叶国际语言学概况

众所周知，"语言是人类特有的宝贵财富，是最主要的思维工具和交

[①] 郅友昌：《俄罗斯语言学通史》，上海外语教育出版社2009年版，第593页。

际工具，也是人类最根本的特征之一。"① 正因如此，海德格尔（Martin Heidegger）曾指出："语言是存在的居所，人栖居在语言所筑之居所中。"② 尽管世界上许多民族对语言的研究起步都很早，但长期以来语言学并没有成为一门独立的学科，没有自己明确的研究对象。"语言学家从逻辑学、心理学、生理学、社会学等角度按各自所需，各取所爱去研究语言。"③ 这一状况直到 20 世纪的来临才得以改变。

（一）索绪尔创立结构主义语言学

20 世纪初，索绪尔（F. de Saussure）在对历史比较语言学和新语法学派批判和继承的基础上，提出了一套新的普通语言学理论，集中反映在《普通语言学教程》（*Cours De Linguistique Generale*, 1916）一书中。

索绪尔从 1906 年开始讲授普通语言学，到 1911 年连续讲了三个教程。1913 年索绪尔逝世后，他的学生根据课堂笔记整理成《普通语言学教程》，并于 1916 年出版。索绪尔注意到了语言的复杂性，认为语言现象总有互相对应的两个方面，而且每个方面的价值都由另一方面决定：

声音是音响·发音的复合单位，它跟观念结合起来又构成了生理·心理的复合单位；

言语活动有个人的一面，又有社会的一面；没有这一面就无从设想另一面；

在任何时候，言语活动既包含一个已定的系统，又包含一种演变；在任何时候，它都是现行的制度和过去的产物。④

为摆脱这种矛盾的困境，索绪尔采用二元对立的方法，将言语活动区

---

① 王钢：《俄语取效行为研究》，硕士学位论文，黑龙江大学，2010 年，第 1 页。
② 参见钱冠连《语言：人类最后的家园》，商务印书馆 2005 年版，第 24 页。
③ 薛恩奎：《〈意思⇔文本〉语言学研究》，黑龙江人民出版社 2006 年版，第 2 页。
④ ［瑞士］费尔迪南·德·索绪尔：《普通语言学教程》，高名凯译，商务印书馆 1980 年版，第 29 页。

分为语言和言语，进而提出历时性和共时性、内部要素和外部要素等概念。索绪尔将语言学的研究对象锁定在语言上，认为"语言学的唯一的、真正的对象是就语言和为语言而研究的语言。"① 研究对象的确立，标志着语言学成为一门独立的学科。索绪尔语言学理论的提出，被视为现代语言学的开端。

索绪尔对语言学最伟大的贡献是提出语言是一个由单位和关系构成的系统。索绪尔指出："语言的特征就在于它是一种完全以具体单位的对立为基础的系统"②；"语言既是一个系统，它的各项要素都有连带关系，而且其中每项要素的价值都只是因为有其他各项要素同时存在的结果"③。也就是说，语言的本质不在于语言单位自身，而在于某语言单位与其他语言单位之间的关系。就其实质而言，索绪尔主张用"关系的"观点代替"本体的"主张。对语言本质的这种全新的认识，是语言研究历史中的一次重大转变，具有深远影响。正如特伦斯·霍克斯（Terence Hawkers）所言："这一事实的全部涵义在于它从根本上动摇了传统的观念，它要求我们摒弃查尔斯·C. 弗里斯所谓的'要素中心'的世界观，以及由这种世界观产生的'以词为中心的语言观'，而赞成上面提到的那种'关系的'或'结构的'观点。如果说'要素'本身不具有任何意义，而完全从它和其他要素的关系中获得意义，那么，这必定从根本上影响我们对语言的看法。"④ 索绪尔的这些观点，被视为结构主义语言学的基本原则，索绪尔也被视为结构主义语言学的鼻祖。

---

① ［瑞士］费尔迪南·德·索绪尔：《普通语言学教程》，高名凯译，商务印书馆1980年版，第323页。
② ［瑞士］费尔迪南·德·索绪尔：《普通语言学教程》，高名凯译，商务印书馆1980年版，第151页。
③ ［瑞士］费尔迪南·德·索绪尔：《普通语言学教程》，高名凯译，商务印书馆1980年版，第160页。
④ ［英］特伦斯·霍克斯：《结构主义和符号学》，瞿铁鹏译，上海译文出版社1987年版，第13页。

(二) 结构主义三大语言学流派

继索绪尔之后，在世界范围内出现了三个语言学流派：布拉格学派、哥本哈根学派和美国的描写语言学派。布拉格学派对语言学最突出的贡献是创建了音位学，并将语言的结构和功能结合起来进行研究，特别强调语言的交际功能；哥本哈根学派发展了"语言是形式而不是实质"的论断，明确提出语言的符号性质；美国的描写语言学派注重的是对语言的描写，尤其重视口语、共时描写和语言的形式分析。尽管三个学派对语言研究的侧重点各不相同，提出的理论也不完全一致，但它们却有如下共同特点：

坚决摈弃新语法学派的实证主义原子论，认为语言是符号体系，语言的结构性和体系性是语言的本质属性，语言学是不依赖于心理学、哲学等而独立存在的科学；

语言的基本单位是音位和词素，音位和词素被看作是具有区别性的特征；

组合和聚合关系是语言结构单位存在的基本形式；

重视语言的共时描写。共时性描写现代语言事实是认识语言本质和特性的最好办法；

把语言结构单位的语言学描写方法放在第一位，而把语言单位和语言范畴的研究放在次要地位。①

基于这些共同观点，上述语言学流派都被认为是对索绪尔语言学思想的继承和发展，也因此被称为"结构主义三大语言学派"，它们构成了20世纪上半叶语言研究的主流。

索绪尔的《普通语言学教程》一书早在1933年就被翻译成俄语，加之俄罗斯语言学家博杜恩·德·库尔特内（И. А. Бодуэн де Куртенэ）的

---

① 王福祥、吴汉樱：《语言学历史·理论·方法》，外语教学与研究出版社2008年版，第86—87页。

很多思想与索绪尔异曲同工，因此结构主义语言学的原则和方法对俄罗斯20世纪上半叶的语言研究产生了重要影响。阿普列相正是在20世纪50年代开始从事语言研究的，从他早期发表的学术论文中可以清晰地发现结构主义对他的影响。在《什么是结构语言学》(Что такое структурная лингвистика, 1961) 一文中，阿普列相介绍了索绪尔和其他结构主义语言学家语言是一个结构的思想，并进一步发展了语言的表达层面和内容层面的学说。① 阿普列相第一部公开发表的著作《当代结构语言学的思想和方法》(Идеи и методы современной структурной лингвистики, 1966) 也是研究结构主义语言学的，该书对结构主义语言学的历史发展及其思想、方法进行了详细阐释。②

二 俄罗斯悠远的语言学研究传统

俄罗斯语言学理论丰富多彩，思想博大精深，研究内容浩瀚，涉及领域宽广。从罗蒙诺索夫 (М. В. Ломоносов) 到波捷布尼亚 (А. А. Потебня)，从博杜恩·德·库尔特内到维诺格拉多夫 (В. В. Виноградов)，俄罗斯造就和培养了大批颇具国际影响的语言学家。他们在词汇学、语法学、语义学、修辞学、词典学、普通语言学、功能语言学等诸多方面都取得了瞩目的成就。对阿普列相影响最大的语言学分支学科，首推语义学和词典学。

(一) 俄罗斯语义学研究传统

在俄罗斯，虽然语义学作为一个独立的语言学分支学科进行系统研究是20世纪中叶之后的事情，但是对语言意义问题的关注和探索却有着悠久的历史。俄罗斯的语言研究始于10世纪，由于基督教传播的需要，最初的语言研究同经书的注解活动密切相关，而注解经书当然要涉及语言意义的

---

① Апресян Ю. Д., "Что такое структурная лингвистика", *Иностранные языки в школе*, 1961 (3), стр. 82-96.

② Апресян Ю. Д, *Идеи и методы современной структурной лингвистики*, М.: Просвещение, 1966.

问题。有学者指出："关于语义研究的历史，无论中外，都可以分成三个时期：训诂学、传统语义学、现代语义学。"① 对经书的注解，可以被视为"训诂"的过程，因此在某种程度上可以说，俄罗斯的语言研究一开始便有了语义学的参与。

19 世纪以来，很多语言学家都对语言（语言单位）意义问题产生过浓厚兴趣。波捷布尼亚是心理学流派的代表人物，对思维和语言的关系进行了深入研究，关于词的学说是其语言学思想的核心。在回答"思想—概念是如何形成"这一问题时，不可避免涉及词的语义问题。波捷布尼亚认为："词能使思想完善化，词能使思想从直接的感觉影响下解脱出来；而直接感觉则使思想受到遏制和分割。这样就发生了从形象到概念的变化；词就成了概念的符号。词之所以能起到这种作用，是由于它具有复杂的、多层的语义结构的缘故。"②

通常认为，俄罗斯语义学的奠基人是波克罗夫斯基（М. М. Покровский）。他在历史比较语言学研究中，创立了历史比较语义学的方法。其硕士毕业论文《古代语言领域中的语义研究》（*Семасиологические исследования в области древних языков*，1895），被认为是俄罗斯第一篇专门进行语义研究的论文。此外，他在语义学方面的专著还有《关于语义学的方法》（*О методах семасиологии*，1896）。波克罗夫斯基"特别关注属于同一概念范围的词汇，以希腊语、拉丁语以及多种欧洲语言材料为实例，证明了不同语言语义变化具有的相同规律。他还强调指出，必须研究语义相关的一系列词，而不是孤立的个别词的语义变化历史，只有把某个词和与它相关的同义词，特别是属于同一个观念范围内的其他词一道进行研究，才能真正理解这个词的意义。"③

20 世纪中叶，对俄罗斯语义学的发展起到重要推动作用的是语言学家

---

① 张志毅、张庆云：《词汇语义学》，商务印书馆 2005 年版，第 1 页。

② 参见［苏］柯杜霍夫《普通语言学》，常宝儒等译，外语教学与研究出版社 1987 年版，第 61 页。

③ 参见郑述谱《俄国词典编纂的传统与新篇》，《辞书研究》2012 年第 1 期。

维诺格拉多夫。一方面，维诺格拉多夫详细研究了词的词汇意义的基本类型。他以词与其所指客体之间的关系为原则，区分出称名意义（номинативное значение）和表现力—修辞意义（экспрессивно-стилистическое значение）。其中称名意义又包括对语境依赖最小的基本称名意义和由基本义转义或专门化派生而来的派生称名意义。在组合制约性的基础上，区分出自由意义（свободное значение）、熟语性制约意义（фразеологическое связанное значение）以及功能—句法制约意义（функционально-синтаксически обусловленное значение）①。功能—句法制约意义的提出，对阿普列相"意义的句法制约性"思想的形成产生了直接影响。另一方面，维诺格拉多夫认为，词作为形式和意义的体系，具有多方面性。词的结构语义类型有五个特点：语义的、形态的、构词的、句法的、语音的②。阿普列相继承并发展了这一思想，提出了语言集成描写（интегральное писание языка）的原则，强调对词位（лексема）的注释要"囊括与词汇单位语义相互制约的诸如词法、句法、搭配、交际结构角色等全部的语义、形式特征以及相关的同义词、近义词、反义词、转换词、派生词，等等"③。

（二）俄罗斯词典学研究与词典编纂传统

俄罗斯是一个具有词典编纂传统的国家。按俄罗斯学者的说法，"俄国词典编纂始于11世纪。早期的俄语词典著作出现在文字发展初期，是出于了解某个不明白的词的需要而产生的"④。从此，词典编纂逐渐成为语言研究的重要组成部分。仅就详解词典而言，俄罗斯历史上就曾先后诞生

---

① Виноградов В. В., "Основные типы лексических значений слова", *Вопросы языкознания*, 1953（5），стр. 1-26.
② 参见［苏］柯杜霍夫《普通语言学》，常宝儒等译，外语教学与研究出版社1987年版，第139页。
③ 参见张家骅《莫斯科语义学派》，《外语研究》2001年第4期。
④ Козырев В. А. и Черняк В. Д., *Вселенная в алфавитном порядке：Очерки о словарях русского языка*, Санкт-Петербург：РППУ, 2000, стр. 14.

过达利（В. И. Даль）主编的《大俄罗斯语详解词典》（Толковый словарь живого великорусского языка，1863—1866）、乌沙科夫（Д. Н. Ушаков）主编的《俄语详解词典》（Толковый словарь русского языка，1935—1940）、奥热果夫（С. И. Ожегов）主编的《俄语词典》（Словарь русского языка，1949）等多部具有深远影响的词典。苏联科学院主编的 17 卷本《现代俄罗斯标准语词典》（Словарь современного русского литературного языка，1948—1965）收词超过 12 万，规模庞大，内容丰富，达到了俄罗斯详解词典编纂的顶峰。

除了丰富的词典编纂实践，俄罗斯对词典理论的研究也远远领先于欧洲各国。早在 20 世纪 40 年代，谢尔巴便率先提出了关于词典类型的理论，奠定了俄罗斯词典学独立学科的基础。谢尔巴在六对对立面的基础上，对词典的类型学问题进行了研究：学院型词典和查考型词典、百科词典和普通词典、大全型词典和一般词典、一般词典和概念词典、详解词典和翻译词典、非历史型词典和历史型词典。① 此后，对词典理论进行研究的成果纷纷涌现，具有代表性的有奥热果夫的《词汇学与词典学问题》（Вопросы лексикологии и лексикографии，1953），巴尔胡达罗夫（С. Г. Бархударов）的《苏联俄语词典学 40 年》（Русская советская лексикография за 40 лет，1957）和《俄语词典学》（Русская лексикография，1967）等。

此外，将理论研究与词典编纂实践相结合也是俄罗斯语言学的优秀传统。沃斯托科夫（А. Х. Востоков）最早把历史比较法用于斯拉夫语的语音研究，还主编了四卷本《教会斯拉夫语和俄语词典》（Словарь церковнославянского и русского языка，1847），以及两卷本《教会斯拉夫语词典》（Словарь церковнославянского языка，1858—1861）。斯列兹涅夫斯基（И. И. Срезневский）是著名的语文学家，也是俄语语言地理学的奠基人，他还有 40 年致力于历史词典编纂的经历。博杜恩·德·库尔特内是喀山学派的领军人物，他与索绪尔相近的普通语言学思想，越来越引起人们

---

① ［苏］谢尔巴：《词典编纂学一般理论初探》，载《词典学论文选译》，金晔译，商务印书馆 1981 年版，第 1—51 页。

的研究兴趣。他本人曾主持过达利词典的修订工作。苏联时期，很多有重要词典学、词汇学理论建树的语言学家，同时也都进行过词典编纂的实践。谢尔巴既是俄罗斯词典学的奠基人，同时也是《俄法词典》（*Русско-французский словарь*，1936）的作者之一；维诺格拉多夫在当时语言学研究的主要领域都有理论建树，他还是乌沙科夫词典和苏联科学院17卷本词典的参编者。菲林（Ф. П. Филин）打破了以往方言学研究中仅注重土语语音和形态特点的传统，奠定了方言词汇研究的理论基础，相关思想体现在其主编的14卷《俄罗斯民间方言词典》（*Словарь русских народных говоров*，1965—1978）中。

上述只是俄罗斯众多类似学者的代表，这样的名单还可以列出长长的一大串。如果将这个名单延续至今，阿普列相也必定位列其中。这种理论与实践的密切结合，必然产生积极、良好的结果。对此郑述谱曾评价道："正是由于历代第一流的语言学家对词典编纂的实际参与，面对词典编纂中提出的许多具体问题，以他们深厚的语言学功底，一旦着手研究，便会升华到相当的理论高度，再拿来解决实际问题，真正实现了词典理论研究与编纂实践的有机结合，并产生了相得益彰的效果。"[①] 阿普列相系统性词典学（системная лексикография）思想的形成，正是将语义学理论与词典编撰实践相结合的典范。

三 "后马尔主义"时代学术思想相对开放

马尔（Н. Я. Марр）是"语言新学说"（Новое учение о языке），又称"雅弗学理论"（Яфетическая теория）的发明者、倡导者和推行者，他标榜自己的学说是语言学中的马克思主义。从20世纪20年代末到50年代初，马尔的学说在苏联语言学领域占据绝对统治地位。1950年6月，斯大林对马尔的学说进行了批判，苏联开启了"后马尔主义"时代，语言学迎来了一段黄金发展的新时期。

---

① 郑述谱：《俄国词典编纂的传统与新篇》，《辞书研究》2012年第1期。

(一) 对马尔语言新学说的批判

马尔"语言新学说"的主要内容是：

> 语言同美术和一般艺术一样属于上层建筑，有声语言的出现并不是始于一般的语音和词汇，而是始于一定的意识形态；
>
> 初始的有声语言由 сал, бер, йон, рош 四个成素组成，它们是所有语言共有的，一切语言都有相同的原始材料，都有共同的来源；
>
> 语言的发展，或者说从一个阶段向另一个阶段的过渡主要是由社会原因决定的。①

由于特殊的政治环境，"语言新学说"在语言学界的地位逐渐确立并最终占据了统治地位。

1950年5月9日，《真理报》发表了反对马尔思想的文章，拉开了语言学问题大讨论的序幕。至7月4日，一共发表了27篇文章，对语言学若干问题进行了激辩。其中，斯大林在6月20日发表了《论语言学中的马克思主义》(Относительно марксизма в языкознании) 一文，对马尔的"语言新学说"进行了彻底批判，这标志着马尔主义的最终破产。该文与斯大林随后发表的几篇文章一同被汇编成《马克思主义与语言学问题》(Марксизм и вопросы языкознания, 1950)，作为单行本出版发行。

关于语言与上层建筑的关系，斯大林认为："马克思主义者不能把语言认为是基础的上层建筑；把语言与上层建筑混为一谈，就是犯了严重的错误。"② 关于语言是否有阶级性的问题，斯大林认为："语言有'阶级

---

① 参见郑友昌《俄罗斯语言学通史》，上海外语教育出版社2009年版，第569—570页。
② [苏] 斯大林：《马克思主义与语言学问题》，李立三等译，人民出版社1957年版，第8页。

性'的公式是错误的、非马克思主义的公式。"① 在该书中斯大林直接对马尔进行了批判,指出他把"语言是上层建筑"和"语言有阶级性"这两个不正确的、非马克思主义的公式塞进语言学,弄糊涂了自己,也弄糊涂了语言学。斯大林指出,马尔给语言学界带来了一种为马克思主义所没有的不谦虚的、骄横的、妄自尊大的腔调。② 当然对苏联语言学造成了严重危害,"马尔主义不仅在那一特定的历史时期阻碍和迟缓了苏联语言学的发展,不仅葬送了许多才华横溢的学者的前途和命运,它带给苏联语言学的几乎是一场毁灭性的灾难(从某种程度上讲,已造成了这样的后果)。"③

(二)"后马尔主义"时代的新气象

苏联迎来了"后马尔主义"时代,这对当时及后来语言学的发展,都产生了积极影响。"关于语言,斯大林没有说出任何新东西。如果说出了什么,也是不正确的。但是,他亲自发言这一事实本身,就把长期处于停滞状态的苏联语言学从马尔的教条中、从马尔主义分子的行政恐怖中解放了出来。"④ 从此,语言学研究中打破了意识形态的束缚,开启了俄罗斯语言学历史上的一段"黄金时期",主要表现在:"建立了苏联科学院语言研究所等机构;在各高校巩固或重建了语言学教研室;创办了《语言学问题》杂志;许多以前被压制的著作经过修改都得以出版,被制止的研究课题都得以恢复。……至此,苏联语言学呈现出蓬勃发展的良好局面,开始恢复俄罗斯以往的语言学研究传统,走上了同欧美语言学研究相融合的轨

---

① [苏] 斯大林:《马克思主义与语言学问题》,李立三等译,人民出版社1957年版,第20页。
② [苏] 斯大林:《马克思主义与语言学问题》,李立三等译,人民出版社1957年版,第31—32页。
③ [俄] М.В. 戈尔巴涅夫斯基:《世初有道》,杜桂枝、杨秀杰译,民主与建设出版社2002年版,引言第8—9页。
④ [俄] М.В. 戈尔巴涅夫斯基:《世初有道》,杜桂枝、杨秀杰译,民主与建设出版社2002年版,第299页。

道。"① 后马尔时代，"借鉴与创新"成为语言研究的关键词和主旋律，俄罗斯学者立足传统，在吸收、借鉴国外相关理论的基础上，分别于20世纪50年代、20世纪60年代和80年代创立了极具俄罗斯特色的语言学派——"维诺格拉多夫学派"（Виноградовская школа в языкознании）、"塔尔图—莫斯科符号学派"（Тартуско‐Московская семиотическая школа）、"莫斯科语义学派"（Московская семантическая школа）和"语言逻辑分析学派"（Логический анализ языка）等，使俄罗斯语言学重新登上了世界语言学的高峰。②

阿普列相于20世纪50年代研究生毕业，公开发表了第一篇学术论文，开始从事语言学研究；60年代潜心钻研词汇语义问题，对同义词、多义词和熟语等词汇语义现象进行了深入研究；70年代出版了具有划时代意义的专著《词汇语义学：语言的同义手段》（Лексическая семантика：Синонимические средства языка，1974）（以下简称《词汇语义学》），形成了自己独特的语义学思想，奠定了其在语义学研究领域的前沿地位。毋庸置疑，"后马尔主义"时代苏联语言学研究环境有所改善，学术思想相对开放和包容，这种良好的学术氛围对阿普列相语言学思想的形成和发展起到了积极的推动作用。

第二节 阿普列相语言学思想的理论来源

思想理论的产生不是突发的灵感，而是对前人思想的继承、批判和扬弃，并深受同时代人影响的结果。阿普列相语言学思想的形成，借鉴和吸收了国外现代语言学研究的成果：从转换生成语法内部发展起来的解释语义学、生成语义学和格语法，源于欧洲哲学后被引入语言学的元语言理论，法国和德国学者探讨句子成分之间语义—句法关系的从属关系语法

---

① 郅友昌：《俄罗斯语言学通史》，上海外语教育出版社2009年版，第573页。
② 赵爱国：《20世纪俄罗斯语言学遗产：理论、方法及流派》，北京大学出版社2012年版，第5页。

（依存语法）和配价理论，更是继承发展了梅里丘克的"意思⇔文本"理论。

一 受解释语义学、生成语义学和格语法影响

提到解释语义学、生成语义学和格语法，必须首先谈一谈转换生成语法（Transformational Generative Grammar），因为它们都是从转换生成语法内部发展起来的理论。转换生成语法是20世纪中期在美国出现的结构主义语言学派，创始人是乔姆斯基（A. N. Chomsky）。诞生至今，转换生成语法已走过五个发展阶段：经典理论（Classical Theory）、标准理论（Standard Theory）、扩展的标准理论（Extended Standard Theory）、修正的扩展标准理论（Revised Extended Standard Theory）或管辖与约束理论（Government and Binding Theory）、最简方案（Minimalist Program）。考虑到本书的研究目的，加之国内转换生成语法方面的研究成果已经十分丰硕，下面仅以前三个阶段对语义的处理为主线，展开简要论述。

（一）经典理论阶段对语义的忽略

乔姆斯基认为，语言学不应仅以描写和分类作为自己的终极目标，而是应提出某种假说，对人类所特有的语言能力做出合理解释。乔姆斯基将语言学视为与自然科学类似的体系，从假设出发，借用数理逻辑中的符号和公式进行推演和形式化。把句法关系置于语言结构的中心，并以此说明语言的生成性。

转换生成语法最初阶段的思想集中体现在《句法结构》（*Syntactic structures*，1957）一书中。转换生成语法有三个主要特征：强调语言的生成能力；引入转换规则；只关注语法不考虑语义。乔姆斯基认为语义无法进行精密的形式化处理，而且对句法结构的生成没有任何作用。他曾举例如下：

① Colorless green ideas sleep furiously. 无色的绿色的念头狂怒地在睡觉。

② Furiously sleep ideas green colorless. 狂怒地睡觉念头绿色的无色的。

尽管上面两个句子都是无意义的，但是①符合语法，②则不符合语法。① 由此，乔姆斯基认为语义与语法之间没有直接的、必然的关系，语法具有独立性，即语法独立于语义之外。也正因如此，在研究语法时可以不考虑语义。

(二) 标准理论阶段的解释语义学

经典理论提出后，经过几年的研究和验证，乔姆斯基发现，有几个重要的问题必须解决，否则他的理论目标便无法实现。其中之一就是转换的力量过于强大，一个句子可以随意改变，几乎没有任何限制，这主要是由于缺乏语义限制造成的。

在转换生成语法学派中，最先注意到语义问题重要性的是卡茨（J. J. Katz）。他与福特（J. A. Fodor）合作发表了《语义理论的结构》（*The Structure of a Semantic Theory*，1963）一文；第二年，卡茨又与波斯特（P. M. Postal）合作出版了《语言描写的集成理论》（*An Intergrated Theory of Linguistic Description*，1964）一书，从而形成了较为系统的语义学理论。卡茨等人"试图建立一种与句法和音系理论相结合的语义理论，该理论不仅可以确定那些说明语义特征及语义关系的意义成分，还试图显示它们是如何结合起来把意义投射到短语及句子上去的。"②

乔姆斯基接受了卡茨等人的意见，在《句法理论要略》（*Aspects of the Theory of Syntax*，1965）一书中，乔姆斯基对前一阶段的理论进行了重大修正和补充，转换生成语法进入了标准理论阶段。该阶段将语义纳入研究视野，这样转换生成语法就包括了句法、语义和语音三个组成部分。句法依然是核心部分，可分成深层结构（deep structure）和表层结构（surface

---

① [美] 诺姆·乔姆斯基：《句法结构》，邢公畹、庞秉钧、黄长著等译，中国社会科学出版社 1979 年版，第 8—9 页。

② 钟守满、赵玥萍：《论 Katz 语义学模式的作用》，《南昌航空工业学院学报》（社会科学版）2000 年第 2 期。

structure）两部分。句法、语义和语音之间的关系可以概括为：语义对深层结构做出解释，深层结构通过转换规则变成表层结构，表层结构通过语音得以体现。总之，解释语义学认为句法具有生成性，语义只有解释性，解释语义学也由此得名。

解释语义学，作为转换生成语法的重要组成部分，"尽管还有不少缺点，但在语言研究方面产生了深远的影响。过去，语言学家只重视对句法结构的研究，忽视对语义的探讨。自从出现了解释语义学，在语言学界掀起了一场大辩论，辩论的焦点是句法与语义之间的关系。"① 解释语义学提出的语言集成描写思想，对阿普列相产生了重要影响，在自己的著作中，阿普列相多次提到卡茨和波斯特的理论。阿普列相接受了他们使用的术语，并将其"真正作为一种理念进入语言学研究领域并形成自己的理论体系。"②

（三）生成语义学对标准理论的批判

生成语义学的领军人物是麦科利（J. P. McCawley）、雷柯夫（G. Lakoff）和罗斯（J. R. Ross）等，他们一开始都是乔姆斯基的追随者。最初，他们"只是在论证标准理论中关于深层结构的假设不够完善，他们共同努力的方向是证明深层结构越来越深，与语义解释的关系越来越密切"③。然而，随着研究的深入，他们的看法与乔姆斯基的分歧越来越大。1967 年前后，针对转换生成语法标准理论阶段存在的问题，麦科利等人逐渐形成了自己的生成语义学理论，在几个问题上与解释语义学针锋相对。

伍谦光总结了解释语义学与生成语义学在三个方面存在分歧：第一，解释语义学认为句法位于语音和语义之间，同时又认为句法是转换生成语法的基础。句法向上转换为"音位表现"，向下转换为"语义表现"；生成

---

① 伍谦光：《语义学导论》，湖南教育出版社 1992 年版，第 43—44 页。
② 吴哲：《整合一体描写及其对双语词典编纂创新的启示》，《辞书研究》2008 年第 3 期。
③ 封宗信：《现代语言学流派概论》，北京大学出版社 2006 年版，第 177 页。

语义学则认为句法和语音都属于具体语言特有的现象，只有语义才是所有语言共有的现象，因此应该把语义这个共有现象视为转换生成语法的基础，然后从这个基础向不同语言特有的句法和语音进行转换。第二，解释语义学认为句法结构是个"中间层次"；生成语义学则认为没有足够的理由证明有这样一个独立的"中间层次"。如果这个层次根本就不存在，也就没有任何根据把它视为转换生成语法的基础了。第三，解释语义学认为转换生成语法有两套规则，转换规则用来处理句法和音位之间的问题，投射规则用来处理语义的问题；生成语义学认为转换生成语法只需要一个转换规则就足够了。① 生成语义学最核心的观点是以语义为基础，认为具有生成能力的不是句法部分，而是语义部分，句子的句法特点正是由意义决定的。生成语义学还取消了深层结构层次，他们认为深层结构其实就是语义表达。句子首先从语义表达开始，然后经过转换规则的转换，最后生成表层结构。

由于强调语义的生成能力，而不局限于句法结构，因此生成语义学可以解释句法结构不同而语义结构相同的语言现象。生成语义学"采取了语义为基础的原则，从而能说明一些乔姆斯基的理论说明不了的问题，这在转换生成语法的发展史上不能不说是一个进步。"② 生成语义学对阿普列相语义决定句法、通过句法描写语义这一思想的形成产生了重要影响。

（四）格语法

格语法是美国语言学家菲尔墨（C. J. Fillmore）提出的，是从转换生成语法内部发展出来的另一种语言理论。菲尔墨于 20 世纪 60 年代末发表了两篇文章：《关于现代的格理论》（*Toward a Modern Theory of Case*，1966）和《"格"辨》（*The Case for Case*，1968），系统阐述了自己的格语法理论。格语法"着重研究句子成分之间关系的分析手段，也可以说是从句法语义关系

---

① 伍谦光：《语义学导论》，湖南教育出版社 1992 年版，第 43—44 页。
② 冯志伟：《现代语言学流派（修订本）》，陕西人民出版社 1999 年版，第 302 页。

方面对乔姆斯基的标准理论所作的一种修正。"① 菲尔墨认为,用各类格框架分析句法结构,比转换规则既方便又精密。

"格"原本是传统语法研究中的一个范畴,如俄语中将"格"定义为:"名词的词变范畴,通过互相对立的形式列系统表现出来,表达名词与词组或句子中另一个词(词形)的关系。"② 而格语法中的"格"是指句子深层结构的句法—语义关系。菲尔墨指出,"格的概念包括一整套带普遍性的,可以假定是内在的概念,相当于人类在其周围发生的事情所能作出的某些类型的判断,诸如谁做了这件事情,这件事情发生在谁身上,什么东西发生了变化这类事情的判断"③。格语法认为,句子的基本结构包含一个动词和若干个名词短语,每个名词短语都以一定的格关系和动词发生某种联系。尽管菲尔墨对"格"的定义比较抽象,但是显而易见,"实际上,菲尔墨所定义的'格'就是指语义角色,完全不同于传统语法中的'格'。"④

在《关于现代的格理论》一文中菲尔墨列出了 6 种格,而在《再论"格"辨》(*The Case for CaseReopened*, 1971) 一文中又列出了 9 种格。关于"格"的数量和名称,菲尔墨从来没有列出过一份明确、完整的清单。在不同阶段和不同著述中,菲尔墨的"格"不仅数量不同,名称也经常变动,而且"格"与"格"之间分分合合,始终没有形成统一的划分标准。杨成凯曾对菲尔墨所使用过的"格"进行过总结,对出现的时间和"格"的英汉语名称进行了详细介绍,具体可参见《Fillmore 的格语法理论》一文。⑤

在菲尔墨格语法理论的启示下,阿普列相创建了自己的语义配价理论,进而形成了独具特色的语义学体系。在论述语义配价时,阿普列相对语义角色(семантическая роль)的命名,也借用了菲尔墨格语法中主体、

---

① 封宗信:《现代语言学流派概论》,北京大学出版社 2006 年版,第 184 页。
② Шведова Н. Ю., *Русская грамматика*, М.: Наука, 1980, стр. 474—475.
③ [美] C. J. 菲尔墨:《"格"辨》,胡明扬译,商务印书馆 2005 年版,第 32 页。
④ 张庆华:《〈"格"辨〉评介》,《内蒙古农业大学学报》(社会科学版) 2013 年第 4 期。
⑤ 杨成凯:《Fillmore 的格语法理论(上)》,《国外语言学》1986 年第 1 期。

客体、工具、手段等术语,可以说,在某种意义上格语法奠定了阿普列相语义角色划分的基础。

二 借鉴哲学和语言学元语言理论

元语言最初源于逻辑学(一般认为,逻辑学是哲学的一个分支),是逻辑学家描写语句真值意义时使用的工具。后来元语言思想被语言学家采纳,将其引入对语言的研究。

(一)哲学元语言

在哲学史中,第一个提出元语言思想的是逻辑学家弗雷格(G. Frege),在论述逻辑的普遍性问题时,他提出了一个类似算术的公式:

如果α是一个人,那么α是要死的。

弗雷格指出:"我将称以上描述的语言为辅助语言,它应该作为我们从可感觉的东西到不可感觉的东西的桥梁。……应该将用以形成我的思想过程的语言与这种辅助语言区别开,前者是通常书写的或印刷的德语,是我的描述语言。"[①] 尽管弗雷格并未使用"元语言"这一术语,但其"辅助语言"和"描述语言"的划分,与现在广为人知的"元语言"(metalanguage)和"对象语言"(object language)的划分已无本质上的差别。

除弗雷格外,另一位提出元语言思想的是哲学家罗素(B. A. W. Russell)。在给维特根斯坦(L. Wittgenstein)的《逻辑哲学论》(*Logisch-Philosophische Abhandlung*, 1921)撰写序言时,罗素指出:"每一种语言,如维特根斯坦先生所说的,具有一种结构,关于这种结构在该语言中是一点也不能说的,但是可以有另外一种论述第一种语言结构的语言,它本身具有新的结构,而且这种语言的等级系统可以是无限的。"[②] 在罗素的这段话中,已经

---

① [德] 弗雷格:《弗雷格哲学论著选辑》,王路译,商务印书馆2006年版,第321页。
② [英] 维特根斯坦:《逻辑哲学论》,贺绍甲译,商务印书馆1999年版,第18—19页。

明确提出了语言的层次性问题,无疑,他的"论述第一种语言结构的语言"事实上就是元语言,而"第一种语言结构"事实上就是对象语言。

首次明确使用"元语言"术语的是逻辑学家塔尔斯基(A. Tarski)。在论述语句真值问题时,塔尔斯基试图解决说谎者悖论问题。即有人说:"我在说这句话时正在说谎。"如果这句话为真,则它是谎话,即它是假的;如果这句话为假,则它不是谎话,即它又为真。① 在分析了导致说谎者悖论的各种假设后,塔尔斯基认为悖论的产生是由于使用了"语义学上封闭的语言",即在说谎者悖论中"作为客体和研究工具的语言集于一身"②。因此,为了解决说谎者悖论的问题,塔尔斯基将语言划分出两个层次,"第一种语言是'被谈论的语言',是整个讨论的题材;我们所寻求的真理定义是要应用到这种语言的语句上去的。第二种语言是用来'谈论'第一种语言的语言,我们尤其希望利用它来为第一种语言构造真理定义。我们将把第一种语言称为'对象语言',把第二种称为'元语言'。"③ 可见,塔尔斯基已经对"元语言"和"对象语言"的功能及其互相关系有了清晰的认识,从此以后这两个术语在逻辑学领域固化了下来。

目前,哲学界对元语言的认识已趋于一致。《外国哲学大辞典》将元语言定义为:"用来研究和讲述对象语言的语言。与'对象语言'相对。用汉语研究和讲述英语时,英语是对象语言,汉语就是元语言。在数理逻辑中,被讨论的形式系统或逻辑演算是对象语言,而讨论逻辑演算时使用的语言就是元语言。对象语言是用来谈论外界对象的性质及其相互关系的语言,它的词汇主要包括指称外界对象的名称以及指称外界对象的性质和关系的谓词,是第一层次的语言。元语言是用来谈论对象语言的语言,它的词汇包括指称对象语言的名称以及指称对象性质的谓词('真'或

---

① [美]塔尔斯基:《语义性真理概念和语义学的基础》,载[美]马蒂尼奇《语言哲学》,牟博、杨音莱、韩林合等译,商务印书馆1998年版,第88页。

② Слюварева Н. А., "Терминология лингвистики и метаязыковая функция языка", *Вопросы языкознания*, 1979(4), стр. 70.

③ [美]塔尔斯基:《语义性真理概念和语义学的基础》,载[美]马蒂尼奇《语言哲学》,牟博、杨音莱、韩林合等译,商务印书馆1998年版,第93页。

'假'），是比对象语言高一个层次的语言。"① 该定义首先宏观上说明了运用元语言的两个目的：一是"研究"对象语言；二是"讲述"对象语言。然后以汉语研究和讲述英语为例进行说明，通俗易懂。接着重点在数理逻辑范围内，对元语言和对象语言进行界定，并指出其各自包括的词汇，最后简单论述了二者的关系。

（二）语言学元语言

哲学与语言学关系密切，特别是哲学的语言转向发生后，可以说，很多哲学家关注的问题也同样是语言学家关注的问题，元语言便是如此。"元语言概念虽源自现代逻辑学，但经过哥本哈根学派的改造后进入语言学。"②

叶姆斯列夫（L. Hjelmslev）作为哥本哈根学派的代表人物，其语符学理论早已被人所熟知。在建构自己语符学理论的时候，叶姆斯列夫将元语言理论引入语言学，并加以发展。叶姆斯列夫认为，每一种科学的目标都是提供一种程序，一种描叙科学对象的程序。语言学也是如此，"语言学旨在提供一种程序，用这种程序来描述语言。提供描述语言程序就是引入一种语言，并用这种语言来描述各种语言。描写各种语言的语言称作元语言，作为描述对象的语言称作对象语言。由于日常语言的普遍性，一种日常语言也可以作为元语言来描述作为对象语言自身。例如，丹麦语法可以用丹麦语来写"③。

与逻辑学中元语言的定义相比，尽管措辞有所不同，但就其实质来说叶姆斯列夫对元语言的定义并无新意。然而此前的逻辑学中，一直使用人工语言作为元语言。用自然语言本身作为元语言，解释自然语言，这是叶姆斯列夫对元语言理论的重大贡献。

---

① 冯契、徐孝通：《外国哲学大辞典》，上海辞书出版社2000年版，第56页。
② 李子荣：《作为方法论原则的元语言理论》，黑龙江人民出版社2006年版，第116页。
③ ［丹］叶姆斯列夫：《叶姆斯列夫语符学文集》，程琪龙译，湖南教育出版社2005年版，第114页。

雅柯布森（R. Jakobson）从语言功能的视角研究了语言学的元语言问题。他认为语言有六个主要功能，并以图1-1表示：

语境（指称功能）
内容（诗歌功能）
说话人（表情功能）……………………受话人（呼吁功能）
接触（寒暄功能）
代码（元语言功能）①

图1-1

雅柯布森指出，谈论语言之外事物的是"对象语言"，而谈论代码本身的语言是"元语言"。与叶姆斯列夫类似，雅柯布森也认为，对象语言和元语言"可以使用相同的语言。所以我们可以用英语（作为元语言）来谈论英语（对象语言），用英语同义词和迂回的说法来解释英语的词和句子。"② 不仅如此，雅柯布森还认为，元语言并非局限在科学领域，而是经常使用在日常语言交流中。"每当说话人和/或者听话人需要检查双方是否使用相同的代码，言语就集中在代码身上，从而实施元语或者注释（glossing）功能。"③

格雷马斯（A. J. Greimas）奠定了结构语义学和语义学元语言的基础。格雷马斯指出："一位评论家谈论绘画或音乐，鉴于他的谈论本身，可以说他预设了'绘画'、'音乐'表意集的存在。就其看到或听到的东西而言，他的言谈就是一种元语言。故此，不管能指的性质或有关表意集的等级是什么，对其意义的研究，就被研究的表意集而言，总是处于一个元语言层次上。这一层次差别在研究自然语言时更为明显，比如可以把法语用做元语言来研究德语或英语，反之亦然。"④ 可见，格雷马斯已经将元语言

---

① [美] 雅柯布森：《雅柯布森文集》，钱军编译，湖南教育出版社2006年版，第53页。
② [美] 雅柯布森：《雅柯布森文集》，钱军编译，湖南教育出版社2006年版，第58页。
③ [美] 雅柯布森：《雅柯布森文集》，钱军编译，湖南教育出版社2006年版，第58页。
④ [法] 格雷马斯：《结构语义学》，蒋梓骅译，百花文艺出版社2001年版，第15页。

与语义问题结合起来。"意义差别不是由能指差别推断而出,语义描写属于一种元语言活动,后者处于另一个层面,并遵循意义的结构接合法则,而这些法则构成了一种内在的语言逻辑。"① 这样,格雷马斯在语言的意义研究中,将元语言的作用提升到了极其重要的高度。甚至有学者认为,格雷马斯将语义学理论建构在元语言理论体系之上。"格雷马斯认为所有对意义的描写都属于元语言活动,整个语义学理论则是一个具有一致性的元语言理论体系。"②

《语言学百科词典》中将"元语言"定义为:"指描写和分析某种语言所使用的一种语言或符号集合。用汉语来说明英语,英语是对象语言,汉语是元语言;用英语来说明英语,英语既是对象语言又是元语言。在辞书编纂和语言教学中用于释义的语句称元语言;在语言研究中为描写和分析语言成分特征使用的一套符号和术语,如 [+ Noun]([+ 名词])、[+ Abstract]([+ 抽象])、[+ Animate]([+ 有生命])等,也属元语言。"③ 该定义将元语言视为"一种语言或符号集合",即元语言可能是自然语言,也可能是人工语言,符合客观现实。此外,在该定义中,除了肯定以往哲学对元语言的界定外,还进一步扩大了元语言的外延,是目前对元语言最宽泛的定义之一。

元语言理论,尤其是语言学元语言理论,对阿普列相理论体系的建构产生了重要影响。众所周知,阿普列相理论体系的基础是多层级的"意思⇔文本"语言转换模式。"意思⇔文本"模式是对人的语言能力两个重要方面的模拟,其中从"意思"到"文本"是编码的能力,从"文本"到"意思"是解码的能力。"编码和解码任务都要求有一套特殊的、精确的意义语言,即所谓的语义元语言。编码过程就是把语义元语言翻译成自然语言的过程;而解码过程则是将自然语言翻译成语义元语言的过程。"④

---

① [法] 格雷马斯:《结构语义学》,蒋梓骅译,百花文艺出版社 2001 年版,第 41 页。
② 李子荣:《作为方法论原则的元语言理论》,黑龙江人民出版社 2006 年版,第 102 页。
③ 戚雨村、董达武、许以理、陈光磊等编:《语言学百科词典》,上海辞书出版社 1993 年版,第 42 页。
④ 张家骅:《俄罗斯语义学:理论与研究》,中国社会科学出版社 2011 年版,第 72 页。

阿普列相在对具体词位的意义进行注释时，使用的也正是取自自然语言的语义元语言。

三 接受从属关系语法和配价理论

当代任何一种语言学理论，"都不得不正视句子中不同词项之间的句法、语义联系这一事实；因此，反映动词对名词性成分的支配能力的'价'这一概念，是哪一种语法理论也回避不了的。"① 各种语言理论对不同词项之间的句法、语义联系的关注和处理各不相同，起源于法国的从属关系语法，以及在此基础上在德国发展起来的配价理论都把它放在非常核心的地位。关于从属关系语法和配价理论之间的关系，学界大致有三种不同的看法：配价理论隶属于从属关系语法，配价理论是从属关系语法的一个重要组成部分；配价理论与依存语法有关联，但二者相对独立；配价理论等于依存语法。② 我们基本倾向于第二种看法，认为配价理论是在从属关系语法的基础上发展而来，二者既有区别又有联系。

（一）从属关系语法

特尼耶尔（Lucien Tesnière）是法国著名语言学家，他于20世纪50年代创立了从属关系语法。早在20世纪30年代，特尼耶尔就发表了《怎样建立一种句法》（Comment construire une Syntaxe，1934）一文，阐述了从属关系语法的基本思想。从1939年开始，特尼耶尔开始潜心从事《结构句法基础》（Elements de Syntaxe Structurale）一书的撰写，历时11年，直到1950年才得以完成这部从属关系语法的巨著。1959年，也就是特尼耶尔去世后的第五年，《结构句法基础》一书终于正式出版。

在从属关系语法中，最基本、最重要的概念是"关联"（connexion）和"转位"（translation）。③ 尤其前一个概念，它是构建从属关系语法的基

---

① 袁毓林：《汉语配价语法研究》，商务印书馆2010年版，第1页。
② 张爱朴：《"配价语法"等于"依存语法"吗？》，《中国科技语》2011年第11期。
③ 冯志伟：《现代语言学流派（修订本）》，陕西人民出版社1999年版，第160页。

础，因为这里的"关联"，实际上就是指从属关系或依存关系。特尼耶尔关于关联的观点主要有：

> 句子是一个有机（有组织）的整体，它的构成成分是词；
>
> 任何一个词一旦成为句子的一部分，就不再像在词典中那样孤立存在了，一个词和邻近的词之间就会产生一种联系，这些联系的全部就构成了句子框架；
>
> 联系对于思想的表述必不可少，没有联系，我们不能表达任何连贯的思想，而只能说出一些孤立的、互不相关的形象和概念；
>
> 结构联系建立起词与词之间的依存关系，每项联系原则上将一个上项和一个下项连结起来，上项叫支配词，下项叫从属词；
>
> 一个词可以同时是某个上项词的从属词和另一下项词的支配词，因此，句子的全部词构成一个真正的分层次的体系。①

构成句子成分的词，在句子中的地位是不平等的。"动词是句子的中心，它支配着别的成分，而它本身却不受其他任何成分的支配。因此，他把主语和宾语同等看待，把它们都置于动词的支配之下。"② 此外，特尼耶尔把受动词支配的成分划分成名词性词组（名词性成分）和副词性词组（副词性成分）两类。在从属关系语法中，前者被命名为行动元（actant），后者被命名为状态元（circonstants）。特尼耶尔认为，状态元的含义是不言自明的，而行动元的含义必须加以界定，即"行动元是某种名称或某种方式的事或物，它可以通过极简单的名称或消极的方式来参与过程"③。在特尼耶尔看来，动词支配的行动元数量，最多不超过三个；而状态元的数量，从理论上说可以是无限多的。

---

① 参见刘海涛《依存语法的理论与实践》，科学出版社2009年版，第7—8页。
② 参见冯志伟《现代语言学流派（修订本）》，陕西人民出版社1999年版，第161页。
③ 参见冯志伟《现代语言学流派（修订本）》，陕西人民出版社1999年版，第164页。

在《结构句法基础》一书中，还引入了"价（配价）"的概念。"价"本是化学中使用的术语，表示化合反应中，某元素的一个原子能和一定数目其他原子相结合的能力。特尼耶尔用这个术语表示，在句法结构中，动词支配一定数目名词性词组即行动元的能力。特尼耶尔认为："可以把动词比作一个带钩的原子，动词用这些钩子来吸引与其数量相同的行动元作为自己的从属成分。一个动词所具有的钩子的数量，即动词所能支配的行动元的数目，就构成了我们所说的动词的配价。"① 也就是说，一个动词能支配的行动元的数量决定着该动词的配价数目。这样，能支配一个行动元的动词，便是一价动词。依次类推，能支配 N 个行动元的动词，便是 N 价动词。但是如前文所述，特尼耶尔认为动词支配的行动元数量，最多不超过三个，所以 N≤3。当然，一个动词最多可以支配多少个行动元，在学界一直存在争议。

在《结构句法基础》中，特尼耶尔"提出了两个既联系紧密又相互区别的理论体系，即句法层面支配者与被支配者之间的依存关系和词汇语义层面动词对名词性成分的支配关系。前者属于句法范畴，后者属于语义范畴"②。也正是因为如此，在从属关系语法后来的发展中，有的学者从句法关系层面解释动词的配价，一般称句法配价（синтаксическая валентность）；而有的学者从语义关系层面解释动词的配价，一般称语义配价，由此产生了两种不同的配价观。

（二）配价理论

德国学者继承并发展了特尼耶尔的配价思想，并将其发展成一个完整的体系。当今对配价理论研究最全面和深入的代表人物大多是德国学者，配价理论方面的重要著作也大多是用德语完成的，因此在某种意义上可以

---

① 参见刘海涛《依存语法的理论与实践》，科学出版社 2009 年版，第 25 页。
② 薛恩奎：《〈意思⇔文本〉语言学研究》，黑龙江人民出版社 2006 年版，第 11 页。

说，"配价论是一种德国语言理论。"① 可见，从属关系语法在法国创立，在德国得到了发展。

艾尔本（J. Erben）在《德语语法要略》（Abriβ der deutschen Grammatik，1960）一书中首次采用了"配价"这一概念。但与特尼耶尔不同，他把一些传统语法中被视为状语的成分也划为动词的配价。进而，艾尔本修正了特尼耶尔关于动词支配名词性词组最多限于三个的观点。艾尔本认为，行动元数目最多三个的认识，既不符合法语的实际，也不符合德语的实际。关于行动元数目多少的问题，阿普列相持与艾尔本类似的观点，具体论述将在后面章节展开。在德国学者中，第一个明确声称采纳特尼耶尔理论的学者是勃林克曼（H. Brinkmann）。他认为配价是"动词要求句中的另外一些位置的能力"，并把这些位置称为"配角"（即"行动元"——引者注）。② 在确定配价时，勃林克曼也把副词性词组排除在外。

赫尔比希（G. Helbig）是德国配价理论的主要代表人物之一，他在总结和分析前人相关研究成果后，提出了研究配价语法的三个前提：

> 确认动词为句子结构的核心，承认主语与其他补足语一样，都受动词的支配；
> 区分句子的结构成分（补足语）与非结构成分（说明语）；
> 确定传统语法中的句子成分哪些是配价要求的成分，哪些是非结构成分。③

此外，赫尔比希还认为，研究配价应分四步走：

> 在理论上建立可以形式化的配价概念，这一概念不仅要适合于严

---

① 韩万衡：《德国配价论主要学派在基本问题上的观点和分歧》，《国外语言学》1997年第3期。
② 参见李洁《德语配价理论的发展及成就》，《外语教学与研究》1987年第1期。
③ 参见韩万衡《德国配价论主要学派在基本问题上的观点和分歧》，《国外语言学》1997年第3期。

格的语言描写，而且还应有益于教学；

对德语中的每个动词都须确定出其所带配价的数目；

此外，还应该确定配价的实质形式。如：waschen（洗）为二价动词，要求配价成分为主格名词（主语）和宾格名词（宾语）；

鉴于并非任何能作主语和宾语的成分都能同某一动词联用，还应明确每个动词的句法选择限制。①

除了进行理论研究外，赫尔比希还与人合作，编撰了《德语名词配价与分类词典》（*Wörterbuch zur Valenz und Distribution deutscher Substantive*，1978），并将配价研究从动词范围扩展至名词和形容词领域。

与赫尔比希主要从句法方面研究配价不同，邦茨欧（W. Bondzio）完全在语义范围内讨论配价问题。在他看来，一个动词的意义和它的名词性词组之间有一种原则性关系，这种关系不是形式上的，而是逻辑上的，反映语言外现实中的各种关系。而且，配价不只是动词的特性，名词、形容词、副词也都具有配价特性。邦茨欧认为，就动词而言，可根据其词义分为三类：表示存在的动词、表示占有的动词和表示致使的动词。它们分别具有一个空位、两个空位和三个空位，也就是一价动词、二价动词和三价动词。邦茨欧把动词的配价称为一级配价（Valenz erster Stufe）。他认为任何行为都发生在一定的时间、地点、原因、条件之下。因此，表示时间、地点、原因、条件等的副词也有配价能力。副词的价支配着动词，称为二级配价（Valenz zweiter Stufe）。一个动词支配的成分以及它依从的二级配价合起来，构成一个完整的配价结构。② 德国对配价理论进行研究的学者还有很多，限于篇幅和研究目的，不再赘述。

李洁总结了德国配价理论取得的五点成就：突破了特尼耶尔的条框，将传统语法中的部分状语合理地划入动词的配价范围；划分了必有性和可

---

① 参见李洁《德语配价理论的发展及成就》，《外语教学与研究》1987年第1期。
② 参见韩万衡《德国配价论主要学派在基本问题上的观点和分歧》，《国外语言学》1997年第3期。

有性补充成分,并且认识到补充成分是某个词类中的次类所具有的特性,进而抓住了配价的实质;对动词的配价作了仔细分析和研究,确定了大部分动词的配价数并对动词的语义环境进行了描写;把配价这一概念用到形容词和名词的研究中,这对整个配价理论无疑是一大突破;在德语配价理论中,配价这一概念不仅仅局限于句法层次,而且已经扩展到语义、逻辑以及语用方面。①

阿普列相接受了从属关系语法和配价理论的思想,将配价视为针对谓语语义单位而言的概念,因此也常常称为语义配价(семантическая валентность)。"语义配价对于描写谓词语义、深层句法结构和句法结构深层与表层的互相转换有着十分重要的意义。"② 通过语义配价,将语义与句法这两个不同的界面结合起来,开创了语义—句法接口研究的新视域。

三　继承发展"意思⇔文本"理论

"意思⇔文本"理论(Теория "смысл⇔текст")是俄罗斯著名语言学家(后加入加拿大国籍)梅里丘克、热尔科夫斯基(А. К. Жолковский)于20世纪60年代提出的理论语言学体系,③ 是当今最有国际影响力的语言理论之一,其核心在于构拟"意思⇔文本"模式。受乔姆斯基研究成果的影响和鼓舞,梅里丘克坚信,尽管"意思⇔文本"模式暂时还没有成为语言学关注的中心,但他为之努力奋斗的方向是光明的。梅里丘克曾指出:"乔姆斯基的转换生成语法区分了深层结构和表层结构,并强调深层结构向表层结构的转换规则,取得了辉煌的成就,为我们构建自己感兴趣的语言模式,完全开辟了道路。"④ 梅里丘克"意思⇔文本"理论思想主要体现在

---

① 李洁:《德语配价理论的发展及成就》,《外语教学与研究》1987 年第 1 期。
② 张家骅:《俄罗斯语义学:理论与研究》,中国社会科学出版社 2011 年版,第 161 页。
③ 有学者认为,阿普列相也是"意思⇔文本"理论的创建者之一,详见薛恩奎《〈意思⇔文本〉语言学研究》,黑龙江人民出版社 2006 年版,第 23 页。
④ Мельчук И. А., *Опыт теории лингвистических моделей " СМЫСЛ⇔ТЕКСТ "*, М.: Школа " Языки русской культуры ", 1999, стр. 15.

他的《"意思⇔文本"语言模式理论初探》(Опыт теории лингвистических моделей «СМЫСЛ⇔ТЕКСТ», 1974，1999) 和《普通形态学教程》(Курс общей морфологии, 1997，1998，2000) 等著作中。

在《"意思⇔文本"语言模式理论初探》一书中，梅里丘克开宗明义地提出了自己的理论假设，"自然语言是一种特殊的转换器，可以将给定的意思转换成相应的文本，也可以将给定的文本转换成相应的意思"①。可见，梅里丘克是将语言这种交际工具，视为意思和文本之间的某种对应关系，在转换机制的作用下，这种对应关系以某种具体程序的方式实现意思和文本之间的互相转换。梅里丘克将言语活动作为研究对象，把分析言语活动的模式特征作为方法论基础，因此"意思⇔文本"理论"意在建立模仿人类言语活动的动态语言模式，其目的是为自然语言处理、机器翻译提供一种从意义到形式或从形式到意义的转换装置。"②

在《普通形态学教程》一书中，梅里丘克对"意思⇔文本"模式进行了详细解释。他认为，自然语言就是（可以被视为）无限的"意思"集和无限的"文本"集之间的多种对应关系，因此"意思⇔文本"模式可以概括为下图1-2：

{意思 i}⇔语言⇨{文本 j}｜0<i, j<∞ ③

图 1-2

在言语活动中，"意思"是言语的内部方面，是心理现象，是言语传递的信息，类似索绪尔的"所指"；"文本"是言语的外部方面，是物理现象，是传递信息的工具，类似索绪尔的"能指"。如果与语言学中的术语相联系，那么整个"意思"集体现为"语义表征"(семантическое представление)，

---

① Мельчук И. А., *Опыт теории лингвистических моделей «СМЫСЛ⇔ТЕКСТ»*, М.: Школа «Языки русской культуры», 1999, стр. 9.

② 薛恩奎：《И. А. Мельчук 的"意思⇔文本"学说》，《当代语言学》2007 年第 4 期。

③ Мельчук И. А., *Курс общей морфологии*. Том Ⅰ, М.: Издательская группа «Прогресс», 1997, стр. 44.

整个"文本"集体现为"语音表征"(фонетическое представление)。这样,图 1-2 即可以改写为:

{语义表征 i} ⇔语言⇨ {语音表征 j} | 0<i, j<∞ ①

图 1-3

以某种语言为母语的人,可以直接实现"语义表征"和"语音表征"的对接,这是对语言的熟巧能力达到一定程度的结果。其实在"语义表征"和"语音表征"之间,存在一定的规则,将两者联系在一起。这个规则,就是图 1-3 中的"语言",这里梅里丘克将"语言"作为特定意义理解,即意义与形式之间的转换规则系统。为了和"语言"的通用理解相区分,在"意思⇔文本"模式中,梅里丘克将"语言"替换为"转换规则",并用符号"⇔"表示。同时,"语义表征"和"语音表征"的无限性是不言而喻的,"0<i, j<∞"也就不用处处强调。这样,图 1-3 便可以改写为:

{语义表征 i} ⇔ {语音表征 j}②

图 1-4

众所周知,意义和形式之间不是单一的,而是多重的对应关系:可以是"一对多"的关系,也可以是"多对一"的关系。即"一种语义结构可以用不同的句法形式表达,一种句法形式也可以表达多种语义结构。"③图 1-4 中,{语义表征 i} 和 {语音表征 j} 之间仍有复杂的对应关系,为了化繁为简,梅里丘克在 {语义表征 i} 和 {语音表征 j} 之间还引入了两个中间层次,即句法表征(синтаксическое представление)和形态表征(морфологическое представление)。这样就将图 1-4 扩展为:

---

① Мельчук И. А., *Курс общей морфологии. Том* I, М. : Издательская группа «Прогресс», 1997, стр. 45.

② Мельчук И. А., *Курс общей морфологии. Том* I, М. : Издательская группа «Прогресс», 1997, стр. 46.

③ 薛恩奎:《词汇语义量化研究》,黑龙江人民出版社 2006 年版,第 160 页。

语义　　　　　句法　　　　　形态
　　　　　　　　　　　　　　＋
　　　　　　　　　　　　　　音位
{语义表征 i}⇔{句法表征 k}⇔{形态表征 l}⇔{语音表征 j}①

图 1-5

梅里丘克认为，语言表征的所有层次，除了语义层次外，又可以进一步细化为深层和表层，深层主要面向意义，表层主要面向形式。由此，形成了"意思⇔文本"模式涵盖了 4 个层级（语义层、句法层、形态层、语音层）、7 个层面（语义表征、深层句法表征、表层句法表征、深层形态表征、表层形态表征、深层语音表征和表层语音表征），图 1-5 演变成了：

　　语义　　　　　深层句法　　　　　表层句法
{语义表征 i}⇔{深层句法表征 k1}⇔{表层句法表征 k2}⇔{深层形态表征 l1}
　深层形态　　　　表层形态　　　　音位
⇔{表层形态表征 l2}⇔{深层语音表征 j1}⇔{表层语音表征 j2}②

图 1-6

至此，"意思⇔文本"模式基本形成，它是"意思⇔文本"理论的具体体现。薛恩奎认为，"'意思⇔文本'模式利用从具体语料中抽象出的共性规则系统和赋予语言知识库新语料及其规则对接，实现共性框架结构与个性规则相结合的语言模式结构"。"共性规则体现为系统层次结构的联结规则和操作规则；个性规则是赋予系统的新语料规则。"虽然"意思⇔文本"模式并不是具有普遍意义的万能语言模型，但它的生命力在于"它是一个共性与个性、深层与表层相分离的结构系统，更换个性部分和修改联

---

① Мельчук И. А., *Курс общей морфологии*. Том Ⅰ, М. : Издательская группа «Прогресс», 1997, стр. 48.

② Мельчук И. А., *Курс общей морфологии*. Том Ⅰ, М. : Издательская группа «Прогресс», 1997, стр. 48.

结规则就可以适应不同的自然语言转换机制。"① 因此,"意思⇔文本"模式对语言研究具有普遍的指导意义。

无疑,"意思⇔文本"模式对阿普列相语言学思想产生了极为深刻的影响。阿普列相曾多次强调,"意思⇔文本"模式奠定了自己语言学理论的基础。在《词汇语义学》一书中,阿普列相认为自己的专著借鉴了"意思⇔文本"模式的很多原理;② 在《语言集成描写与系统性词典学》(*Интегральное описание языка и системная лексикография*, 1995)中, 阿普列相也坦承, "本研究中采用了读者已知的'意思⇔文本'的整体模式。"③

在继承的同时,阿普列相进一步发展了"意思⇔文本"语言学理论,主要体现在对语义的认知方面。阿普列相认为,"意思⇔文本"模式的语义层也有深层和表层之分,"在'意思⇔文本'这一形式模式中,应该有两个意义体现层面:表层语义的(民族语义层面)和深层语义的(通用语义层面)。"④ 前者主要任务是阐释句子表达的所有意义,阐释某自然语言句子之间的同义关系,阐释某自然语言句子之间的同形异义关系;后者的主要任务是消除所有语义上不相关的意义,阐释不同自然语言中句子之间的同义关系。⑤ 这样,阿普列相实际上将图 1-6 进一步修改如下:

深层语义　　　表层语义　　　深层句法　　　表层句法
{深层语义表征 i1}⇔{表层语义表征 i2}⇔{深层句法表征 k1}⇔{表层句法表征 k2}⇔
　　深层形态　　　表层形态　　　音位
{深层形态表征 l1}⇔{表层形态表征 l2}⇔{深层语音表征 j1}⇔{表层语音表征 j2}

图 1-7

---

① 薛恩奎:《〈意思⇔文本〉语言学研究》,黑龙江人民出版社 2006 年版,第 62 页。
② Апресян. Ю. Д., *Лексическая семантика*, М.:Издательство «Наука», 1974, стр. 36.
③ Апресян. Ю. Д., *Избранные труды том* II. *Интегральное описание языка и системная лексикография*, М.:Школа «Языки русской культуры», 1995, стр. 10.
④ Апресян. Ю. Д., *Избранные труды том* II. *Интегральное описание языка и системная лексикография*, М.:Школа «Языки русской культуры», 1995, стр. 19.
⑤ [俄]阿普列相:《语言整合性描写与系统性词典学》,杜桂枝译,北京大学出版社 2011 年版,第 16 页。

从这个意义上说，阿普列相也是"意思⇔文本"理论的创建者之一。

第三节　阿普列相语言学思想研究现状

阿普列相对俄罗斯语言学，特别是语义学和词典学做出了巨大贡献。随着阿普列相语言学思想的发展和传播，在俄罗斯和我国均涌现出大量相关研究成果。对这些成果进行归纳、总结和评述，有助于在前人研究的基础上对阿普列相语言学思想做进一步深入研究。

一　俄罗斯阿普列相语言学思想研究

目前阿普列相学术活动依然活跃，新的研究成果不断涌现，或许正因为如此，在俄罗斯以阿普列相学术思想为内容的专门著作尚未出现，对阿普列相学术思想的研究大都以纪念性文章、书评等形式出现。

（一）纪念性文章

2000年，阿普列相诞辰70周年。克雷欣（Л. П. Крысин）撰文介绍了阿普列相的主要经历、学术活动和科研成果。[1] 克雷欣认为阿普列相在结构语言学、理论语义学、句法学和词典学等领域取得了开创性成就，无愧为有多方面造诣的知名学者。此外，多年来阿普列相还一直领导着创建机器翻译系统和文本自动处理系统的研发和应用工作。阿普列相的著述在国内外引起了巨大反响，为他赢得了广泛赞誉。1966年出版的《当代结构语言学的思想和方法》一书，在20世纪七八十年代被翻译成英语、德语、法语、西班牙语、葡萄牙语、匈牙利语、波兰语等多国语言，《词汇语义学》一书被翻译成英语、波兰语，仅此两例便足以说明阿普列相的国际影响。克雷欣还专门提到，自1974年以来，阿普列相定期举行讨论会，起初

---

[1] Крысин Л. П., "Академик Юрий Дереникович Апресян（к 70 - летию со дня рождения）", *Известия РАН. Серия литературы и языка*, 2000（1）, стр. 73-75.

主要讨论应用语言学问题，后来扩大到理论语言学领域，这样的讨论会坚持了 27 年没有间断。讨论会吸引了莫斯科及其他城市科研机构和高校的众多专家学者，形成了莫斯科语义学派的雏形。

同年还出版了论文集《语篇与词典中的词——纪念阿普列相院士诞辰 70 周年论文集》(Слово в тексте и в словаре. Сборник статей к семидесятилетию академика Ю. Д. Апресяна, 2000)，克雷欣上述文章成为该论文集中收录的首篇论文。该论文集分为语言单位的语义和语用，词汇学和词典学，句法学，应用语言学和翻译问题，语言学和诗学以及方言学、语言史、语言学史等 6 个专题，共收录了 54 篇论文，作者不乏什维多娃（Н. Ю. Шведова），阿鲁玖诺娃（Н. Д. Арутюнова），布雷金娜（Т. В. Бурыгина），帕杜切娃（Е. В. Падучева），维日比茨卡（A. Wierzbicka）这样的语言学大家。

阿普列相诞辰 75 周年之际，博古斯拉夫斯基（И. М. Богуславский）和约姆金（Л. Л. Иомдин）撰写了纪念性文章，回顾和总结了阿普列相在语言学研究中取得的丰硕成果。① 阿普列相是洪堡特基金的获得者，国立莫斯科大学名誉教授，10 部一流著作、11 本词典、250 篇论文的作者，其中的许多著述被翻译成数种他国语言。此外，阿普列相还是誉满国内外的莫斯科语义学派的公认领袖，对莫斯科语义学派之外的学者也产生了重要影响。文章尤其重点论述了莫斯科语义学派的基本特征：莫斯科语义学派最主要的方法论原则是集成性（интегральность）和系统性（системность）；对词汇的描写应该凸显该词与其他词的系统关系，并反映出蕴含在该语言中的完整的、朴素的世界图景（наивная картина мира）；语义描写的工具是通过缩略的对象语来表达和定义的一套统一的语义元语言；描写任何语言单位的方法都是用语义元语言对意义进行分析性注释（аналитические толкования）；等等。

---

① Богуславский И. М., Иомдин Л. Л., "Академик Юрий Дереникович Апресян (к 75-летию со дня рождения)", Известия РАН. Серия литературы и языка, 2005（1），стр. 65-68.

第一章　阿普列相语言学思想概说

　　2010年是阿普列相诞辰80周年。博古斯拉夫斯基、约姆金和克雷欣三人合作撰写了纪念性文章，对阿普列相的科研活动和科研成果进行了回顾和总结。① 阿普列相是达利金质奖章获得者，洪堡特基金获得者；国立莫斯科大学名誉教授，索菲亚大学名誉博士。文章指出，阿普列相是为数不多的、被语言学领域之外的数百万人熟知的理论语言学家和词典编纂家。20世纪80年代，在阿普列相领导下开始编写的《新编英俄大词典》（*Новый большой англо-русский словарь*，1993）直至今日，每年仍在再版。《当代结构语言学的思想和方法》《俄语动词语义的实验性研究》（*Экспериментальное исследование семантики русского глагола*，1967）、《词汇语义学》《语言集成性描写与系统性词典学》等著作一经出版就成为语言学的经典之作。阿普列相品德高尚，治学严谨，对自己的科学研究精益求精，在80岁高龄时依然才思敏捷，笔耕不辍。

　　同年，俄罗斯科学院信息翻译问题研究所和语言研究所还联合举行了以"词与语言"（*Слово и язык*）为主题的国际学术会议，并于第二年出版了论文集《词与语言——纪念阿普列相院士诞辰80周年论文集》（*Слово и язык. Сборник статей к восьмидесятилетию академика Ю. Д. Апресяна*，2011）。论文集收录了46篇论文，分属于7个不同的专题：语言单位的语义和语用、词典学、句法学和句法语义学、应用语言学和翻译问题、语言类型学、语言学和诗学、语言哲学。博古斯拉夫斯基等人的上述纪念性文章成为该论文集的引言。作为《词与语言——纪念阿普列相院士诞辰80周年论文集》的序言，发表了著名语言学家梅里丘克撰写的纪念性文章。② 梅里丘克回忆了与阿普列相的友谊以及阿普列相对自己的影响。高度评价了阿普列相的语言学研究，认为阿普列相将词汇语义学的发展推向了一个新阶段，其专著《词汇语义学》直到今天仍具有重大意义。正是在这

---

① Богуславский И. М.，Иомдин Л. Л.，Крысин. Л. П.，"Академик Юрий Дереникович Апресян（к 80-летию со дня рождения）"，*Известия РАН. Серия литературы и языка*，2010（1），стр. 63-66.

② Мельчук. И. А.，"Предисловие. Про Апресяна"，*Слово и язык. Сборник статей к восьмидесятилетию академика Ю. Д. Апресяна*，М.：Языки славянских культур，2011，стр. 14-17.

本著作里，阿普列相确立了同义词在语义研究中的重要地位，从他学术生涯伊始直到今天，阿普列相一直对同义词的研究予以特别重视，倾注了很多心血。梅里丘克指出，阿普列相的科研创作复杂多样，很难简单地概括为几项成果或原则。如果必须粗线条勾勒阿普列相的语言学思想，可以概括为一个假设和两个原则：一个假设是词典位居语言描写的中心；两个原则是语言应该作为一个整体进行描写（语言集成描写）和每个词位都是一个完整的复杂世界（系统性词典学）。

（二）对阿普列相著述的评论

阿普列相的《新型俄语同义词解析词典》(*Новый объяснительный словарь синонимов русского языка*, 1997, 2000, 2003, 2004) 开辟了新型词典编纂的先河，该词典的出版在俄罗斯语言学界产生了极大影响，评论性文章纷纷涌现。帕杜切娃对该词典给予了高度评价，她撰文指出，《新型俄语同义词解析词典》的研究对象不是传统研究中的词，而是作为某个特定意义的词——词位，这种划分大大推进了俄语同义词的研究。因为词大多是多义的，对同一个词的不同词位而言，其对应的同义词（词位）也是不同的。以往的同义词词典都是以词而不是以词位为注释单位，《新型俄语同义词解析词典》中的"新"主要在于此。帕杜切娃重点分析了《新型俄语同义词解析词典》对词位意义的描写。既然是同义词解析词典，归根结底是要尽可能充分地描写词位的语义，阐释与其他同义词位意义上的区别。《新型俄语同义词解析词典》对俄语词位的语义研究做出了巨大贡献，是俄语词位知识的宝贵资料。很多词条都是原创性的语言学研究，某些词条更可以称得上是创造发明。《新型俄语同义词解析词典》中不仅涉及语义学，而且涉及句法学、超音段（просодия）特征和词序等，可以说这是以词为中心的、对人的语言能力的全面描写。[①]

[①] Падучева Е. В., "'Новый объяснительный словарь синонимов русского языка' как лаборатория семантического анализа лексики", *Известия РАН. Серия литературы и языка*, 2006 (6), стр. 16-29.

沙伊克维奇（А. Я. Шайкевич）将《新型俄语同义词解析词典》与叶夫根耶娃（А. П. Евгеньева）主编的《俄语同义词词典》（*Словарь синонимов русского языка*，1970—1971）进行了对比，然后详细介绍了《新型俄语同义词解析词典》的结构和特点，对该词典的积极性原则、系统性原则、使用专门的语义元语言描写词位的全部性能等方面进行了评价。沙伊克维奇还指出，阿普列相对《新型俄语同义词解析词典》中使用的术语给予了特别的关注，对重要术语进行了详细解释。沙伊克维奇认为，《新型俄语同义词解析词典》的出版是普通语义学和词典学发展史上的重大事件，是语言学理论与词典编纂实践的完美结合。①

约尔丹斯卡娅（Л. Н. Иорданская）指出，《新型俄语同义词解析词典》是一部独一无二的词典学产品，是阿普列相多年来在语义学、词汇学、词典学领域理论探索和实践工作取得的硕果。该词典中的每一个词条都是经过深思熟虑的科研成果，就其容量、对词位描写的深度和准确性而言，每个词条都是一篇含金量十足的学术论文。《新型俄语同义词解析词典》的主要特点有二：一是该词典有重要的理论基础，是一部"创新型"的词典学产品；二是该词典充分考虑读者的需要，是一部"人性化"的词典。② 约尔丹斯卡娅认为，《新型俄语同义词解析词典》受众面宽广，任何以俄语为母语的人，只要对语言感兴趣，都可以沿着该词典进行一次引人入胜的"旅行"，一定会在同义词的世界里发现以前不曾注意到的"风景"；俄语教师可以在词典里获得对词汇教学有益的启示；学习俄语的外国人也会在词典中发现适合自己的大量信息；该词典更会受到从事文本自动处理和机器翻译人员的欢迎。

克雷欣对阿普列相的《语言世界图景与系统性词典学》（*Языковая*

---

① Шайкевич А. Я., "Лексикографическое представление русских синонимов（к выходу в свет 2 - го издания 'Нового объяснительного словаря синонимов русского языка' под общим руководством Ю. Д. Апресяна）", *Известия РАН. Серия литературы и языка*, 2006（4）, стр. 18-24.

② Иорданская Л. Н., "О «Новом объяснительном словаре синонимов русского языка»", *Русский язык в научном освещении*, 2001（2）, стр. 240-249.

картина мира и системная лексикография, 2006）进行了评述。① 克雷欣简要介绍了该专著的结构,全书由九部分构成,其中第一部分由阿普列相主笔,该部分明确了该书的核心概念,确定了基本描写原则,可称得上是全书的理论基础。克雷欣认为本书有如下显著优点:采用语言集成描写,从语义、形态、句法、交际等方面对语言单位进行了全方位的分析;将深奥的语义学、词典学理论和具体的例证紧密结合;专著虽然由多人共同完成,但各部分在术语和内容上完美结合,浑然一体;该专著所描写的语言材料不是随意选取的个别例子,而是精心挑选有特定主题和类别的材料,这使得该书的结论更具说服力。该专著的上述特点证明,它是一部非凡的语言学著作,将理论语义学和系统性词典学又大大推进了一步。

除了在俄罗斯境内影响深远外,阿普列相的很多作品还被翻译成多种外文,在欧洲、美洲和亚洲的语言学界都产生了重要影响。如前文所指出的,专著《现代结构主义语言学的思想与方法》被译成英语、德语、法语、西班牙语、葡萄牙语、匈牙利语、波兰语;《词汇语义学》被译成波兰语、英语;《语言集成描写和系统性词典学》被译成汉语。论文《通过句法描写语义》（Описание семантики через синтаксис, 1970）被译成英语;论文《论规律多义词》（О регулярной многозначности, 1971）被译成英语、匈牙利语;《乌尔曼的结构语义学》（Структуральная семантика С. Ульмана, 1959）《什么是结构语言学》、《莫斯科语言学派》（О Московской семантической школе, 2005）被译成汉语。

此外,作为知名学者阿普列相还被收录到很多百科词典中,如《全球人名百科词典》（Всемирный биографический энциклопедический словарь, 1998）、《俄罗斯大百科词典》（Большой Российский энциклопедический словарь, 2003, 2005, 2006）、《大百科词典第62卷》（Большая

---

① Крысин Л. П., В. Ю. Апресян., Ю. Д. Аресян., Е. Э. Бабаева., О. Ю. Богуславская., Б. Л. Иомдин., Т. В. Крылова., И. Б. Левонтина., А. В. Санников и Е. В. Урысон., "Языковая картина мира и системная лексикография", *Русский язык в научном освещении*, 2007（1）, стр. 314-316.

энциклопедия: в 62 т, 2006) 等。

二 国内阿普列相语言学思想研究

国内对阿普列相语言学思想的研究始于20世纪60年代，50多年来取得了丰硕的成果，主要集中在对阿普列相语义学思想和词典学思想的引介、尝试借鉴阿普列相语言学思想研究汉语相关问题等方面。

（一）阿普列相语言学思想引介

1. 语义学方面的引介

1962年《语言学资料》刊发了阿普列相的《乌尔曼的结构语义学》（尚英译）一文。阿普列相认为，乌尔曼重点研究了共时语义学和历时语义学，"由于大量占有资料，使得乌尔曼得出一系列新的、重要的结论，论述了所有主要语义范畴（可释性、拟声现象、表情因素、同义现象、引申用法、多义现象、同音现象、意义的变化等）之间的互相联系、互相依属与互相渗透。"[①] 在肯定乌尔曼结构语义学取得成绩的同时，阿普列相也指出了他著作中存在的问题。乌尔曼"对意义所下的'功能'定义，即将意义看成是语音组合与词所表达的概念间的关系，是不能令人信服的。这一定义使乌尔曼的体系产生了内部矛盾。"[②] 上述论文的翻译和刊载，标志着国内阿普列相语言学思想研究的开始。该论文向国内学界介绍了阿普列相的结构语言学思想，首次让中国读者认识了这位伟大的学者。

倪波、顾柏林在探讨俄罗斯语义学时，简要介绍了阿普列相的俄语动词语义分析的分布—转换法、语义配价理论以及语言的集成描写原则。他们认为，阿普列相对语义配价的研究是"目前已知的比较全面的一种语义价系统"，同时对利用语言集成描写原则编撰新型词典也给予了积极评价：

---

① [俄] 阿普列相：《乌尔曼的结构语义学》，尚英译，《语言学资料》1962年第11—12期。

② [俄] 阿普列相：《乌尔曼的结构语义学》，尚英译，《语言学资料》1962年第11—12期。

"这一原则要求对语言进行综合性的、一体化的剖析，全面反映语言的面貌和特性。为此词典的词汇语义描写与语法规则的阐述溶于一体，并在提供信息方面互相作用，使词典包含最大限度的信息量。"①

张家骅是阿普列相研究专家，他及其指导的博士研究生对阿普列相语义学主要方面都进行了深入细致的研究。张家骅早在2001年就向中国读者介绍了莫斯科语义学派，② 这比阿普列相本人于2005年发表的《莫斯科语义学派》一文还要早四年。文章指出，近几十年来在苏联、俄罗斯语言学界活跃着以阿普列相为首的一批学者，他们"在语言学的宏观领域和微观领域，包括理论语义学、词典学和机器翻译等各个方面，独树一帜，有着一系列重要的、革命性的建树，产生了十分广泛、深远的影响"。这批学者就是莫斯科语义学派，他们和以阿鲁玖诺娃为首的语言逻辑分析学派"在某种程度上可以说，代表着俄罗斯语义学发展的一个崭新的历史阶段。"③ 张家骅曾撰文指出，莫斯科语义学派的理论要点主要有：语言单位的意义是众多同义转换单位的常体内容；词汇语义有微观分析和宏观概括两种不同的研究方向；配价和题元是两个经常被混淆的概念；自然语言集成描写是莫斯科语义学派语义研究的一个指导原则；编纂集成描写词典是莫斯科语义学派的重要任务之一。④ 2006年，《中国俄语教学》连载了阿普列相的《莫斯科语义学派》（杜桂枝译）一文，对莫斯科语义学派的研究思想、研究原则和研究方法进行了较为详尽的论述。⑤ 张家骅和杜桂枝对莫斯科语义学派的引介，加速了阿普列相思想在中国的传播。

张家骅深入研究了阿普列相的语义元语言，并与维日比茨卡的元语言进行了详细对比分析。他指出，两种元语言的共同点在于：都是建构在对象语基础之上的缩略的、划一的对象语形式；词汇系统都以对象语语义元

---

① 倪波、顾柏林：《俄语语义学》，上海外语教育出版社1995年版，第266—267页。
② 张家骅：《莫斯科语义学派》，《外语研究》2001年第4期。
③ 张家骅：《莫斯科语义学派》，《外语研究》2001年第4期。
④ 张家骅：《莫斯科语义学派的理论要点》，《中国外语》2006年第3期。
⑤ ［俄］阿普列相：《莫斯科语义学派》，杜桂枝译，《中国俄语教学》2006年第2—4期。

素单位为基础；释义对象都是多以抽象词汇语义单位为中心的情景或句子形式；都是进行词汇、语法、语用意义的集成描写。① 当然，两种语义元语言也有很多区别之处，主要体现在：解读的语言对象不同，阿普列相将其限于特定的民族语，而维日比茨卡认为可以解读任何民族语；对基本词汇语义元素单位不可分解性的认识不同，阿普列相认为不可解读的词汇语义单位也可能再分解，而维日比茨卡认为不可解读的词汇语义单位不能再进一步分解；词汇系统的构成不同，阿普列相以基本词汇元素单位为基础，包括语义构成略复杂的过渡词汇单位，维日比茨卡的词汇组成只限于基本词汇元素单位；语义解读的目的不同，在阿普列相看来，元语言既是理论语义学的研究工具，又是新型词典的词义描写工具，而维日比茨卡利用元语言，主要进行民族语言文化的对比研究。②

薛恩奎以研究梅里丘克语言学思想而著名，鉴于梅里丘克与阿普列相语言学思想的同源性，在介绍梅里丘克语义元语言时，薛恩奎将其与阿普列相的相关思想进行了对比。薛恩奎将梅里丘克的元语言视为网络结构的"关系"元语言；而将阿普列相的元语言视为线性结构的"释义"元语言，并对此进行了详细论述。③ 阿普列相使用语义元语言编纂新型词典，对此蒋本蓉给予了较为详细的介绍，尤其重点介绍了语义元语言词汇的构成，以及释义的原则，即"命题表达式、语义分解、最大集合规则、标准化、必要性和充分性、系统性和全面性。"④

张家骅对阿普列相的配价理论也有深入的研究。目前，配价及其相关的题元问题，已成为国内语言学界的研究热点之一。尽管研究成果众多，但对配价的认识仍见仁见智，难以达成共识。对此，张家骅提出了值得参考的意见："既然这个概念本身是歧义性质的，就应该将它放到特定的

---

① 张家骅：《Ю. АПРЕСЯН／A. WIERZBICKA 的语义元语言（一）》，《中国俄语教学》2002 年第 4 期。

② 张家骅：《Ю. АПРЕСЯН／A. WIERZBICKA 的语义元语言（一）》，《中国俄语教学》2003 年第 1 期。

③ 薛恩奎：《〈意思⇔文本〉语言学研究》，黑龙江人民出版社 2006 年版，第 72—78 页。

④ 蒋本蓉：《莫斯科语义学派的释义元语言》，《外语研究》2008 年第 1 期。

'语境'中来讨论。这个'语境'就是特定的语言学理论体系。"① 张家骅详细阐释了莫斯科语义学派的语义配价理论，以汉语为语料，举例说明了阿普列相在《新型俄语同义词解析词典》中使用的 16 个语义配价（即语义角色），同时对语义配价和句法题元（синтаксический актант）的区别以及二者之间的对应关系进行了论述。此外，张家骅还撰文介绍了阿普列相关于语义配价合并（склеивание семантических валентностей）② 和语义配价分裂（расщепление семантической валентности）③ 的问题。

郑秋秀介绍了莫斯科语义学派（主要是阿普列相）的语义配价和句法题元观，并对二者的对应关系进行了详细说明。④ 此外，郑秋秀还认为，"支配模式是题元结构研究的基础，题元结构是对动词支配模式的一种现实的体现和运用"⑤，并通过动词的支配模式，具体分析了语义配价的词形表达。李侠的博士论文选题以阿普列相语义配价理论为基础，结合支配模式，进行了构建《俄汉平行对照语义关系词典》的尝试。⑥

彭玉海介绍了阿普列相的语义—句法接口思想，重点解析了其句法分布的基本概念——"核心构造"（ядерная конструкция）以及关于句子的转换问题。彭玉海指出，阿普列相"在语言语义句法的研究中向来奉行'语义性能的同和异一定要有相应的语言表现，形式区别是语义区别之标志'这一信条。要认识他的理论体系不能不从其句法分布式的基本概念'核心构造'谈起。在他看来，所有动词句子均按一定的标准方式加以简化并能同'核心构造'相比较"⑦。在肯定阿普列相研究成果的同时，彭玉海也指出了其语义—句法研究中存在的三点不足之处：阿普列相曾明确

---

① 张家骅：《莫斯科语义学派的配价观》，《外语学刊》2001 年第 4 期。
② 张家骅：《语义配价合并》，《中国俄语教学》2007 年第 2 期。
③ 张家骅：《俄汉语中的语义配价分裂现象》，《外语学刊》2008 年第 4 期。
④ 郑秋秀：《语义配价、句法题元及其关系问题》，《中国俄语教学》2009 年第 4 期。
⑤ 郑秋秀：《论动词的支配模式》，《中国俄语教学》2010 年第 4 期。
⑥ 李侠：《配价理论与语义词典》，博士学位论文，黑龙江大学。
⑦ 彭玉海：《俄语动词（句）语义整合研究》，黑龙江人民出版社 2001 年版，第 29 页。

表示"核心构造"只含有必须成素,但他在不少地方又以"语义饱和"为出发点,造成其同"理想句"的混淆;阿普列相的研究中对动词题元的次范畴语义性质未给予足够的重视,而且没有把它专项立为分布关系的一项特有内容;阿普列相关注更多的似乎是相同动词的不同语义(义项)的区分,这从方法论上看是有待商榷的。①

季元龙撰文介绍了阿普列相理论语义学的研究原则、对象及其方法,认为阿普列相建立了现代语义学,与传统俄语语义学相比,阿普列相的理论具有以下几个主要特点:遵循一体化和系统性的研究原则,运用统一的元语言来描写语义,研究对象范围呈扩大趋势,语义描写任务不断增加,注重语义结构的多层性特点,并运用计算机技术进行语义分析。季元龙相信,"现代理论语义学的建立将为新世纪(21世纪——引者注)整个语言学的迅猛发展奠定扎实的基础。"②

于鑫认为,"阿普列相是俄罗斯现代语义学的代表人物,他领导的莫斯科语义学派在理论语义学、词典学和机器翻译等方面成就卓著"。于鑫撰文从俄语动词的语义研究、语言集成描写、词汇单位的系统描写、元语言理论、句子语义结构的多层次性描写、语义配价和句法题元理论等几个方面介绍了阿普列相的语义学理论。在阿普列相的"思想和方法的指导下,俄罗斯的莫斯科语义学派取得了令人瞩目的成就,成为世界语义学研究中的重要流派之一。"③

2. 词典学方面的引介

2011年,北京大学出版社出版了阿普列相的重要著作之一《语言集成描写与系统性词典学》(杜桂枝译)汉译本,由于翻译选词的不同,该著作的汉语译名为《语言整合性描写与体系性词典学》。该书涵盖了阿普列相近二十多年的研究成果,主题分布在五大框架之内:语言的集成描写、

---

① 彭玉海:《俄语动词(句)语义整合研究》,黑龙江人民出版社2001年版,第34—35页。

② 季元龙:《俄语理论语义学的研究原则、对象及其方法——阿普列祥观点评述》,《解放军外国语学院学报》2002年第3期。

③ 于鑫:《阿普列相及其语义理论》,《解放军外国语学院学报》2006年第3期。

同义现象问题与同义词典、系统性词典学、通过句法描写语义、语言的形式模式。①

吴哲认为："理论与实践紧密结合，向来是词典学研究者们所提倡的。当今语言学（尤其是语义学）研究的词典化倾向，使词典受到前所未有的重视，语言学研究的最新成果往往以词典为最佳载体和体现形式。"② 阿普列相的《语言世界图景与系统性词典学》一书充分说明了这一点。吴哲阐述了以阿普列相为代表的莫斯科语义学派集成描写原则的相关原理及其在双语词典编纂中的应用，指出以语言集成描写原则为基础编纂词典，可以为双语词典编纂的创新提供启示。这体现在以下三个方面：语言集成描写原则指导下的词典义项划分非常细致；运用语义元语言进行词典释义是实现集成描写的主要手段之一；集成性词典中语法信息与语义信息紧密结合，形态语义和句法语义是词条描写的主要内容之一。当然，借鉴阿普列相的思想编纂双语词典还面临诸多困难，吴哲坦承，运用集成描写原则"编写单语词典尚处于探索阶段的目前情况下，要编写该类型的双语词典无疑还任重而道远。"③

陈曦、王红厂对阿普列相编纂积极型词典——《新型俄语同义词解析词典》所运用的集成原则和系统原则进行了阐释，认为该词典的问世"不仅标志着辞书理论与实践的突破，还为外语词汇描写的深化、规范化提供了样板。"④ 陈曦、王红厂还撰文介绍了《新型俄语同义词解析词典》编著和出版的基本情况，回顾了积极型词典编纂的历史和现状，重点阐述了阿普列相编纂积极型词典使用的原则。陈曦、王红厂认为，《新型俄语同

---

① ［俄］阿普列相：《语言整合性描写与体系性词典学》，杜桂枝译，北京大学出版社2011年版。
② 吴哲：《整合一体描写及其对双语词典编纂创新的启示——兼评〈世界的语言图景与系统词典学〉》，《辞书研究》2008年第3期。
③ 吴哲：《整合一体描写及其对双语词典编纂创新的启示——兼评〈世界的语言图景与系统词典学〉》，《辞书研究》2008年第3期。
④ 陈曦、王红厂：《积极语法·积极型词典·外语词汇教学》，《中国俄语教学》2009年第3期。

义词解析词典》遵循集成原则和系统原则，设置的项目中不仅包括同义词词义、形态、构词、词法、句法、语用以及交际中的超音质特征，同时还充分呈现出词汇体系中词语之间的上义、类义、同义、反义、派生等关系。这样，集成原则"在很大程度上丰富了语义信息；系统原则试图再现信息的组织方式。这两个原则有助于揭示讲话人的语言能力，从而达到编写积极型词典的目的。"[1]

陈秀利、李葆嘉以《新型俄语同义词解析词典》（2004）为基础，系统分析了阿普列相元语言在同义词词典中的应用，对《新型俄语同义词解析词典》中的元语言词语、元语言释义方法进行了探讨，揭示了语义元语言的释义特点。陈秀利、李葆嘉认为，"阿普列相的元语言词语数量有限，类别丰富；对词位进行释义时，以描述特定情景为基础，逐层分解意义；释义具有描述模式规范、信息含量充足、意义指向明确三个优点。"[2] 尤其值得一提的是，在确定元语言词语数量时，陈秀利、李葆嘉遵循穷尽性的原则，将《新型俄语同义词解析词典》中的元语言词语复原，统计出该词典用于同义词组共同义解释的词语共有1132个，其中名词、动词、形容词、副词数量最多，共计998个，占总数的88.3%；代词、数词、连接词、前置词、语气词和词组很少，只占总数的11.7%。使用这种定量的研究方法，得出的结论直观、清晰地揭示了元语言词语的构成，深化了对阿普列相《新型俄语同义词解析词典》的研究。

陈秀利、李尧从选词构组、释义方式、例证等方面对阿普列相《新型俄语同义词解析词典》进行了评述，他们认为《新型俄语同义词解析词典》选词构组比较合理，释义方式新颖独特，例证典范丰富。该词典是莫斯科语义学派的主要词典成果，在这部词典中，阿普列相将理论研究寓于编纂实践，摆脱了辞书编纂缺乏理论支持的弊端。《新型俄语同义词解析

---

[1] 陈曦、王红厂：《运用整合原则和系统原则编纂积极型词典——从〈俄语同义词新型解释词典〉谈起》，《辞书研究》2010年第5期。

[2] 陈秀利、李葆嘉：《莫斯科语义学派语义元语言在同义词词典中的应用》，《扬州大学学报》（人文社会科学版）2011年第3期。

词典》"采用莫斯科语义学派的语义理论,以大规模语料为基础,在分析同义词共同意义的基础上,全方位地描述每个词语在语义、语用、风格等方面的特点。共同义释义以语义元语言为工具,通过描述特定情景,说明同义词意义发生中和的语境;区别义释义遵循全景描写原则,在整个语言系统中说明同义词的'同中之异'。体例严谨,结构清晰,释义准确、到位、全面。"①

3. 其他方面的引介

除语义学和词典学思想外,我国学者对阿普列相的普通语言学思想、语言世界图景理论、机器翻译思想等也都有过引介或评述。

1962年,《语言学资料》刊发了阿普列相的《什么是结构语言学》(应寿祁译)。在该文中,阿普列相首先论证了语言是一个结构,并将语言划分成"表达方面"和"内容方面",每个方面又包含"实体"和"形式"两个因素。接着阿普列相介绍了语言的基本单位和语言学科分支图,认为语言的基本单位是表达方面的音位和内容方面的词素与构造,相应地,语言学科分支图就是表达方面的音位学和内容方面的语法学。最后阿普列相总结了结构语言学的方法论要求,他认为语言结构描写在方法上所必须满足的第一个基本要求是最大限度地形式化描写,其他方法论要求是简明原则、一致原则、完尽原则与纯一原则。②

徐涛撰文介绍了阿普列相的语言世界图景理论,认为其突出特点是不把文化概念作为主要研究对象,而是从语言语义学视角,通过研究词汇语义系统来揭示语言世界图景。徐涛阐述了阿普列相语言世界图景观的六个特点,并给予了积极的评价。③ 徐涛还厘清了语言世界图景在阿普列相整个语言学研究中的地位和作用:"以语言的集成化描写为手段,以词汇语义系统为研究对象,以词典作为记述词汇语义系统研究成果的载体,以构

---

① 陈秀利、李尧:《最新俄语同义词解释词典》,《湖南科技大学学报》(社会科学版)2011年第5期。

② [俄]阿普列相:《什么是结构语言学》,应寿祁译,《语言学资料》1962年第11—12期。

③ 徐涛:《莫斯科语义学派的语言世界图景观》,《外语学刊》2011年第3期。

拟朴素世界图景作为词汇语义系统和系统性词典学研究的目的。"①

语言集成描写和系统性词典学理论都建立在谓词的支配能力基础上，因此谓词（主要是动词）的基础分类在阿普列相理论体系中发挥着重要作用。根据系统构成意义（системообразующие смыслы），阿普列相将动词划分为17种主要类别：动作动词、活动动词、从事动词、行为动词、影响动词、过程动词、体现动词、事件动词、空间状态动词、方位动词、状态动词、属性动词、能力动词、参数动词、存在动词、关系动词和阐释动词。对每种类别包含的动词，以及类别之间的互相关系，张红曾做过比较详细的介绍。②

机器翻译是阿普列相的研究领域之一。1974年，在阿普列相的领导下，多功能机器翻译系统 ЭТАП（阶段）的研制工作开始启动。目前，该系统已进入第三个研究阶段。傅兴尚等人对ЭТАП-3系统的模块、特征、构架与实现以及UNL（通用网络语言）接口等进行了介绍。③ 孙爽、石莹对ЭТАП-3机器翻译系统进行了简要概述，重点对相关模块、特征及句法语义处理方法进行了分析，旨在尝试建立可用于俄汉机器翻译系统的应用模块。④

（二）借鉴阿普列相语言学思想研究汉语相关问题

近年来，张家骅开始在语言研究中借鉴俄罗斯语言学思想分析汉语语料，这样一方面可以验证语言学理论的正确性和适用性，另一方面又可以促进汉语的相关研究，同时便于不熟悉俄语的我国语言学工作者或学习者阅读。早在2003年发表的《莫斯科语义学派的配价观》⑤ 一文中，张家骅

---

① 徐涛：《以语义学为研究对象的语言世界图景》，《中国俄语教学》2013年第4期。
② 张红：《莫斯科语义学派视域下动词的语义类别》，《中国俄语教学》2014年第2期。
③ 傅兴尚、许汉成、易绵竹等：《俄罗斯计算语言学与机器翻译》，语文出版社2009年版，第377—385页。
④ 孙爽、石莹：《ЭТАП-3机器翻译系统研究》，《哈尔滨师范大学社会科学学报》2013年第5期。
⑤ 张家骅：《莫斯科语义学派的配价观》，《外语学刊》2003年第4期。

便开始了这种尝试。在论述阿普列相语义配价和句法题元理论时，所举的例证全部使用汉语语料。2009 年，张家骅开始了国家社科基金项目——"建构《俄汉平行对照语义关系词典》的理论与实践"的研究工作，主要内容包括依据阿普列相的语义元语言模式构建汉语语义元语言；借鉴阿普列相语义配价理论和支配模式解释汉语谓词语义与句法的互动关系；研究制约句法题元实现的语义、语法、语用等条件；将莫斯科语义学派词汇函数理论引入汉语词汇研究；进行《俄汉平行对照语义关系词典》大量词条的编纂工作。

张家骅在深入研究阿普列相词汇语义学理论基础上，将理论探讨与个案研究相结合，理论联系实际；注意运用俄罗斯当代语义学的理论与方法分析汉语，借鉴阿普列相的义素分析、语义配价等理论，主要以汉语为语料，进行俄汉语言对比研究。如张家骅对"知道"和"认为"的语义语用进行了深入的分析和句法行为解释，他指出，"从语义角度看，'认为'句宾语小句内容不属事实预设，是特定认知主体的个人'创意'，只属于他个人，不同人对同一情况可能持各种各样的、当然也包括类同的意见。"而"'知道'句中从属小句命题多是事实预设，表达的知识不是特定认知主体的个人'创意'，不仅仅属于他个人，因此对于同一知识，不同认知主体只可能有或没有。"[①] 张家骅的专著《俄罗斯语义学：理论与研究》于 2010 年入选《国家哲学社会科学成果文库》，该成果代表了当前俄语语义学学术研究的最高水平。张家骅以俄罗斯语言学思想为指导，研究汉语语言现象，将俄汉语对比研究提升到一个崭新的高度，开创了俄汉语对比研究的新范式，其研究成果引起了俄语界和汉语界的高度关注。

彭玉海曾主持教育部人文社会科学重点研究基地重大项目"莫斯科语义学派的集成描写与现代汉语语义研究"，课题研究的基本思路也是用俄罗斯的语言学理论研究汉语的语料。彭玉海高度评价了阿普列相的语言集成描写，认为它"十分有益于语词同句法手段与语义单位之间对应关系的

---

① 张家骅：《"知道"与"认为"句法差异的语义、语用解释》，《当代语言学》2009 年第 3 期。

分析和描写，有利于区分同义，排除多义、歧义"①。彭玉海借鉴阿普列相语义集成描写的方法，对汉语词汇语义进行了集成描写，如对汉语多义动词"看"的9个义项进行了详细研究。彭玉海指出，"立足莫斯科语义学派的集成描写原则，以汉语中使用频率较高的动词'看'为切入点，对多义词'看'的转义内在机制和相应形式句法表现、交际—认知性能等展开分析和讨论，以期从一个新的角度揭示动词'看'的语言功能和语言实质，深化汉语动词转义问题及相关句法语义问题的研究。"②

王洪明的博士论文以阿普列相的语义元语言理论为基础，对汉语语义元语言进行了初步构建，并以阐释动词为例，分析了俄汉语阐释动词的词汇语义特征。③ 刘丽丽的博士论文以阿普列相的语义元语言理论和配价理论为基础，对俄汉语祈使言语行为动词的语义进行了对比分析。④ 上述成果也是借鉴阿普列相语言学思想研究汉语语料的有益尝试。

三　国内研究取得的成绩与存在的不足

阿普列相语言学思想的引介主要集中在他取得成果最多、最有影响力的语义学和词典学两个方面。自1974年《词汇语义学》问世以来，语义学领域的成果一直是国内学者追踪的热点。近年来，随着《新型俄语同义词解析词典》《语言世界图景与系统性词典学》的相继出版以及关于积极词典学思想的提出，其词典学领域的成果也逐渐受到国内学者的重视。

由于政治、思想意识形态等原因，20世纪50—60年代中国语言学界深受苏联语言学理论影响，国内占主导地位的语言学指导思想几乎都来自苏联。当时国内刊登苏联语言学家的文章、出版苏联语言学家的著作是司空见惯的事情。而进入21世纪，时过境迁，国内占主导地位的语言学指导

---

① 彭玉海：《语义动态分析方法探索》，中国社会科学出版社2009年版，第1页。
② 彭玉海：《语义动态分析方法探索》，中国社会科学出版社2009年版，第2页。
③ 王洪明：《俄汉语动词词义的元语言释义对比》，博士学位论文，黑龙江大学，2011年。
④ 刘丽丽：《俄汉语祈使言语行为动词语义对比研究》，博士学位论文，黑龙江大学，2013年。

思想几乎全部来自欧美，对俄罗斯语言学研究成果和理论水平缺少应有的认识和关注。在这样的情况下，能见到俄罗斯语言学研究成果的汉译本，确实难能可贵。正如刘利民所言："我国语言学界对俄罗斯语言学研究的发展历史和目前的理论水准缺少应有的关注，对俄罗斯语言学取得的成就了解得较少，致使俄罗斯语言学领域中的许多重要理论和先进思想没有得到应有的传播。"[①] 论文和专著同时被翻译成汉语的当代俄罗斯语言学家，阿普列相几乎是目前唯一的一位，这也从一个侧面证实了阿普列相语言学思想的重要性和权威性。

国内阿普列相语言学思想研究成果中，还是以介绍和述评阿普列相思想为主，真正用阿普列相语言学思想指导汉语研究的成果依然寥寥。引介国外语言学理论的最终目的是为推动中国语言学发展服务。在相当长的一段时期内，我国外语界和汉语界"两张皮"现象很严重，外语界对国外理论的引介很少联系汉语研究。近年来，这种状况虽然有了明显的改善，很多对国外理论的引介和研究都能够自觉地以汉语作为语料，为我国语言学的发展提供了广阔的视野和方法论上的启示，但是以俄罗斯语言学理论为指导，以大量汉语语料为基础，研究汉语问题，在这方面仍需进一步加强。

总之，尽管相对零散和分散，但国内学者对阿普列相几乎所有主要研究领域的重大成果都有所引介，前人的研究成果为全面系统研究阿普列相语言学思想奠定了必不可少的前期基础。

本章小结

阿普列相语言学思想的诞生，有着深厚的国际、国内背景。20世纪初，索绪尔创立结构主义语言学，对世界语言学研究产生了广泛而深远的影响，阿普列相语言研究的起点也是从结构语言学开始的。俄罗斯语言学

---

① [俄]阿普列相：《语言整合性描写与体系性词典学》，杜桂枝译，北京大学出版社2011年版，总序第1页。

研究历史悠久，成果丰富多彩，其在语义学和词典学领域取得的成果，对阿普列相语言学思想的产生起到了重要的推动作用。20世纪50年代，阿普列相开始从事语言研究之时，正值苏联语言学界处于"后马尔主义"时代，此时思想相对开放和包容，对阿普列相语言学思想的形成和发展创造了良好的学术氛围。

阿普列相的语言学思想，吸收了西方语言学家的有益思想，继承了俄罗斯语言学家的研究传统。主要是从美国转换生成语法内部发展起来的解释语义学、生成语义学和格语法；源于哲学领域后被引入语言学的元语言理论；法国和德国学者探讨句子成分之间语义—句法关系的从属关系语法（依存语法）和配价理论，以及梅里丘克的"意思⇔文本"理论。

近年来，阿普列相的语言学思想不断发展和传播，国内外涌现出了大量相关研究成果。俄罗斯对阿普列相学术思想的研究大都以纪念性文章、书评等形式出现；在我国主要体现在对阿普列相语言学思想的引介和尝试借鉴阿普列相相关理论研究汉语等方面。

第二章 语言集成描写思想

俄罗斯是较早尝试机器翻译研究的国家之一。"俄罗斯（包括苏联）曾最早从事以机器翻译为主要目标的自然语言处理研究，有悠久的历史和辉煌的学术传统，不论在理论构架、资源建设、数学建模、实用化信息系统的研发方面都取得了显著的成绩。"[①] 其中，在阿普列相领导下研制的 ЭТАП 机器翻译系统便是其中的杰出代表，该翻译系统在理论上主要依据梅里丘克的"意思⇔文本"模式。正是在运用"意思⇔文本"模式进行多功能语言程序 ЭТАП 的研制过程中，产生了语言集成描写的思想。

第一节 语言集成描写思想概述

在阿普列相的所有理论研究和词典编撰实践中，都贯彻着语言集成描写的原则，该原则最初要求一种语言的词典和语法应互相配合描写。最早提出将词典和语法进行配合思想的学者是谢尔巴，这一设想在乌沙科夫主编的词典中得到了初步实现。"意思⇔文本"模式的提出，使语言集成描写扩展至句法领域成为可能。在研制 ЭТАП 的过程中，阿普列相最终确立了语言集成描写的思想。

[①] 傅兴尚、许汉成、易绵竹等：《俄罗斯计算语言学与机器翻译》，语文出版社 2009 年版，第 1 页。

一 语言集成描写思想溯源

语言集成描写思想的萌芽,早在阿普列相进行相关研究之前就已出现。语言学史上,第一次提出类似思想的是谢尔巴。谢尔巴认为,所谓的"语言",主要体现为词典和语法,这两者被他称为"语言系统"(языковые системы)。在1931年发表的一篇文章中,谢尔巴指出"正确编写的词典和语法应能够穷尽一门语言的知识。当然,我们离这一理想还很遥远。但是我认为,衡量词典和语法优越性与否的标准,是借助于它们在生活中的任何情况下能否正确地造句并完全理解用该语言所述的内容。"[①] 可见,谢尔巴已经注意到了词典和语法配合的问题。然而,谢尔巴的这一远见卓识并未形成一个专门的术语固化下来,同时他也没有举例说明如何将词典和语法进行配合描写。基于上面两点原因,当时谢尔巴的这一想法无论在语言学思想的发展,还是在语言描写的实践中都未引起足够的重视。

首次将语言集成描写的理念付诸实践的是乌沙科夫,在他主编的《俄语详解词典》中,对每一个可变化词,都列出了主要词形,借助已有的变格和变位知识可以推出该词的全部词形变化聚合体。但是在该词典里,对语言集成描写的理念也未术语化,而且仅"集成"了词法和词义,未考虑到词汇的其他性能。扎利兹尼亚克(А. А. Зализняк)在《俄语语法词典·词的变化》(Грамматический словарь русского языка: Словоизменение, 1977)中进一步完善了语言集成描写的理念。扎利兹尼亚克指出,"该词典主要意义在于反映现代俄语的词形变化,也就是在于明确每个入选的词是否有词形变化,如果有,则要注明如何变化。换句话说,词典提供词的聚合体,即全部形式的总和。"[②] 该词典不但重视词条的形式变化,而且特别关注在形式

[①] Щерба Л. В., *Языковая система и речевая деятельность*, М.: Едиториал УРСС, 2004, стр. 25-26.

[②] Зализняк А. А., *Грамматический словарь русского языка: Словоизменение*, М.: Издательство «Русский язык», 1977, стр. 3.

变化中伴随的重音移动。阿普列相对此给予了高度评价，他认为，"该词典中包含的信息不仅足以用来构建任何一个词的词形变化'书面'聚合体，而且足以用来重建其所有形式的重音体系。"①

20世纪70年代，梅里丘克及其同事、学生在探讨"意思⇔文本"模式时，将语言集成描写由词法领域扩展至句法领域中。1984年出版的《现代俄语详解组合词典》（Толково‐комбинаторный словарь современного русского языка，1984），便是这一思想的集中体现。与其他详解词典相比，该词典中关于词位支配特性的信息得到了进一步发展。该词典的词条不是以词为单位，而是以词位为单位。按照编者们的设想，该词典应该与句法的形式模式互相配合："详解组合词典是'意思⇔文本'语言模式理论框架下任何语言完整描写不可分割的一部分。"② 既然"意思⇔文本"语言模式要依赖于该词典，那么该词典的词条就要包含关于词位句法特征的信息，也就是说，要包含类似名词的动物性和非动物性、形容词和副词的述谓性和非述谓性的特征，等等。总而言之，句法形式模式规则应该直接与词典信息互相作用。

尽管在梅里丘克等人的研究成果中，语言集成描写也未形成专门的术语，但是从词法到句法，语言集成描写又大大前进了一步。此外，阿普列相也参与了《现代俄语详解组合词典》的编纂工作，这都为语言集成描写思想的最终确立奠定了良好的基础。

二 语言集成描写思想的确立

尽管在阿普列相之前，就出现过语言集成描写思想的萌芽，既有理论上的探讨，也有词典编纂方面的实践，但是正如吴哲所言，真正将语言集成描写作为一种理念引入语言学研究并形成自己的理论体系的，还是要归

---

① Апресян Ю. Д., *Исследования по семантике и лексикографии*. Том I: *Парадигматика*, М.: Языки славянских культур, 2009, стр. 102.

② Мельчук И. А., Жолковский А. К., *Толково‐комбинаторный словарь современного русского языка*, Вена: Wiener Slawistischer Almanach, 1984, стр. 69.

功于阿普列相以及以阿普列相为首的莫斯科语义学派。"正是由于该学派的学者在一系列著述中阐释该理论并尝试将其应用于语言研究和词典编撰实践,这一思想才真正引起比较广泛的关注。"①

在研制多功能语言程序 ЭТАП 的过程中,语言集成描写思想得以最终确立。20 世纪 70 年代初,阿普列相离开苏联科学院俄语研究所,赴莫斯科信息电子学研究所工作。1974 年,在阿普列相的直接领导下,多功能语言程序 ЭТАП 的研制工作正式启动。1980 年,该机器翻译系统的第一期(ЭТАП-1)投入使用,翻译的语言为法译俄。1985 年,该机器翻译系统的第二期(ЭТАП-2)投入使用,翻译的语言为英译俄。"ЭТАП 家族系列在结构上属于转换式机器翻译系统,即分析—转换—生成。ЭТАП-1 在表层句法结构层面上实现翻译处理,ЭТАП-2 则在规范的句法结构层面上实现处理。"② 如今,由俄罗斯科学院信息传输问题研究所负责 ЭТАП 翻译系统的研制工作,该系统也步入了第三个发展阶段。目前已实现了多语种翻译,可以支持英译俄、俄译英、俄译法、俄译韩、俄译德,主要侧重于英语和俄语的互译。在 ЭТАП-3 的所有模块中,"对自然语言的处理均采用的是基于规则的算法,它对自然语言进行深层次的句法结构分析,在这一层次上实现从源语言到目标语言的转化,这也显示出它与其他自然语言处理系统的不同特点。"③ 在处理句子结构方面,ЭТАП-3 系统采用的不是句子结构的简单拼接,而是使用依存关系句法树来表现句子的结构。这样,就必须将词汇信息看得和语法信息同样重要,必须将二者进行互相配合的综合描写。正如孙爽所言,"为了支持 ЭТАП-3 机器翻译系统多语言的环境,它将记录在词典中的信息与记录在语法中的信息同等看待,一个语言组配词典中包含大量信息,如词形、句法特征、语义特征、次范畴化

---

① 吴哲:《整合一体描写及其对双语词典编纂创新的启示——兼评〈世界的语言图景与系统词典学〉》,《辞书研究》2008 年第 3 期。

② 傅兴尚、许汉成、易绵竹等:《俄罗斯计算语言学与机器翻译》,语文出版社 2009 年版,第 371 页。

③ 孙爽、石莹:《ЭТАП-3 机器翻译系统研究》,《哈尔滨师范大学社会科学学报》2013 年第 5 期。

特征、词汇的支配模式、句法和语法规则、生成规则，以及其他各种规则和数据。在给定的源语言和另一个目标语言中，每一个词条都会建立相应的对应关系，从而进行两种语言的双向翻译。"①

使语法和词典互相配合、共同在电子计算机上发挥作用，并根据大量文本翻译试验的结果进行多次修正，这样即可发现语法和词典在何种程度上实现了集成描写。正如阿普列相所言，"在自动化系统中使用语言学模式的一个最重要的成果是新型的语言学描写——语言的统一的或集成描写。"②

第一次对语言集成描写进行论述，出现在阿普列相 1980 年发表的《"意思⇔文本"模式表层语义成分的信息类型》(*Типы информации для поверхностно - семантического компонента модели « Смысл ⇔ Текст »*, 1980) 一文中。此后，《语言集成描写与详解词典》(*Интегральное описание языка и толковый словарь*, 1986) 等文献对语言的集成描写都有所论述。这些研究成果大都收录在专著《语言集成描写与系统性词典学》中。阿普列相指出，统一的或集成的语言学描写已经成了现代语言学理论中的一个主要创新点，它主要表现为以下几个要点：

第一，词典是对语言进行全方位理论描写时不可分割的组成部分，在所有重要关系中都与语法地位平等。

第二，作为语言统一理论组成部分的形式词典和形式语法，应在语言信息的分配、语言信息的记录形式、语法规则和词典材料（规则和客体）的互相作用等方面以理想的方式协调一致。

第三，语法信息和词典信息互相协调还要求语言的所有内容单位——词、熟语（фразема）、法位（граммема）、结构、超音段元素的意义应使

---

① 孙爽、石莹：《ЭТАП-3 机器翻译系统研究》，《哈尔滨师范大学社会科学学报》2013 年第 5 期。

② Апресян Ю. Д., *Избранные труды том* Ⅱ. *Интегральное описание языка и системная лексикография*, М.：Языки русской культуры, 1995, стр. 578.

用同一种语义语言进行描写。①

阿普列相以上观点的形成,有其现实的基础。传统的语法和词典有各自的研究内容和研究方法,基本没有考虑彼此互相协调一致的问题。下面以俄语名词中的动物名词和非动物名词为例,对传统语法和词典在互相协调一致方面的欠缺加以说明。

俄语中所有名词分为动物名词和非动物名词,它们的复数形式聚合体是有差别的。具体来说,动物名词复数第四格形式与第二格形式相同,如 увидеть **студентов**（第四格）——каникулы у **студентов**（第二格）；非动物名词复数第四格形式与第一格形式相同,如 читать **книги**（第四格）——**Книги** лежат на столе（第一格）。此外,与名词一致的形容词形式也具有上述差别：前者如 увидеть **новых студентов**（第四格）——каникулы у **новых студентов**（第二格）,后者如 читать **новые книги**（第四格）——**Новые книги** лежат на столе（第一格）。综上所述,毫无疑问,"相应的句法匹配规则要利用该名词是动物名词或者非动物名词的信息。"② 这样的信息或者出现在语法著作中,或者出现在词典中。语法学是"研究语言的组词造句的规则,即研究语言的小的音义结合体构成大的音义结合体的规则。"③ 可见,语法学研究的应该是某类词的共性规律,在某个共性规律下列出符合条件的所有词几乎是不可能的。事实上,无论是在苏联科学院 20 世纪 50 年代出版的《俄语语法》（Грамматика русского языка, 1952—1954）和 20 世纪 80 年代出版的《俄语语法》（Русская грамматика, 1980）中,还是在其他类型的语法中,都没有在相应章节下列出全部动物名词或非动物名词,或许,这样做是不可能的。正如阿普列相所言："在语法中逐一列举所有的动物名词和非动物名词是最不经济的,

---

① Апресян Ю. Д., *Избранные труды том* II. *Интегральное описание языка и системная лексикография*, М.: Языки русской культуры, 1995, стр. 11.

② Апресян Ю. Д., *Избранные труды том* II. *Интегральное описание языка и системная лексикография*, М.: Языки русской культуры, 1995, стр. 11-12.

③ 语言学名词审定委员会：《语言学名词》,商务印书馆 2011 年版,第 52 页。

而这个信息的位置应该在词典中。"① 可是，目前常用的俄语词典和俄汉词典中，是否标注了名词的动物属性或非动物属性呢？下面以名词 мертвец（死人）为例，简述常用的俄语词典和俄汉词典中对该词的注释。

МЕРТВЕ́Ц, -á, м. Умерший человек, покойник. || прил. мертве́цкий, -ая, -ое.②

奥热果夫、什维多娃对 мертвец 的释义极其简洁，在语法信息方面，只标出该词为阳性，第二格形式为 мертвецá。在意义注释上，用同义替换的方式给出了该词的基本意思。

МЕРТВЕ́Ц, - á; м. Мёртвый человек; покойник. М. в гробу. В покойницкой лежали мертвецы. Бледный как м. Выглядеть мертвецом (безжизненно). <Мертве́цкий (см.).③

库兹涅佐夫（С. А. Кузнецов）与奥热果夫、什维多娃对该词的释义方法完全相同，只是个别用词不同，同时丰富了几个例句。对于该词是动物名词还是非动物名词的信息，也没有明确指明。

мертве́ц, -á [阳] 死人（包括男女）；<转>半死半活的人，半死不活的人．живой ~ 半死不活的人。④

《大俄汉词典（修订版）》对该词条语法信息的标注和上面两种词典

---

① Апресян Ю. Д., *Избранные труды том* Ⅱ. *Интегральное описание языка и системная лексикография*, М.：Языки русской культуры, 1995, стр. 11–12.

② Ожегов С. И. и Шведова Н. Д., *Толковый словарь русского языка*, М.：ООО 《 А ТЕМП》, 2013, стр. 326.

③ Кузнецов С. А., *Большой толковый словарь русского языка*, Санкт – петербург: НОРИНТ, 2002, стр. 535.

④ 黑龙江大学俄语语言文学研究中心辞书研究所：《大俄汉词典（修订版）》，商务印书馆 2001 年版，第 987 页。

一样，只是在意义注释方面更加细致，除了直义外，还给出了转义。

мертве́ц, -á，[阳]Умерший человек, покойник 死人‖形. **мертве́цкий**, -ая，-ое.①

对 мертве́ц 词条而言，《现代俄汉双解词典》完全参照奥热果夫、什维多娃的词典来进行释义，只是将语法标识翻译成了汉语，在意义注释方面，保留俄语后加上汉语译文。

可见，无论是俄罗斯出版的俄语单语词典，还是国内出版的俄汉词典，大都没有标注名词的动物属性—非动物属性。这也验证了阿普列相的推断："现有的任何一部详解词典中都没有这些信息（名词的动物属性—非动物属性——引者注），这类词典本来是应该和语法互相作用的。"②

为什么国内外详解性的词典都没有标注名词的动物属性—非动物属性呢？阿普列相认为，原因只有一点，"认为关于动物属性—非动物属性的标注是多余的，因为词典中对名词已有的注释无疑可以推导出这样的标注：动物属性与'有生命'的意义相一致，而非动物属性与'无生命'的意义相一致。"③ 但是，实际情况并非都是如此。"动物名词和非动物名词的划分，并不完全反映自然界中的生物和非生物的分类。"④ 所有植物都是有生命的，但是表示其名称的名词，如 дуб（橡树）、крыжовник（醋栗）等均不属于动物名词；而玩偶实际上都是无生命的，但是表示其名称的名词，如 кукла（布娃娃）、матрёшка（套娃）等却属于动物名词。还有一些微生物，从日常生活的角度看，很难说清它们是有生命的，还是无生命。表示它们名称的名词，如 бактерия（细菌）、вирус（病毒）、микроб

---

① 张建华等编：《现代俄汉双解词典》，外语教学与研究出版社2003年版，第449页。

② Апресян Ю. Д., *Избранные труды том* II. *Интегральное описание языка и системная лексикография*, М.：Языки русской культуры, 1995, стр. 11-12.

③ Апресян Ю. Д., *Избранные труды том* II. *Интегральное описание языка и системная лексикография*, М.：Языки русской культуры, 1995, стр. 11-12.

④ Шведова Н. Ю., *Русская грамматика. том* I, М.：Наука, 1980, стр. 462.

(微生物），既可以用作动物名词，也可以用作非动物名词。可见，动物名词和非动物名词的划分，并不像看起来那么简单，因此，名词动物属性和非动物属性的信息理应纳入详解词典中。

由上例可知，传统语法和词典在互相协调一致方面确实存在某些欠缺，不利于语言学习者对语言的掌握，尤其对非母语学习者而言更是如此。而语言集成描写，则可以解决类似的问题。

第二节　作为语言集成描写工具的语义元语言

传统语言研究中，对语法意义和词汇意义的描写采用不同的方式。对前者一般通过特征进行描写，而对后者一般是进行注释。语言集成描写要得以实现，必须使用专门的、统一的元语言来描写。阿普列相称这种元语言为语义元语言，或释义元语言，并把它作为理论语义学研究和系统词典编撰的工具。

一　阿普列相语义元语言的构成

尽管"元语言"这一概念早在20世纪40年代就被引入语言学，但就自然语言的元语言研究而言，直到20世纪70年代以阿普列相为代表的莫斯科语义学派和以维日比茨卡为代表的波兰学派在理论语义学领域取得举世瞩目的成绩，元语言才在语言学，尤其在语义学研究领域奠定了自己应有的地位。

阿普列相的语义元语言不是源自人工语言，而是源自自然语言，是"缩略的、统一的自然语言，由相对简单的词、句法结构和词法形式构成，它们的数量比对象语的词汇总量少若干位数"[①]。阿普列相认为，语义元语言有两个最重要的组成成分——元语言词汇和元语言句法。

---

① 蒋本蓉：《莫斯科语义学派的释义元语言》，《外语研究》2008年第1期。

第二章 语言集成描写思想

（一）语义元语言词汇

关于语义元语言的词汇问题，阿普列相在不同的研究阶段观点不尽相同，使用的术语也不完全一致。在早期研究中，阿普列相未就语义元语言的词汇单位进行细化，而是统称为词（слово）或词汇的元素（элемент）。[①] 此时，阿普列相的研究重点是如何确定语义元语言词汇。阿普列相认为，语义元语言的词汇应该满足这样的条件：每个词应该表达同样的基本意义，每个基本意义应该由同样的词表达，即语义元语言词汇中每个词和每个基本意义应该是互相一一对应的。[②] 只有这样，元语言才能准确描写语义。

一方面，如果对形容词 короткий（短的）的部分意义借助于 небольшой（不大的，小的）来注释，那么对 низкий（矮的）、узкий（窄的）、тонкий（薄的）、лёгкий（轻的）等类似的形容词进行注释时，也应该使用同样的 небольшой 一词，而不能使用其他同义词 незначительный（小的）、малый（小的），等等。在语义元语言词汇中，应该尽量控制用来注释的词的数量，这是语言的经济原则决定的。另一方面，如果将 широкий（宽的）注释为 большой в поперечнике（在横面上大的），那么对 толстый（厚的）注释就不能用同样的方式进行。因为 широкий 与 толстый 在语义上有本质的区别：前者着眼的是平面，可以说明二维物体，也可以说明三维物体；后者着眼的是立体，只能说明三维物体。因此，如果用同样的 большой в поперечнике 同时注释 широкий 和 толстый，那么两个词语义上的区别就无从辨别，也无法解释为何可以说 Он шёл по широкой дороге（他在很宽的道路上行走），而一般不可以说 Он шёл по толстой дороге（他在很厚的道路上行走）。在控制注释用词数量的同时，又要将意义的全部特征准确而清晰地表示出来，这是语言的充分性原则决定的。

此时，阿普列相认为，语义元语言的词汇构成包括四类：简单谓词的

[①] Апресян Ю. Д., *Лексическая семантика*, М.：Наука, 1974, стр. 70-78.
[②] Апресян Ю. Д., *Лексическая семантика*, М.：Наука, 1974, стр. 70-71.

名称（类似自然语言中的动词）；简单事物的名称（类似自然语言中的名词）；逻辑系词（且、或、非）；事物变项（变元）的名称（A，B，C……）。① 其中，前两类是阿普列相重点关注的，他列举出了这样的词有：больше（更多），включаться（包括），время（时间），действовать（起作用），иметь（有），информация（信息），каузировать（致使），качество（质量），количество（数量），место（地点），мочь（能），множество（集合），находиться（位于），начаться（开始），норма（标准），образ（方式），объект（客体），один（1），отношение（关系），порядок（次序），пространство（空间），свойство（性能），совпадать（相符），состояние（状态），субъект（主体），существовать（存在），точка（观点），хотеть（想）。

在阿普列相的后续研究中，逐渐将重点转移到语义元语言词汇的成分和结构上。阿普列相明确指出，不建议使用人工语言作为语义元语言，而是使用对象语言中通过特定方式简化和统一了的标注语言，即具有一般性意义（传统词典学中使用的意义）的、现实中存在的词和句法结构。并进而指出，在他的语义元语言词汇中有两类词：一类是语义基元词，或称语义单子（семантические примитивы），即未被修饰、无法进一步做语义简化的词；另一类是过渡概念（промежуточные понятия），这类词在语义上更加复杂，但可以经过一步或几步被简化成语义基元词。② 为了与维日比茨卡的研究相区分，阿普列相对语义基元词进行了重点探讨，"我们将在某种语言范围内不能进一步语义解读的那些词叫作语义基元词，尽管它们的意义可能并不完全是简单的。因此，语义基元词取决于被描写的语言的词汇结构：如果在某种语言中不存在可以解释词位 L 的 L1，L2……，Ln，那么 L 就可以认为是基元词。"③ 如前文所述，阿普列相认为，"意思⇔文

---

① Апресян Ю. Д., *Лексическая семантика*, М.：Наука, 1974, стр. 73.

② Апресян Ю. Д., "О языке толкований и семантических примитивах", *Известия РАН. Серия литературы и языка*, 1994（4）, стр. 28-29.

③ Апресян Ю. Д., "О языке толкований и семантических примитивах", *Известия РАН. Серия литературы и языка*, 1994（4）, стр. 37-38.

本"模式的语义层也有深层和表层之分。语义基元词可以很好地描写表层语义,而深层语义还是应该建立在人工逻辑语言的基础上,描写深层语义的元语言词汇才是真正的基元词。为了与描写表层语义的语义基元词相区别,阿普列相将这种"真正的基元词"命名为"语义夸克"(семантические кварки),① 他认为语义夸克是表示现实中存在、但永远不能在自然语言词汇中被物质化的意义。语义夸克由比语义基元词更加细微的语义因素构成,无法用对象语中单个词位表示。

需要指出的是,不可解读的语义单位,大多仍然可以进行分解。张家骅指出:"莫斯科语义学派认为,不可分解性与不可解读性是词汇语义单位的两种不同属性。"② 不可解读的语义基元词仍然可以进行语义分解,可见,"语义单位不可解读并不等于不可分解。同时具有这两种属性的词汇语义单位应该是十分个别的情况,绝大多数不可解读的词汇语义单位都不是浑然一体,而是由更加细小的因素构成的。"③

在阿普列相的近期研究中,对语义元语言词汇的成分和结构进行了详细说明。阿普列相认为,语义元语言词汇包括以下三类:④

1. 语义基元词。语义基元词表示最简单的意义,在某语言中不能被其他词进一步解读。表示这样意义的词有 делать(做)、воспринимать(领会)、хотеть(想)、мочь(能)、чувствовать(感觉)、знать(知道)、считать(认为)、говорить(说)、существовать(存在)、быть(是,在,有)、находиться(位于)、предшествовать(发生在……之前)、я(我)、отношение(关系)、объект(客体)、время(时间)、пространство(空

---

① Апресян Ю. Д., "О языке толкований и семантических примитивах", *Известия РАН. Серия литературы и языка*, 1994(4), стр. 38.
② 张家骅:《Ю. АПРЕСЯН/A. WIERZBICKA 的语义元语言(二)》,《中国俄语教学》2003 年第 1 期。
③ 张家骅:《Ю. АПРЕСЯН/A. WIERZBICKA 的语义元语言(二)》,《中国俄语教学》2003 年第 1 期。
④ Апресян Ю. Д., *Исследования по семантике и лексикографии. Т. Ⅰ: Парадигматика*, М.: Языки славянских культур, 2009, стр. 14-16.

间），причина（原因），условие（条件），свойство（性质），часть（部分），число（数量），количество（质量），норма（标准），ситуация（情况），один（1），хороший（好的），больше（更多），не（不）等一系列词，它们可以用于注释所有类型的语言单位。

2. 过渡语义因素（промежуточные слова-смыслы）。过渡语义因素表示比语义基元词更复杂的意义，如 готов（准备），должен（应该），намерен（打算），перемещаться（位移），начаться（开始），прекратиться（停止），продолжаться（继续），цель（目的），момент（时刻）等一系列词，它们可以借助于分析性注释，最终简化为语义基元词的某种结构。如可将 продолжаться（继续）注释为：'продолжаться（в момент t）≈не прекратиться（в момент t），P прекратился ≈начался не P，начался P ≈до момента t P не существовал，после t P существует'。即：'（在某一时刻 t）继续 ≈(在某一时刻 t) 不停止，P 停止了 ≈开始不 P，P 开始了 ≈在某一时刻 t 之前不存在 P，而在 t 之后存在 P'。可见，复杂的意义 продолжаться（继续）几乎完全简化成了由语义基元词 существовать（存在）和 не（不）组成的结构。

有的过渡语义因素与语义基元词一样，可以参与构成语言的所有内容单位（содержательные единицы）——词汇单位、构词单位、句法单位、词法单位，这样的词包括 начаться（开始），прекратиться（停止），продолжаться（继续），цель（目的）等；而有的过渡语义因素与语义基元词不同，只能参与构成词汇意义。如 требовать（要求）一词，可以参与注释 бастовать（罢工），вызывать（传唤），вымогать（勒索），забастовка（罢工），настаивать（坚持），повестка（传票）等词位。

3. 语义夸克。语义夸克是比语义基元词意义更简单的单位，它可以分成两类：一类是语义基元词与其同义词之间意义的交叉（共同）部分，如同义词 считать（认为）与 думать（认为）之间，有共同的语义核（семантическое ядро）和某种语义特点；另一类是某些彼此之间不是同义词的语义基元词意义的交叉（共同）部分，如状态动词 знать（知道），считать（认为），хотеть（想），чувствовать（感觉），它们的意义中包含某些共同之处，即它们都是人的各种内心状态的名称。在上面两种情况中，词位意义的共同部分都无法用俄语中现实存在的某个词语命名，借鉴物理学对基本粒子以"夸克"命名的做法，阿普列相将这些意义的交叉（共同）部分称为"语义夸克"。如果需要命名，一些语言学术语就成为某些语义夸克的名称。如上述贯穿状态动词意义的语义夸克便可用"状态性"来命名。换言之，"状态性"体现了所有状态动词的语义特点。

（二）语义元语言句法

梅里丘克指出，一个独立的词的意义也具有复杂的内部结构，并不比句子的结构简单，词的意义经常需要用一个或几个句子来解释。[①] 梅里丘克的见解表明，他已大大深化了对词义的认识。因此，用语义元语言注释语言单位时，不但要考虑使用哪些词汇构成语义元语言中的单位，还要考虑这些词汇如何结合的问题，即语义元语言的句法问题。与语义元语言的词汇相比，阿普列相对语义元语言的句法论述得不多。

在早期研究中，阿普列相认为语义元语言的句法结构在形式上可以通过不同的方式呈现出来。由于深受特尼耶尔从属关系语法的影响，阿普列相采用了从属关系系统。这样，语义元语言中的句子便成了树形图，其节点处为语义元语言的词汇单位，它们由表示从属关系的箭头互相连接。

如动词 вешать（使……悬挂在……）的树形图在语义元语言中表示为：
A вешает B на C（A 使 B 悬挂在 C 上）=

[①] Мельчук И. А., *Опыт теории лингвистический моделей « Смысл ⇔ Текст »*, М.：Языки русской культуры, 1999, стр. 61.

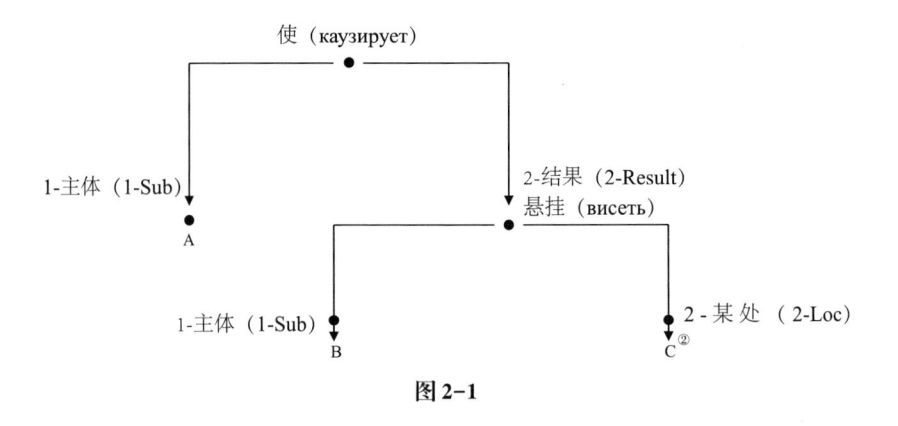

阿普列相语言学思想研究

```
              使（каузирует）
         ┌─────────┴─────────┐
1-主体（1-Sub）           2-结果（2-Result）
       ●                   悬挂（висеть）
       A              ┌─────────┴─────────┐
               1-主体（1-Sub）         2-某处（2-Loc）
                     ●                    ●②
                     B                    C
```

图 2-1

在这个树形图中，第一个层次有三个节点，分别表示 A 作为主体（Sub）使（каузирует）处于某种结果（Result）状态；第二个层次也有三个节点，分别表示 B 作为主体（Sub）悬挂（висеть）在某处 C（Loc）。这里的 Sub、Result 和 Loc 表示不同的语义角色，关于阿普列相对语义角色的研究将在下一节进行论述。虽然阿普列相认为，语义元语言中的句法应该用树形图的方式呈现，但是在实际研究中他依然使用言语表述的方式。这是因为，使用言语表述的方式"更易于接受，而且节省空间。"② 这样，上述图 2-1 的内容，便可用言语表述为：A 使 B 产生了悬挂在 C 上的结果。可见，树形图和言语表述之间可以通过不太复杂的规则和信息互相转换。

在后续研究中，阿普列相只是表示，"语义元语言的句法，自始至终都是有组织的。理想状态是语义图表句法或者关系树结构句法，而使用自然语言句法中被简化和统一的部分只是作为临时性方案"③。总的来说，对语义元语言的句法问题，阿普列相没有做过多的探讨。

---

② Апресян Ю. Д., *Лексическая семантика*, М.: Наука, 1974, стр. 78.

② Апресян Ю. Д., *Лексическая семантика*, М.: Наука, 1974, стр. 78.

③ Апресян Ю. Д., "О языке толкований и семантических примитивах", *Известия РАН. Серия литературы и языка*, 1994（4）, стр. 28-29.

二 与安华林元语言研究对比

要透视阿普列相语义元语言的特点，必须将其置于其他学者关于元语言的研究视域下，进行对比。在现有的研究成果中，大多将阿普列相的语义元语言与国外的语义元语言进行比较。维日比茨卡是当今具有国际影响力的著名语言学家，她提出的自然语义元语言理论是当代语义学研究的一种新范式。关于维日比茨卡的自然语义元语言，李炯英[①]、李葆嘉[②]、李子荣[③]、张喆、赵国栋[④]等人已有详细介绍，此处不再赘述。张家骅对阿普列相和维日比茨卡的语义元语言研究进行了比较和分析，认为二者具有下列共同特征：都是缩略、划一的对象语形式；都以对象语基本语义元素单位为基础；都以抽象词汇语义单位为释义对象；词汇、语法、语用意义总和一体描写。除了上述四点相同之处外，也存在下列四点不同特征：解读的语言对象不同；对语义元素单位的认识不同；词汇系统的构成不同；语义解读的目的不同。[⑤]

尽管汉语界对元语言问题的研究相对较晚，但"从 20 世纪末到 21 世纪初，元语言问题也越来越引起汉语学者的关注，研究成果渐趋增多。"[⑥]李葆嘉[⑦]、苏新春[⑧]等人都从不同视角对汉语元语言问题进行过探讨，但在汉语释义元语言微观领域进行深入、细致研究的首推安华林。鉴于阿普列

[①] 李炯英：《波兰语义学派概述》，《外语教学与研究》2005 年第 5 期。

[②] 李炯英、李葆嘉：《NSM 理论的研究目标、原则和方法》，《当代语言学》2007 年第 1 期。

[③] 李子荣：《作为方法论原则的元语言理论》，黑龙江人民出版社 2006 年版，第 110—116 页。

[④] 张喆、赵国栋：《韦日比茨卡和她的元语言思想》，《解放军外国语学院学报》2003 年第 6 期。

[⑤] 张家骅、彭玉海、孙淑芳等：《俄罗斯当代语义学》，商务印书馆 2006 年版，第 169—189 页。

[⑥] 安华林：《汉语释义元语言理论与应用研究》，学林出版社 2009 年版，第 1 页。

[⑦] 李葆嘉：《汉语元语言系统研究的理论建构及应用价值》，《南京师范大学学报》（社会科学版）2002 年第 4 期。

[⑧] 苏新春：《汉语释义元语言研究》，上海教育出版社 2005 年版。

相语义元语言与汉语相关研究进行对比的成果还不多见，下面将二者元语言的区别进行简单分析。

(一) 研究目的不同

阿普列相语义元语言的研究目的主要是揭示词位的语义，编撰新型词典；安华林释义元语言的研究目的，主要是确定汉语释义基元词，完善词典释义。

阿普列相使用语义元语言揭示词位的语义，并将研究成果词典化。正如张家骅所总结的："对象语元语言不仅是理论语义学的研究工具，而且是新型词典的词义描写工具。"① 习惯上，语言使用者和语言学习者对词位意义的获取，大多是参照详解词典的注释，而由于种种原因，详解词典的注释往往无法揭示该词位的真正意义。如常见的详解词典对 любить$_2$（爱好；喜欢）的意义注释如下。为了论述的方便和简洁，仅列举词典中 любить$_2$ 的搭配、释文和例证，省略该词的语法标识和其他义项。

ЛЮБИ́ТЬ. *что и с неопр.* Иметь склонность, пристрастие к чему – н. *Л. музыку. Л. читать.* ②

ЛЮБИ́ТЬ. *что, с инф. и с придат.* дополнит. Чувствовать склонность, интерес, влечение, тяготение к чему. *Л. читать стихи. Л. театр. Л. работать в огороде. Л. свою профессию. Л. книги.* ③

奥热果夫、什维多娃对 любить$_2$ 的释义较为简单，即"具有做某事的倾向和爱好"。库兹涅佐夫对该词的释义稍丰富一些，即"感到做某事的倾向、爱好、兴趣和向往"，但与奥热果夫、什维多娃的注释没有本质上的区别，都是用语义上有所虚化的动词加与"爱好"意义相近的动名词进行注释。这种注释方式，很难深入揭示该词位的语义内涵。

---

① 张家骅、彭玉海、孙淑芳等：《俄罗斯当代语义学》，商务印书馆 2006 年版，第 185 页。

② Ожегов С. И и Шведова Н. Д., *Толковый словарь русского языка*, М.：ООО «А ТЕМП», 2013, стр. 312.

③ Кузнецов С. А., *Большой толковый словарь русского языка*, Санкт – петербург：НОРИНТ, 2002, стр. 509.

阿普列相对该词位的释义与上述详解词典完全不同，他将词位放在一定的配位结构（диатеза）中进行注释：'X любит₂ P = X имеет свойство хотеть P, потому что всякий раз, когда X делает P, использует P или находиться в контакте с P, он испытывает большое удовольствие.'① 用汉语表示为：X 喜欢 P = 'X 有想做 P 的本性，因为每次当 X 做 P、使用 P 或者与 P 接触时，他都能感到极大的满足'。这样对 любить₂的注释，远比详解词典深刻得多。阿普列相不满足于对详解词典注释的修正，而是尝试使用自己的语义元语言编纂新型词典。目前，《新型俄语同义词解析词典》（1997，2000，2003）已经出版了三卷，并于 2004 年出版了合集。该词典用上述语义元语言注释的方式，研究了 348 组俄语同义词。《新型俄语同义词解析词典》开辟了新型词典编纂的先河，它的问世在俄罗斯国内外的语言学界都产生了极大影响。

安华林将元语言分为三个基本的功能类型：解说元语言、释义元语言和析义元语言②，并对释义元语言问题进行了持续研究。安华林重点研究了释义元语言中的基元词问题，并将研究目的首先锁定为"为汉语语文词典的释义提供一套基本词项集"③。安华林认为，现有的汉语词典，在释义方面缺乏整体系统性，释义用词比较随意，没有限量。用限量词汇进行释义的词典，在国外已有多部问世，而国内至今尚无此方面的探索和尝试。主要原因在于，国内对汉语释义基元词进行具体而细微的研究工作还很欠缺。安华林希望能够通过对汉语释义基元词的研究，"为现代汉语语文词典的释义提供基本工具。"④ 也正因如此，在研究初期他曾把"释义元语言"直接定义为"词典释义元语言"，即"指词典编纂中用来给词目释义的最低限量词汇。其基本功能是为语文辞书编纂中的词目释义，扩展功能

---

① Апресян Ю. Д., *Исследования по семантике и лексикографии*. Т. Ⅰ：*Парадигматика*，М.：Языки славянских культур，2009，стр. 247.
② 安华林：《汉语释义元语言理论与应用研究》，学林出版社 2009 年版，第 10—11 页。
③ 安华林：《现代汉语释义基元词研究》，中国社会科学出版社 2005 年版，第 232 页。
④ 安华林：《现代汉语释义基元词研究》，中国社会科学出版社 2005 年版，第 233 页。

是为各类辞书的所有词目释义。"①

从目前的研究成果看,安华林对现代汉语释义基元词进行了提取、验证和优化,并制成了《现代汉语释义基元词等级表》《现代汉语释义基元词义类表》等词库。在此基础上,安华林对《新华字典》《现代汉语词典》中个别释义提出了商榷意见。如,《现代汉语词典(修订本)》(即第4版)中对"酉时"的注释为:旧式记时法指下午五点钟到七点钟的时间。② 十二地支计时包括子时、丑时、寅时、卯时、辰时、巳时、午时、未时、申时、酉时、戌时和亥时。该词典中对其他十一时的注释,都采用"旧式计时法指……"的格式,唯独对"酉时"的注释为"旧式记时法指……"从释义元语言的统一和规范角度考虑,要将"酉时"的注释和其他十一时做同样的处理,也就是说,也应该用"计时法"而不是"记时法"。这个瑕疵在《现代汉语词典》(2005年)第5版中依然如故,直到《现代汉语词典》(2012年)第6版中才得以解决,对"酉时"的注释也改成了"旧式计时法指下午五点钟到七点钟的时间"。③

(二)研究重点不同

阿普列相与安华林的研究目的不同,因此研究的重点也各有侧重。阿普列相语义元语言研究的重点在于,如何对词位(义项)进行注释;而安华林释义元语言研究的重点在于,使用哪些基元词对义项进行注释。

如前文所述,阿普列相认为,语义元语言词汇包括语义基元词、过渡语义因素和语义夸克。在实际操作中,阿普列相不仅使用语义基元词进行注释,而且还大量使用过渡语义因素。在他看来,对词汇单位的解读有时无需直达语义基元词,而是应该使用语义容量较大的过渡语义因素。以动

---

① 安华林:《元语言理论的形成和语言学的元语言观》,《内蒙古社会科学(汉文版)》2005年第1期。
② 中国社会科学院语言研究所词典编辑室编:《现代汉语词典(修订本)》,商务印书馆1996年版,第1530页。
③ 中国社会科学院语言研究所词典编辑室编:《现代汉语词典(第6版)》,商务印书馆2012年版,第1581页。

词 обещать（答应）为例，阿普列相对它的注释为：'X обещает Y-у, что сделает P =X 知道或认为，Y 或某第三方对 P 感兴趣，X 对 Y 说，尽管可能会有困难，X 也要做成 P，X 这样说，是因为他想让人相信他，同时 X 也明白，如果他做不成 P，人们将不再相信他.'① 尽管注释时使用了一些过渡语义因素，但正是过渡语义因素的参与使注释更加言简意赅，易于理解。

如果将上述注释完全用语义基元词解读，就会变成：'X обещает Y-у, что сделает P =X 知道或认为，Y 或某第三方认为 P 对其有好处，并希望 P 能够实现，X 对 Y 说，X 能做成 P，X 知道或认为，在正常条件下不可能发生 P，如果付出超出常规的努力，X 可以做成 P，X 这样说，是因为他想让 Y 相信，X 说的是真话，并认为 X 不可能对他（Y——引者注）说假话；X 知道，如果他做不成 P，那么 Y 和其他人将不再认为 X 说的是真话，X 的这一认识源自对于当前情景对应的那一类情景标准特性的了解'②。这样处理，尽管全部使用了语义基元词，将语义化到了最简，但对 обещать（答应）意义的理解反而由于注释过于冗繁而变得模糊不清。阿普列相的这一观点不仅适用于俄语语料，对汉语语料也同样适用。正如张家骅所指出的，尽管"丈夫、母亲"仍然可以进一步解读，但"婆婆"一词用"丈夫的母亲"解释远比用语义基元词的复杂结构解释明了得多。③因此，对词位的注释可以使用一部分过渡语义因素，并非都要达到全部使用语义基元词的程度。

正是由于注释中存在过渡语义因素，在语义元语言研究中，阿普列相非常重视如何对词位进行注释，特别是如何处理过渡语义因素。为此，他提出了语义元语言注释的四个要求：非同语重复性、充分必要性、等级性

---

① Апресян Ю. Д., "О языке толкований и семантических примитивах", *Известия РАН. Серия литературы и языка*, 1994 (4), стр. 30.

② Апресян Ю. Д., "О языке толкований и семантических примитивах", *Известия РАН. Серия литературы и языка*, 1994 (4), стр. 32.

③ 张家骅：《莫斯科语义学派的义素分析语言》，《当代语言学》2006 年第 2 期。

和明晰性。① 阿普列相认为，前两个要求是纯逻辑上的，后两个要求是语言学上的。非同语重复性是指注释中不能含有错误的循环；充分必要性是指注释中元语言词汇的语义要与被注释的语言单位等值；等级性是指对词位进行注释时逐步将比较复杂的意义分解成比较简单的意义，直到最后达到基本意义。如前文所述，可以将 обещать（答应）注释为：'X обещает Y-у, что сделает P（X 答应 Y，将做成 P）= X 知道或认为，Y 或某第三方对 P 感兴趣，X 对 Y 说，尽管可能会有困难，X 也要做成 P，X 这样说，是因为他想让人相信他，同时 X 也明白，如果他做不成 P，人们将不再相信他'。注释中的"对……感兴趣"是过渡语义因素，可以继续对其注释：'A 对 B 感兴趣=A 认为，B 对其有好处，并希望 B 能够实现'。在这一步骤上，达到了语义基元词的层面。明晰性要求规定："注释中应直接含有该语句中其他词汇单位和语法单位的意义能与之相互作用的所有语义成分。例如，如果某一语义规则确定了词位 A 与语义成分 X 之间的互相作用，那么这一成分应该在注释中明确地区分出来。"② 为了说明注释的明晰性，阿普列相以 хорошая рецензия（好的评语）为例，他认为这个词组是多义的，可以有两种不同的理解：

① Он написал хорошую рецензию, но эта книга заслуживает лучшей. 他写了个很好的评语，但这本书值得更好的（评语）。

② Он написал хорошую рецензию: теперь всем будет ясно, что эта книга никуда не годится. 他写了个很好的评语，现在所有人都会明白，这本书一无是处。

例①中表示给予被评论的作品以好的评价，而例②则表示对评论本身予以好的评价。因此需要仔细斟酌，如何注释才能揭示出这种多义性。阿普列相将 рецензия 注释为：рецензия Y-а на Z（Y 对 Z 的评语）= 'Y 做

---

① Апресян Ю. Д., "О языке толкований и семантических примитивах", *Известия РАН. Серия литературы и языка*, 1994（4），стр. 30.

② Апресян Ю. Д., "О языке толкований и семантических примитивах", *Известия РАН. Серия литературы и языка*, 1994（4），стр. стр. 34.

出了对科学或文学文本 Z 的书面分析，在分析中 Y 对 Z 做出了评价'①。这样的注释就可以解释上述两个例句的差异："评语"中同时含有"评价"和"分析"义素，由于"好的"语义指向不同造成了整个词组意义的差异。张家骅指出："线性语法结构中的一个句子成分与另一句子成分发生语义关系时，其语义指向，常常不是后者语义结构整体，而是这样结构中的某个义素或义素模块。"② 就上述例句而言，例①中"好的"语义指向"评语中"的"评价"义素，而例②中"好的"语义指向"评语中"的"分析"义素。

在李葆嘉看来，"具有自发性和传承性的传统词典释义工作存在两个问题：一是一些常用词目却用非常用词来释义；一是释义的用词随机使用而没有限量规定。"③ 要解决这两个问题，首先要确定需要哪些基元词对词典的义项进行注释，安华林的研究正是以此为重点。安华林认为，确定释义基元词，需要对比提取、初步调整、实例验证、系统优化和体系建构几个步骤。④ 具体而言，释义基元词是根据《汉语水平词汇与汉字等级大纲（修订版）》、《XH 释义性词语词频统计表》《XH 释义性语料常用词表》和《现代汉语受限词汇词表》确定的。第一个是国家汉办考试中心编制的词汇表，后三个是安华林根据某些语料，经过加工处理后自制的词汇表。上述符号"XH"表示的是《现代汉语词典》，从实际操作来看，安华林使用的是当时《现代汉语词典》的最新版本，即 1996 年发行的第 4 版。下面分别概述后三个表的产生过程。

《XH 释义性词语词频统计表》来源于《现代汉语词典》的释义用词。安华林首先将《现代汉语词典》制作成电子文本，然后删除冗余部分，离析释义性语料，接着设计程序用机器对释义性语料进行分词，之后由人工

---

① Апресян Ю. Д., "О языке толкований и семантических примитивах", *Известия РАН. Серия литературы и языка*, 1994（4），стр. 34.

② 张家骅：《俄罗斯语义学：理论与研究》，中国社会科学出版社 2011 年版，第 93 页。

③ 李葆嘉：《汉语元语言系统研究的理论建构及应用价值》，《南京师范大学学报》（社会科学版）2002 年第 4 期。

④ 安华林：《现代汉语释义基元词研究》，中国社会科学出版社 2005 年版，第 10 页。

进行校对;最后对这些词进行统计和分级。① 经过上面的工序,最后得到了《现代汉语词典》所有释义性词语和每个词的使用频率,由此制成了《XH 释义性词语词频统计表》(以下简称《XH 词频表》)。

《XH 释义性语料常用词表》来源于《XH 词频表》中出现频度较高的词。安华林认为,"词语的频度和常用度有比较密切的关系,频度可以作为确定常用度的重要参数。"② 根据李葆嘉提出的五级频度划分法,安华林将《现代汉语词典》释义用词大体分为高频词、次高频词、中频词、低频词和罕频词。安华林判定,前三类是《现代汉语词典》释义性词语中常用或比较常用的词。③ 他将这三类词提取出来,便形成了《XH 释义性语料常用词表》(以下简称《XH 常用词表》)。

《现代汉语受限词汇词表》来源于下面五种语料:

表 2-1　　　　　《现代汉语受限词汇词表》来源语料表

序号	书名	主编	出版社	出版时间(年)
1	《汉语词汇的统计与分析》	北京语言学院语言教学研究所	外语教学与研究出版社	1985
2	《现代汉语频率词典》(生活口语中前 4000 个高频词词表)	北京语言学院语言教学研究所	北京语言学院出版社	1986
3	《现代汉语三千常用词表》	何克抗、李大魁	北京师范大学出版社	1987
4	《普通话三千常用词表(增订本)》	郑林曦	文字改革出版社	1987
5	《汉语水平词汇与汉字等级大纲(修订本)》(以下简称《等级大纲》)	国家汉语水平考试委员会办公室考试中心	经济科学出版社	2001

将上述 5 种语料进行比对,取其交集,可以得到 1359 个共现词形。经

---

① 安华林:《现代汉语释义基元词研究》,中国社会科学出版社 2005 年版,第 10 页。
② 安华林:《现代汉语释义基元词研究》,中国社会科学出版社 2005 年版,第 28 页。
③ 安华林:《现代汉语释义基元词研究》,中国社会科学出版社 2005 年版,第 27—28 页。

过词形分化和对具体词项的处理,最终得到 1451 个词项。① 这些词项构成了《现代汉语受限词汇词表》(以下简称《受限词表》)。

至此,确定释义基元词的 4 个词表全部完成。安华林将《受限词表》和《XH 常用词表》进行比对,取其交集,得到 794 个共现词,它们是释义基元词的核心词汇。但仅仅依靠 794 个词,显然无法满足释义的需要,还需进一步加以扩充。将《等级大纲》中的甲、乙级词和《XH 词频表》中频次在 20(含)以上的词进行比对,取其交集,得到 1905 个共现词(包含上述 794 个核心词,新增 1111 个扩展词),制成《释义基元词基础词表》,作为释义时的基础词汇。随后,安华林对《释义基元词基础词表》中的词汇进行了初步整理,删除了 103 个词项,得到了 1802 个词项。又通过复杂的验证工作,增补了 926 个缺漏词项,得到了 2728 个词项。最后,经过词性调整、词形分化、词义分解、同义替代、反义查缺、类义补漏、参照增补以及其他处理,将 2728 个词项优化为 2878 个词项,制成《释义基元词优化词表》②。这 2878 个词项中除上述核心词和扩展词外,其他为增补词。经过调整、验证、优化后,核心词为 761 个,扩展词为 1040 个,增补词为 1077 个,安华林分别将其标记为甲级、乙级和丙级词,并制成《现代汉语释义基元词等级表》。此外,安华林还对《释义基元词优化词表》中的词项进行了义类划分,并制成《现代汉语释义基元词义类级表》。将这两个表进行合并,按音序排列,最终形成《现代汉语释义基元词音序总表》,该表中的每个词项包含词形、读音、义类和等级等信息。至此,释义基元词的确定工作全部完成。

(三)研究方法不同

研究目的不同,研究重点不同,必然导致研究方法的差异。阿普列相

---

① 安华林:《现代汉语释义基元词研究》,中国社会科学出版社 2005 年版,第 55—65 页。

② 安华林:《现代汉语释义基元词研究》,中国社会科学出版社 2005 年版,第 202—210 页。

语义元语言的研究主要使用定性的研究方法；而安华林释义元语言的研究则主要使用定量的研究方法。

在语义元语言研究中，阿普列相未曾明确指出自己的研究方法，国内对阿普列相元语言的介绍和研究，也没有提及研究方法的问题。从阿普列相的实际操作来看，基本以定性的研究方法为主。前文介绍时已指出，语义元语言词汇中应避免同义词的使用。在众多同义词列中，选择哪个词参与注释是必须解决的问题。阿普列相认为，通常应该从同义词列中选择修辞和语义最中性的词进入元语言的词汇。① 至于如何确定"修辞和语义最中性的词"，阿普列相并没有进行数据统计或分析，只是按照常规和经验来判断。在他看来，глаза（眼睛）、очи（眼睛）、буркалы（眼睛）、зенки（眼睛）都表示同一客体，在注释 зрачок（瞳孔）、радужная оболочка（虹膜）、белок（眼白）、брови（眼眉）、веки（眼睑）、ресницы（睫毛）等眼部及相关部位词语，或 трахома（沙眼）、конъюнктивит（结膜炎）、катаракта（白内障）、глаукома（青光眼）等眼部疾病词语时，只有 глаза 及其派生的 глазной 才能参与注释。②

在释义元语言研究中，安华林明确指出了自己采用定性与定量相结合的研究方法，其中定量的研究方法是基础。安华林的研究对象是现代汉语，具体语料为《现代汉语词典》中作为释义的词语，在《现代汉语词典》释义性词语频度等级的确定、受限词汇系统和释义基元词系统的建立方面采用的是定性的研究方法，而在《现代汉语词典》释义性词语词数和词频统计等方面采用的是定量的研究方法。③ 在安华林看来，即便在定性研究的时候，也离不开定量的参与。"定性取舍要有量的依据（比如词频、分布率等），定性结果要有量的限制（比如释义基元词有明确的量）。"④

---

① Апресян Ю. Д., "О языке толкований и семантических примитивах", *Известия РАН. Серия литературы и языка*, 1994（4），стр. 29.

② Апресян Ю. Д., "О языке толкований и семантических примитивах", *Известия РАН. Серия литературы и языка*, 1994（4），стр. 29.

③ 安华林：《现代汉语释义基元词研究》，中国社会科学出版社 2005 年版，第 11 页。

④ 安华林：《现代汉语释义基元词研究》，中国社会科学出版社 2005 年版，第 11 页。

前文曾指出,安华林确定释义基元词的依据是《汉语水平词汇与汉字等级大纲(修订版)》、《XH 释义性词语词频统计表》《XH 释义性语料常用词表》和《现代汉语受限词汇词表》,这些词表都有据可循的,而非自己随意杜撰。"尽管采用定量词语进行释义成为国际词典学界的主流,但国内对最低限量释义词语的研究成果至今未见。"① 因此,安华林对汉语释义元语言的定量研究,在某种程度上具有开创意义。

(四) 对比结论

无论是词典编纂实践,还是词典学理论研究,释义都是其核心任务之一。对词位进行释义,需要解决两个最主要的问题:使用哪些词进行释义;如何进行释义。对比阿普列相与安华林的语义元语言研究,可以发现二者侧重点各不相同,互补性非常强。同时,在安华林研究的反衬下,阿普列相语义元语言研究的优点和不足得以明显呈现。阿普列相重点探讨了如何进行释义的问题,对此本章第四节将专门论述,而对使用哪些词进行释义没有提及。在研究过程中,阿普列相本人没有统计过释义用词的数量,只是在研究初期指出过元语言用词的类别。② 我国学者陈秀利、李葆嘉统计了阿普列相《新型俄语同义词解析词典》中释义元语言用词的类别和数量,总计 9 种词类(不包括词组)、1132 个词语,详见表 2-2:③

表 2-2　　《新型俄语同义词解析词典》释义元语言用词统计表

词类	名词	动词	形容词	副词	代词	数词	连接词	前置词	语气词	词组
数量	371	304	209	114	39	5	22	49	8	11
百分比	32.8	26.9	18.5	10.1	3.4	0.4	1.9	4.3	0.7	1

---

① 李葆嘉:《汉语元语言系统研究的理论建构及应用价值》,《南京师范大学学报》(社会科学版) 2002 年第 4 期。

② Апресян Ю. Д., *Лексическая семантика*, М.: Наука, 1974, стр. 73.

③ 陈秀利、李葆嘉:《莫斯科语义学派语义元语言在同义词词典中的应用》,《扬州大学学报》(人文社会科学版) 2011 年第 3 期。

此外，陈秀利、李葆嘉还对《新型俄语同义词解析词典》中每种词类的具体用词进行了详细统计，如形容词中的性质形容词共用了 147 个，关系形容词共用了 62 个，等等。① 可见，陈秀利、李葆嘉的补充深化了阿普列相的语义元语言研究。然而，就如何对词位进行释义的问题，阿普列相的研究深度和广度已经达到国际前沿，值得国内学者在研究汉语时借鉴。

第三节　语义角色嬗变与对比

除语义元语言外，与词位语言集成描写相关的另一个问题是语义配价。对词位的释义是对某个情景的描写，而情景又由几个必需参与者构成。一方面，语义题元的数目在释义中确定，即每个语义题元对应情景中的某必需参与者，形式上体现为释义中的变项；另一方面，语义配价是语义层和句法层互相转换的基础，只有语义题元数目确定后，才能考虑其与深层句法题元和表层句法题元的对应关系。

一　阿普列相的配价、题元观

配价和题元是既紧密相关、又彼此区别的两个概念，不同的语言学流派、不同的学者对它们的认识千差万别，各不相同。张家骅认为，既然这两个概念本身具有歧义的性质，就应该将它们放到特定的"语境"中去讨论。这个所谓的"语境"就是特定的语言学理论体系。② 本小节探讨的配价和题元，如不作额外说明，指的都是阿普列相的观点。在早期研究中，阿普列相使用了词的"语义配价"（семантические валентности）和"语义题元"（семантические актанты）两个术语，但未对它们进行明确界定。只是指出，"语义配价"直接源于词的词汇意义，将词的词汇意义作为一

---

① 陈秀利、李葆嘉：《莫斯科语义学派语义元语言在同义词词典中的应用》，《扬州大学学报》（人文社会科学版）2011 年第 3 期。

② 张家骅：《莫斯科语义学派的配价观》，《外语学刊》2003 年第 4 期。

个具体的、有别于其他词的词汇单位加以说明。① 阿普列相通过分析"аренда"（租用）的情景，进一步明确"语义配价"和"语义题元"的概念。阿普列相指出，"A арендует（租用）C"大约意味着：'某人 A 以一定的报酬 D 在期限 T 内从另一人 B 那里获得使用某不动产 C 的权力'。因此，对于"租用"这一情景而言，最重要的是下列"参与者"，或曰"语义题元"：租用的主体（谁租用）、租用的第一客体（租用什么）、逆主体（向谁租用）、租用的第二客体（用什么租用）和期限（租用多长时间）。② 显然，这些语义题元构成了"租用"情景的必要条件，任何一个的改变或缺失都会使"租用"情景发生本质性的变化。例如，在其他参与者不变的情况下，如果缺少了期限，便转化成"购买"情景；如果缺少了第二客体，便转化成了"借用"情景；等等。在上例中，正是动词本身的配价将 5 个题元依附到动词"租用"上，从另一个角度来看，这时人们也常常说动词"租用"是 5 价动词。正如薛恩奎所言，"语义配价的描写过程实际上就是对一个谓词词汇意义的定义过程或释义过程。谓词的释文中涉及几个语义结构元素，或称语义位（семантическое место）、语义变量，表明这是由几个语义变量构成的谓词。"③

在后期研究中，阿普列相使用了"配价""题元"（即"语义题元"）和"角色"（即"语义角色"）三个术语，并对它们一一进行了明确界定。阿普列相指出，"配价是谓词词汇语义单位在句法上使其他词、词组或句子从属于它的一种能力，这些词、词组或句子对应为该谓词词汇语义单位的语义题元。"④ 与前期侧重理论探讨不同，此时阿普列相更关注配价的形成和表达方式。还以动词 арендовать（租用）为例，其主体的配价由第一格表示；主要客体（第一客体）的配价由第四格表示；逆主体的配价

---

① Апресян Ю. Д., *Лексическая семантика*, М.：Наука, 1974, стр. 120.
② Апресян Ю. Д., *Лексическая семантика*, М.：Наука, 1974, стр. 73.
③ 薛恩奎：《〈意思⇔文本〉语言学研究》，黑龙江人民出版社 2006 年版，第 82 页。
④ Апресян В. Ю., Апресян Ю. Д. и Бабаева Е. Э., *Новый объяснительный словарь синонимов русского языка*, М.：Языки славянской культуры, 2004, стр. XXV.

由前置词 y + 第二格表示；第二客体的配价由前置词 за + 第四格或者具有分配意义的前置词 по + 第四格表示；期限的配价由前置词 на + 第四格表示，如 Фирма арендовала у института на год весь второй этаж за пять тысяч долларов（по сто долларов за метр）。此外，阿普列相还将配价区别为句法必现配价（синтаксически обязательная валентность）和句法可现配价（синтаксически факультативная валентность）。① 由某谓词构成的最简单的句子中，作为该句子必不可少组成成分的配价就是句法必现配价；在上述条件下，如果句子某个组成成分的缺失，不会破坏句子的正确性，那么这个成分的配价就是句法可现配价。这样，动词 арендовать（租用）的句法必现配价为主体和客体，其余均为句法可现配价。可以脱离具体语境简单地说，Фирма арендовала весь второй этаж（公司租用了整个第二层楼）；但是脱离具体语境，却不能说 * Фирма арендовала у института（公司向学院租用了）；* Фирма арендовала на год（公司租用了一年）；* Фирма арендовалавесь за пять тысяч долларов（公司花五千美元租用）。可见，此时阿普列相已经从语义和句法两个视角审视配价，虽未明确提出"语义配价"和"句法配价"两个概念，但事实上已经区别看待。

阿普列相认为，词位的题元 X，是表示必需情景参与者的词、词组或句子，X 是题元的名称。② 在阿普列相建构的词典学中，词位的每个题元表现为该词位注释中的变项。某个词位的众多题元，以其"扮演"不同角色而相互区别。如动词 арендовать（租用）有五个题元：租用的主体（谁租用）、租用的第一客体（租用什么）、逆主体（向谁租用）、租用的第二客体（用什么租用）和期限（租用多长时间）——这一认识与前期研究完全相同。在阐述题元概念时，阿普列相使用了"角色"（роль）术语，这是后期研究中新出现的，前期研究中使用的是"配价类型"（типы

---

① Апресян В. Ю., Апресян Ю. Д. и Бабаева Е. Э., *Новый объяснительный словарь синонимов русского языка*, М.：Языки славянской культуры, 2004, стр. XXV.

② Апресян В. Ю., Апресян Ю. Д. и Бабаева Е. Э., *Новый объяснительный словарь синонимов русского языка*, М.：Языки славянской культуры, 2004, стр. XXIII.

валентностей）。"角色是情景参与者的一种概括名称，其名称体现了某个谓词和参与者之间的关系。"① 在论述配价、题元和角色时，阿普列相反复提到"情景"（ситуация）概念。这里的"情景"，是指语言单位反映的现实或想象中的世界片段，在这些片段中某些对象在某时、某地以某种关系彼此相联，这些对象即被称为情景的参与者。行为、动作、活动、影响、过程、事件、空间位置、状态、性质、关系、评价、说明都属于情景之列。可以反映情景的语言单位是谓词，主要是动词，但又不囿于动词，形容词、名词和副词等也可以充当谓词。

二 语义角色的演变

在阿普列相的语言理论体系中，语义角色（即前期的"配价类型"）的数量经历了一个动态的过程，由最初的 25 个，归并压缩到后来的 16 个，又到近年来提出的 54 个。阿普列相最初确定的 25 个语义角色如下：②

1. 主体③（субъект）：**Поезд** движется（火车前行）；помощь **X-a**（X 提供的帮助）。

2. 逆主体（контрагент）：покупать **у кого**（向某人购买）；защищаться **от спаньеля**（防备西班牙猎犬）。

3. 公众（глава）：вина **перед коллективом**（对不起集体）；ходатайство **перед коллективом**（向集体申请）。

4. 客体（объект）：гладить **руку**（摸手）；стрелять **в мишень**（打靶）。

5. 内容（содержание）：знать **об отъезде**（知道启程的事情）；считать, **что работа дельная**（认为工作有价值）。

6. 信息受体（адресат）：сообщать **собравшимся**（通知集合者）；информировать **президента**（向总统报告）。

---

① Апресян В. Ю., Апресян Ю. Д. и Бабаева Е. Э., *Новый объяснительный словарь синонимов русского языка*, М.：Языки славянской культуры, 2004, стр. XLIV.

② Апресян Ю. Д., *Лексическая семантика*, М.：Наука, 1974, стр. 125-126.

③ 本部分对阿普列相语义角色名称的翻译参照了张家骅的译法，参见张家骅《莫斯科语义学派的配价观》，《外语学刊》2001 年第 4 期。

7. 事物受体（получатель）：давать **детям**（给孩子们）；дарить **людям**（向人们赠送）。

8. 中介（посредник）：передавать **через секретаря**（通过秘书转告）。

9. 来源（источник）：брать **в кассе взаимопомощи**（在互助窗口领取）。

10. 处所（место）：находиться **в лесу**（在森林里）；жить **там**（住在那里）。

11. 起点（начальная точка）：идти **оттуда**（从那里来）；вывести **из A**（从 A 中领出）。

12. 终点（конечная точка）：идти **туда**（到那里去）；везти **в город**（运到城里）。

13. 路线（маршрут）：идти **по дороге**（走在路上）；плыть **через океан**（渡过大洋）。

14. 手段（средство）：прибивать **гвоздями**（用钉子钉）；клеить **клеем**（用胶水粘）。

15. 工具（инструмент）：резать **ножом**（用刀切）；стрелять **из ружья**（用枪射击）。

16. 方式（способ）：обращаться **плохо**（胡乱处置）；относиться **с почтением**（满怀敬意对待）。

17. 条件（условие）：соглашаться **если P**（如果 P，则同意）；компромисс **на этих условиях**（在这些条件下妥协）。

18. 理据（мотивировка）：награждать **за храбрость**（因勇敢而奖赏）；хвалить **за сообразительность**（因良好的理解能力而表扬）。

19. 原因（причина）：радоваться **подарку**（因为礼物而高兴）；проистекать **из-за отсутствия информации**（起因于信息缺乏）。

20. 结果（результат）：красить **в красный цвет**（染成红色）；превращать **в воду**（变成水）。

21. 目的（цель）：стремиться **к общему благу**（谋求公共幸福）；

покушаться **на жизнь**（谋害性命）。

22. 方面（аспект）：больше **в ширину**（宽度大）；превосходить **по качеству**（质量占优）。

23. 数量（количество）：перевыполнять **на 40%**（超额完成40%）；увеличиваться **в три раза**（扩大到三倍）。

24. 期限（срок）：отпуск **на два месяца**（两个月的假期）；арендовать **на год**（租一年）。

25. 时间（время）：начаться **в полночь**（半夜开始）；родиться **второго мая**（5月2日出生）。

《新型俄语同义词解析词典》中使用了16个语义角色，下文与鲁川语义角色对比中将予以详细阐述。

近年来阿普列相将其语义角色的数量增补至54个，他论述了其中的53个，具体如下：①

1. 施事②（агенс）：指人或与之类似的生命体（动物、神力、魔力、天使、妖怪或各神之类的神话人物），或以改变世界中某事物为目的的东西，通常是某些物体及其互相之间关系的状态、状况或性质。如анализ **Трубецкого**（特鲁别茨柯依的分析）；**моя** обычная аудитория（我通常的听众）；**Мальчик** рисует（男孩正在画画）。

2. 施事2（агенс 2）：具有施事特征的题元，已经具有另一个更高级别施事题元的谓词所具有的另一个施事题元。如биться **с врагом**（与敌人战斗）；драться **с официантом**（与服务员打架）；консультироваться **с врачом**（向医生征求意见）。

3. 施事部件（агенс!）：施事题元的一部分（手、腿、头等），借此可以完成某行为。如вертеть шляпу **в руках**（手里转动帽子）；держать

---

① Апресян Ю. Д., Богуславский Л. М., Иомдин Л. Л., Санников В. З., *Теоретические проблемы русского синтаксиса：Взаимодействие грамматики и словаря*, М.：Языки славянских культур, 2010, стр. 371-377.

② 本部分对阿普列相语义角色名称的翻译参照了张家骅的译法，参见张家骅《建构详解组合词典的相关语言学概念再阐释》，《外语学刊》2014年第6期。

мышь в **зубах**（牙齿咬着老鼠）。

4. 信息受体（адресат）：信息的获得者。如 аплодировать **артисту**（给演员鼓掌）; говорить **сестре**（对姐姐说）; консультировать **абитуриентов**（为考生解答疑问）。

5. 公众（аудитория）：某人的观众或听众，有权对其行为做出判断，所以某人对他们的评价深感兴趣。如 гордиться перед **нами**（在我们面前夸耀）; оправдываться перед **гостями**（向客人们证明自己的清白）; рисоваться перед **девушками**（在姑娘们面前卖弄）。

6. 当事（бенефициант）：行为的参与者，不是行为直接针对的对象，但却可以从中获利或者受损。如 благоприятный для **арабов**（适合阿拉伯人的）; выгодный **ему**/для **него** план действий（对他有利的行动计划）; комментировать для **радиослушателей**（为无线电广播听众评论）。

7. 时间（время）：事先无法限制的行为持续时限。如 поспать **полчаса**（睡了半小时）; провести **месяц** в деревне（在农村待了一个月）; проспать **два часа**（睡了两个小时）。

8. 日期（дата）：某事可能或应该发生的时刻，或某事件所处的某个时间段。如 назначить на **час дня** <на **вторник**>（定于中午一点<星期二>）; перенести на **завтра**（推迟到明天）; родиться в **тридцатом году**（出生在三零年）。

9. 意义（значение）：数量或质量参数的意义。如 **грузинский** акцент（格鲁吉亚口音）; **горький** вкус（苦味）; вмещать **два литра**（能装两升）; высокой **в сто метров**（高为一百米）。

10. 图像（изображение）：内部客体角色或者结果角色的一种变体。如 изображать провинциальную **среду**（描写外省的环境）; малевать батальные **сцены**（描绘战斗的场面）; писать зимний **пейзаж**（描写冬天的景色）。

11. 工具（инструмент）：完成某行为必需的辅助客体，在完成过程中没有消耗（锤子、针、牙刷、手枪、弓等）。当施事借助该客体做某事时，施事并不想影响该客体，只是为了影响受事或完成行为本身必须用到该客体。如 бурить **турбобуром**（用涡轮钻具钻井）；грести **одним веслом**（单桨划船）；долбить **ломом**（用铁钎凿）。

12. 来源（источник）：创造出某种资源的活动或行为。如 выручка от **торговли**（**贸易**收入）；доходы от **продажи** нефти（**来自出售**石油的收入）。

13. 使役者（каузатор）：经常指人，以自己存在的一个事实产生了另一个客体的行为、状态、特征等，通常是情感--关系的第二题元。如 доверие к своему **депутату**（相信自己的代表）；интерес к детям（对孩子们感兴趣）；любовь к родителям（对父母的爱）。

14. 使役者部件（каузатор!）：使役者的特征或状态，是某个效应的直接原因。如 **манерой** речи напоминать кому-л. отца（说话的方式使某人想起父亲）。

15. 终点（конечная точка）：移动着的客体所指向的地点。如 бежать к **лесу**（跑向树林）；ввести войска в **Афганистан**（派军队到阿富汗）；выехать из России в **Германию**（离开俄罗斯去德国）。

16. 逆主体（контрагент）：情景的积极参与者，所完成的角色与实施角色不同。如 арендовать у **завода**（向工厂租用）；визит к **врачу**（向大夫问诊）；покупать у своего **приятеля**（向自己朋友购买）。

17. 处所（место）：情景所处的空间或面积的某个部分。如 беспорядок в **комнате**（房间里杂乱无章）；выкрасть со **склада**（从库房里偷出）；очутиться в незнакомом **месте**（不知不觉地走到一个陌生的地方）。

18. 集合（множество）：同类客体，按某个特征可以从中选出或者分出一部分。如 большинство **избирателей**（大多数选民）；вербовать из **эмигрантов**（从移民中招募）；выбирать из **списка**（从名单中选择）。

19. 时刻（момент）：某情景所处的时间点或时间段。如 возникнуть в прошлом **веке**（出现在上个世纪）；встречать кого-л. в **полночь**（半夜遇见某人）；выезжать в Краков **завтра**（明天去克拉科夫）；начаться в 12

часов（12点钟开始）；родиться <умереть> **первого** мая（生于<卒于>五月一日）。

20. 理由（мотивировка）：事物的行为、状况、特征或状态，可以解释为什么施事发出某行为或者感事体验到某种情感。如аплодировать кому-л. за блестящее **исполнение**（由于卓越的表演给某人鼓掌）；арестовать за **участие** в демонстрации（由于参加游行而被逮捕）；бить кого-л. за малейшую **провинность**（由于一点点过失打某人）。

21. 方向（направление）：移动的路线、向量或图示。如бегать <бродить, летать, плавать, ползать, ходить> **из конца в конец**（从一端跑<徘徊、飞、游、爬、走>到另一端）。

22. 起点（начальная точка）：客体移动开始的地点。如бежать из **леса**（从树林里跑出）；вывести войска из Афганистана（从阿富汗撤军）；выехать из России（从俄罗斯离开）。

23. 信息载体（носитель информации）：包含文本的客体，或者用于包含文本的客体。如написать несколько строк в своем **дневнике**（在自己的笔记本里写几行字）；вымарать несколько слов в **письме**（在信里勾掉几个词）。

24. 拥有者（обладатель）：具有某特征的人。如авторитет **Эйнштейна**（爱因斯坦的威望）；**Он** владеет десятью языками（他掌握10种语言）；Мой **дед** немного хромает（我爷爷有些瘸）。

25. 客事（объект）：情景的消极参与者，在情景中什么也没有做，什么也没有改变。如аналогия между **сагой** и эпосом（介于民间史诗和叙事文学之间的作品）；видеть **огонек** в темноте（在黑暗中看见火光）；владеть шестью **языками**（掌握6种语言）。

26. 客事2（объект 2）：具有客事特征的题元，已经具有另一个更高级别客事题元的谓词所具有的另一个客事题元。如аналогия между сагой и **эпосом**（介于民间史诗和叙事文学之间的作品）；**телега** впереди лошади（马前面的四轮大车）；состоять из трех **частей**（由三部分组成）。

27. 支点（опора）：某客体的表面，位于其上的另一客体以某种方式保持在该客体上。如 вешать **на стену**（挂到墙上）；висеть **на стене**（挂在墙上）；лежать на **диване**（躺在沙发上）。

28. 受事（пациенс）：该题元（空间中的行为、状态、状况、特征和与其他客体的关系）的特性由于他人的行为，或某个因素的影响，或自发地发生变化。如 авария с **автомобилем**（汽车事故）；аннулировать **визу**（吊销签证）；аренда **участка**（租一块地）。

29. 受事 2（пациенс 2）：具有受事特征的题元，已经具有另一个更高级别受事题元的谓词所具有的另一个受事题元。如 аредовать участок за **тысячу долларов**（用一千美元租一块地）；менять квартиру в центре на **дачу** в Подмосковье（用市中心的住宅换来莫斯科市郊的**别墅**）；оснастить компьютер новым **дисководом**（给电脑装上新的**磁盘驱动器**）。

30. 受事部件（пациенс!）：受事中直接接触某行为或受影响的部分。如 бить кого-л по **спине**（打某人的**背部**）；блуждать **глазами**（**眼睛**四处乱看）；брать ребенка за **руку**（握住孩子的**手**）。

31. 表面—空间（поверхность-пространство）：移动沿其上完成的表面，或移动在其中完成的空间。如 бродить по **лесу**（沿着**树林**漫步）；лететь по **небу**（在**天上**飞）；плыть под **водой**（在**水下**游）。

32. 事物受体（получатель）：将某物体给予的某人。如 вернуть машину ее **владельцу**（将车还给它的**主人**）；взятки **чиновникам**（贿赂**官员**）；возвращать **друзьям** долги（还**朋友**的债）。

33. 使用者（пользователь）：实现某人造物用途的人。如 **пассажиры** автобуса（**公交车乘客**）；**пациенты** больницы（**医院的患者**）；**моя** виза（**我的**签证）。

34. 特征（признак）：客体的一个方面，据此可以与其他相像的客体区别开来，可以从众多客体中分离出来，挑选出来。如 выбирать что-л. **по цвету**（**按照颜色**挑选某物）；выделяться среди кого-л. по **росту**（**按身高**在某些人中分出）；классифицировать слова по **форме**（按形式将

词分类)。

35. 原因（причина）：如 бегство от **наводнения**（因洪水而逃难）；боязнь **высоты**（恐高）；возмущаться **действиями** властей（对当权者的行为感到气愤）。

36. 原因部件（причина!）：原因中直接引起事物状况或状态的部分。如 злить кого-л. своими **шуточками**（自己的玩笑激怒了某人）；очаровать кого-л. своей **непосредственностью**（自己的天真使某人着迷）。

37. 工作部分（рабочая часть）：生物身体的一部分，用以维持某空间状态。如 висеть на **руках**（双手悬挂）；лежать на **боку**（侧身躺着）；опираться **локтем**（胳膊肘支撑）。

38. 结果（результат）：当达到目的时，行为完成的某个阶段所获得的，或应该获得的客体或事实。如 автор **романа**（小说的作者）；бурить **скважину**（钻井）；валять **валенки**（擀毡靴）。

39. 情景（ситуация）：如 вероятность **землетрясения**（地震的可能性）；Возникли **сомнения**（产生怀疑）；возобновились **усилия**（重新开始努力）；втянуть кого-л. в **драку**（使某人参与打架）；выиграть **встречу**（赢得比赛）。

40. 后果（следствие）：某过程发展进程中获得的事物的状态。如 вызывать **кризис**（引起危机）；порождать **панику**（产生恐慌）；приводить к **засухе**（导致干旱）。

41. 内容（содержание）：知识、想法和意见的本质或行为的目的所归结的基本点。如 вывод, **что X неправ**（结论为 X 是不正确的）；запрещать **выходить** из дому（禁止出门）；оправдываться своей **неопытностью**（辩解自己没有经验）。

42. 方式（способ）：行为借以实现的方法。如 вымогать **посулами**（用许诺敲诈）；завлекать, **обещая** озолотить（承诺使发财来诱惑）。

43. 环境（среда）：某特征在其中得以表现或某情景在其中得以展开的社会环境。如 авторитет в артистической **среде**（在演艺界的声望）；

вращаться в светском **обществе**（周旋于上流社会）；репутация среди **однополчан**（在战友中的声望）。

44. 手段（средство）：某行为必需的辅助客体，在完成过程中有所消耗（钉子、线、牙膏、子弹、箭等）。如 взрывать **динамитом**（用炸药炸毁）；вылечить **настоями** из трав（用药草浸剂治疗）；прибивать **гвоздями**（用钉子钉）。

45. 期限（срок）：某协议规定的有限的一段时间，在此期间某情景应该得以持续，某客体应该成立。如 арендовать на **год**（租一年）；вербовать на **три года**（招募三年）；виза на **месяц**（一个月期限的签证）。

46. 动机（стимул）：引起另一人某种反应的行为，通常该行为、对该行为的反应都是言语行为。如 отвечать на **вопрос**（回答问题）；отзываться на **призыв**（回应号召）；откликаться на **просьбу**（回应请求）。

47. 范围（сфера）：活动或生活经验的领域，在其中人的特征或状态得以表现出来。如 авторитет в **вопросах любви**（爱情问题权威）；выиграть в шахматном **марафоне**（在国际象棋马拉松赛中获胜）。

48. 主题（тема）：形成意见、想法或信息客体的对象。如 говорить о **будущем**（谈论未来）；думать о **прошлом**（思考过去）；мнение об **этом человеке**（对这个人的看法）。

49. 功能（функция）：某人或客体用来工作或使用的东西。如 агент по **недвижимости**（不动产代理人）；баллотироваться в **депутаты** городской Думы（被选为市杜马代表）；билет в **театр**（剧院的票）；**строительная** бригада（建筑队）。

50. 目的（цель）：行为计划的结果。如 ассигновать на **строительство**（拨款建造）；битва за **высоту**（为高度而战）；командировать для **чтения** лекций（派去讲课）。

51. 感事（экспериенсер）：状态的第一题元。如 агония **императрицы**（女皇垂危）；Что **ты** бесишься?（你发什么脾气啊?）；**Он** очень нуждается（他非常贫穷）。

52. 感事 2（экспериенсер 2）：对称状态的第二题元。如 брак со знаменитым **писателем**（与知名作家的婚姻）；дружба с **летчиками**（与飞行员的友谊）；консультироваться с **врачом**（向医生征求意见）。

53. 感事部件（экспериенсер!）：感事感到"痛苦"的部分。如 у меня дико болит **зуб**（我的牙非常疼）；мучиться **зубами**（受牙齿的折磨）。

或许因为疏忽，或许另有其他原因，一共 54 个语义角色，阿普列相只列出了 53 个。除了"原因"和"情景"角色外，阿普列相对剩余的 51 个角色都做了解释或说明。张家骅认为，最新名录的显著变化有两个方面：其一，以往名录将句法范畴主体、客体与语义范畴工具、处所等混淆，这曾遭到批评，新名录着意克服类似缺陷，将主体更换为施事、施事 2、载体（当事）、感事、感事 2，客体（直接承受动作的事物）更换为受事（因承受动作而产生空间位置、状态、属性、关系变化的事物）、客事（不因承受动作而产生任何变化的事物）、客事 2、结果（动作达到的目的）等；其二，新增加 3 个指领有主体隶属部件的语义配价，施事部件、感事部件、受事部件，用以与相应语义配价施事、感事、受事呼应，后者在这种情况下成为"领有施事、领有感事、领有受事"。①

诚然，与以往语义角色划分相比，最新的划分方法大大增加了语义角色的数量，使得对语义配价的认识更加精细化，也更加准确，能更好地解释千变万化的语言事实。但是，也应看到，最新划分方案并非是完美无瑕的，也有值得商榷之处。例如，与时间相关的语义角色，阿普列相划出了四种："时间"（время）、"日期"（дата）、"时刻"（момент）和"期限"（срок），但前三者的区别和界限并未论述清楚。阿普列相指出，"时间"是事先无法限制的行为持续时限；"日期"是某事可能或应该发生的时刻，或某事件所处在的某个时间段；"时刻"是某情景所处的时间点或时间段。根据阿普列相的解释和举例，似乎可以理解为"时间"是不可控的时段，"日期"是可控的时点或时段，"时刻"是可控或不可控的时点或时段。这

---

① 张家骅：《建构详解组合词典的相关语言学概念再阐释》，《外语学刊》2014 年第 6 期。

样,"时刻"就分别与"时间""日期"产生了交集。阿普列相认为"12点钟开始"中"12点钟"是"时刻"角色,可是按他的解释,这也完全可以属于"日期"角色。此外,与结果相关的语义角色,阿普列相划出了两种:"结果"(результат)和"后果"(следствие),阿普列相指出,"结果"是当达到目的时,行为完成的某个阶段所获得的,或应该获得的客体或事实;"后果"是某过程发展进程中获得的事物的状态。根据阿普列相的解释和举例,似乎可以理解为"结果"是想获得的、正面的结果;"后果"是不想获得的、负面的结果。但是,在某些情况下"想获得"的结果未必是"正面的"结果,这时应该如何处理呢?例如,在正常情况下"引起危机"中"危机"应该属于"后果"角色,可是如果"引起危机"恰恰是某些反面人物想达到的目的呢?这时按照阿普列相的解释,"危机"就应该属于"结果"角色。可见,对某些语义角色的解释和说明,似乎还需更严密一些。更为主要的是,最新的划分方法尚未经受大规模语料的检验,是否符合语言事实还需进一步深入研究。

三 与鲁川语义角色对比

俄罗斯语言学界研究语义角色的学者很多,汉语界研究语义角色的学者也为数不少,之所以选择阿普列相与鲁川的思想进行对比,主要有两点原因:首先,两位学者不但对语义角色及相关问题进行过深入的理论探讨,而且将理论与广泛的语言实际相结合,并将研究成果以词典的方式呈现出来。不少学者曾对应该划分多少种语义角色、如何给这些语义角色命名等问题津津乐道,争执不休,而对如何在语言实践中应用却关注不够,这在某种意义上已经阻碍了语义角色研究的进一步发展。一种理论的提出,往往是不全面、不完善的,还须将理论放到实践中加以检验,根据语言事实修改理论,发展理论。阿普列相和鲁川正是将理论与实践完美结合的典范:1997—2003 年,阿普列相等人相继推出了三部《新型俄语同义词解析词典》,2004 年出版了合集,得到了学界的广泛赞誉;1994 年鲁川等人出版了《动词大词典(人机通用)》,选收 1000 多个常用的现代汉语动词,描述了动词与其前后名词性成分之间的语义组合关系,也得到了学界的认可。再者,两位学者对语义角色的探讨不但对语言研究有一定启示,而且对自然语言的信息处理也有很大帮助。语言学中的语义角色研究,可以为计算机科学中的语义角色标注提供理论指导和语料分析。阿普列相本人就对自然语言的机器处理表现出了浓厚的兴趣,他领导俄罗斯科学院相关领域的同仁,以《意思⇔文本》理论为指导,主持研发了"ЭТАП"系列机器翻译系统。鲁川的思想也有类似之处,这从他主编的《动词大词典》定位于"人机通用"就可以看得出来。计算机专家黄昌宁认为"这部《动词大词典》的编辑出版对我国的语言信息处理事业作出了开拓性的贡献。"① 阿普列相和鲁川对语义角色数量的确定几经变化,每个阶段语义角色的名称和内涵也不尽相同。本小节选择二人在词典中使用的语义角色进行对比。

《新型俄语同义词解析词典》中使用了 16 个语义角色②:主体③(субъект)、第二主体(второй субъект)、逆主体(контрагент)、对抗主体(антагонист)、客体(объект)、内容(содержание)、信息受体(адресат)、事物受体(получатель)、处所(место)、起点(начальная точка)、终点(конечная точка)、手段(средство)、工具(инструмент)、公众(аудитория)、主题(тема)和期限(срок)。

鲁川最初认为有 18 个语义角色,后来增加到 32 个,在《动词大词典》中缩减到 22 个。《动词大词典》中将整个语义角色系统分为四个层次,第一层次是"格",即"语义角色",其他各层详见图 2-2:④

如果不考虑名称的差异,阿普列相《新型俄语同义词解析词典》(本小节简称"阿氏词典")中的语义角色与鲁川《动词大词典》(本小节简

---

① 鲁川:《动词大词典(人机通用)》,中国物资出版社 1994 年版,第 1 页。
② Апресян В. Ю., Апресян Ю. Д., Бабаева Е. Э. и др., *Новый объяснительный словарь синонимов русского языка*, М.:Языки славянской культуры, 2004.
③ 本部分对阿普列相语义角色名称的翻译参照了张家骅的译法,详见张家骅《莫斯科语义学派的配价观》,《外语学刊》2001 年第 4 期。
④ 鲁川:《动词大词典(人机通用)》,中国物资出版社 1994 年版,第 9 页。

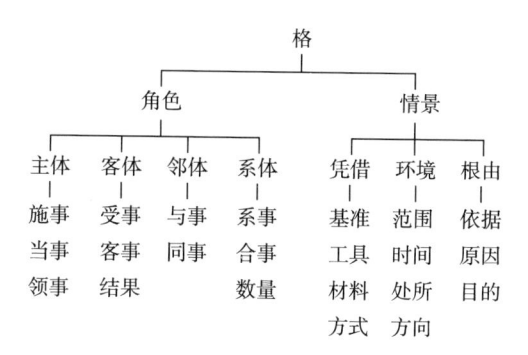

```
                    格
         ┌──────────┴──────────┐
        角色                   情景
   ┌────┼────┬────┐      ┌─────┼─────┐
  主体  客体 邻体 系体    凭借  环境  根由
   │    │   │   │       │    │    │
  施事  受事 与事 系事    基准  范围  依据
  当事  客体 同事 合事    工具  时间  原因
  领事  结果     数量    材料  处所  目的
                        方式  方向
```

图 2-2

称"鲁氏词典")中的语义角色大致有五种关系:无对应、等同、包孕、被包孕和交叉。

1. 无对应关系

无对应是指一种体系中的某个语义角色在另一种体系中不存在。阿氏词典中的"逆主体"是指有两个同等积极活动者的社会化行为(例如,买卖、租赁、保险等)的语义题元,二者完成彼此相对的各不相同的角色。"对抗主体"是指"逆主体"的一种特殊情形,是表示冲突情景中与主体相敌对的语义角色。"逆主体"和"对抗主体"在鲁氏词典中没有对应的对象,而鲁氏词典中的"分事""数量""基准""方式""依据""原因""目的""方向"在阿氏词典中也没有对应的对象。由于对应物的缺失,无法进行对比。因此,就无对应关系的几种语义角色不再展开叙述。无对应关系如表 2-3 所示:

表 2-3　　　阿氏词典与鲁氏词典语义角色对应关系表

阿氏词典	二者之间的关系	鲁氏词典
逆主体	∅	—
对抗主体	∅	—
—	∅	分事
—	∅	数量
—	∅	基准
—	∅	方式
—	∅	依据

续表

阿氏词典	二者之间的关系	鲁氏词典
—	Ø	原因
—	Ø	目的
—	Ø	方向

2. 等同关系

等同是指某些语义角色在两种体系中内涵几乎完全一致。阿氏词典中的"工具"是行为动词的语义题元，表示主体借以实现该行为的事物，该事物在行为过程中完全存留下来，没有减耗，如 шить костяной иглой（用骨针缝）；鲁氏词典中"工具"是事件中所用的器具，如"他拿棍子打人"。"骨针"和"棍子"分别是行为"缝"和"打"借以实现的事物（器具），而且该事物（器具）在行为过程中没有减耗。可见，两种体系中的"工具"是等同的。

阿氏词典中的"手段"是行为动词的语义角色，表示主体借以实现该行为的事物，该事物随着行为的实现而消耗，如 поливать водой（用水浇）；鲁氏词典中"材料"是事件中所用的材料或消耗的物资，如"用煤气煮饭"。"水"和"煤气"分别是行为"浇"和"煮饭"借以实现的事物，而且该事物在行为过程中都有消耗，因此，两种体系中的"手段"和"材料"也是等同的。"工具"与"材料（手段）"的区别在于前者不改变原物，后者转化为新的物质形态或被耗费掉。等同关系如表2-4所示：

表2-4　　　　　　　　等同关系表

阿氏词典	二者之间的关系	鲁氏词典
工具	=	工具
手段	=	材料

3. 包孕关系

包孕是指阿氏词典中某个语义角色涵盖的范围大于鲁氏词典中的某个语义角色。阿氏词典中的"主体"是绝大多数谓词的第一语义题元，其对应的情景参与者是行为的发出者，如 Он пишет（他写）；活动的从事者，如 Он работает（他工作）；变化的经历者，如 Он заболевает（他生病）；位置或状态的存（在）处（于）者，如 Он сидит（他坐着）和 Он слышит（他听得见）；属性的持有者，如 Она красива（她漂亮）。阿氏词典中的"主体"是极其宽泛的，涵盖了鲁氏词典中的"施事""当事"和"领事"。"施事"是事件中自发动作行为或状态的主体，如"他打了她一下"或"树枝在摇摆"；"当事"是事件中非自发动作行为或状态的主体，如"我在街上碰见了他"或"小王是老师"；"领事"是事件中领属关系的主体，如"我有一本书"。鲁氏词典中语义角色的划分是分层次的，实际上"施事""当事"和"领事"都是"主体"的子类，从这个意义上说阿氏词典中"主体"与鲁氏词典中"主体"是等同的。

阿氏词典中的"客体"是行为动词的语义题元，表示该行为直接涉及的事物。如果该事物是在行为过程中产生的，就是"内部客体"，如 строить дом（建房子）；如果该事物在行为之前已经产生，就是"外部客体"，如 слушать радио（听广播）。阿氏词典中的"内部客体"与鲁氏词典中的"结果"是一样的，"结果"是事件中所产生、引起或达成的结局，如"教室已经盖好了"。阿氏词典中的"外部客体"涵盖了鲁氏词典中的"受事"和"客事"，"受事"是事件中自发动作行为所涉及的已存在的直接客体，如"妈妈打破了一个杯子"；"客事"是事件中非自发动作所涉及的已存在的直接客体，如"我不知道内情"。可见，"受事"和"客事"都相当于"外部客体"，区别在于"受事"对应谓词的自发性；"客事"对应谓词的非自发性。和"主体"类似，鲁氏词典中"结果""受事""客事"也都是"客体"的子类，从这个意义上说阿氏词典中"客体"与鲁氏词典中"客体"也是等同的。包孕关系如表 2-5 所示：

表 2-5　　　　　　　　　　包孕关系表

阿氏词典	二者之间的关系	鲁氏词典
主体	⊃	施事
主体	⊃	当事
主体	⊃	领事
客体	⊃	结果
客体	⊃	受事
客体	⊃	客事

4. 被包孕关系

被包孕是指阿氏词典中某个语义角色涵盖的范围小于鲁氏词典中的某个语义角色。阿氏词典中的"第二主体"是 дружить（与……交好），знакомиться（与……相识），разговаривать（与……交谈），воевать（与……作战），ссориться（与……争吵）等这类对称谓词的第二题元，在情境中完成的角色与主体是一样的，如 Познакомьтесь, пожалуйста, с **нашим новым сотрудником**（请与我们的新同事认识一下）；鲁氏词典中"同事"是事件中所伴随或排除的间接客体，如"请您跟**同事**好好商量一下""**除了她**别人都知道"，可见，"第二主体"只相当于"同事"中前半部分，即只能表示伴随意义，不能表示排除意义。

阿氏词典中的"期限"是带有某种时间界限行为谓词或有间歇意义谓词的语义角色，表示时间的持续，如 перерыв **на двадцать минут**（二十分钟的间歇）；鲁氏词典中"时间"是事件发生的时点或持续的时段，如"她**昨天**进城了""他大学毕业**五年**了"，显然，"期限"只相当于"时间"中的后半部分，即只表示时段意义，不表示时点意义。

关于"主题"，阿普列相未做详细说明，只表示大多数带有"内容"的谓词也有"主题"，如 **О том языке** я знаю только то, что в нем очень мало глаголов（**关于那种语言**，我只知道它里面动词很少）；鲁氏词典中"范围"是事件中所关涉领域或范围及所伴随的状况，如"**关于这个问题**

我们要认真研究一下""他的言论轰动全国",可见,"主题"涵盖的范围要比"范围"小得多。

阿氏词典中的"信息受体"是言语及类似动词的语义题元,与信息传递对象的情景参与者对应,如 звонить кому-л.（给某人打电话）,"事物受体"是给予及类似动词的语义题元,表示事物最后的所有者,如 дать кому-л. взятку（对某人行贿）;而鲁氏词典中的"与事"是事件中利害关系的间接客体,如"工人们给厂长提了很多意见""老师送给我一支笔"。实际上"信息受体"只表示信息类等抽象的间接客体,而"事物受体"只表示给予类等具体的间接客体,而"与事"既可以表示抽象的间接客体,也可以表示具体的间接客体,范围要大得多。

阿氏词典中的"处所"是 находиться（位于）、висеть（挂在）等处所类谓词的第二语义题元,如 висеть на стене（挂在墙上）,或由这些处所类谓词派生的使役动词的第三语义题元,如 повесить картину на стене（把画挂在墙上）;"起点"是位移谓词的语义题元,表示主体位移起始的地点,如 идти из лесу（从树林里走出来）;"终点"是位移谓词的语义题元,表示主体位移的目的地,如 идти в лесу（向树林走去）。而鲁氏词典中的"处所"是事件发生的场所、境况或经过的途径,如"朋友在北京相会""她从东京回来了""她步行到河边"。汉语的位移动词与俄语的运动动词不同,汉语对"从哪儿""在哪儿"和"去哪儿"的认知也不似俄语那样敏感,因此,阿氏词典中对表示处所关系的语义角色划分得极为细致,而鲁氏词典中则都将其归为"处所"。这样,鲁氏词典中的"处所"涵盖的范围就会远远大于阿氏词典中的"地点""起点"或"终点"中的任何一个。被包孕关系如表2-6所示:

表2-6　　　　　　　　　　被包孕关系表

阿氏词典	二者之间的关系	鲁氏词典
第二主体	⊂	同事
期限	⊂	时间
主题	⊂	范围

续表

阿氏词典	二者之间的关系	鲁氏词典
信息受体	⊂	与事
事物受体	⊂	与事
地点	⊂	处所
起点	⊂	处所
终点	⊂	处所

5. 交叉关系

交叉是指阿氏词典中的某个语义角色涵盖的范围与鲁氏词典中的某个语义角色涵盖的范围既不等同，又不互相包孕，但有部分重叠。阿氏词典中的"内容"是信念、思想、知悉、言语以及承载相关信息的谓词的语义题元，如 Он считал, что **развод неизбежен**（他认为离婚不可避免）；Он **ничего** не сказал о своих семейных делах（关于自己家里的事他什么也没说）。需要指出的是，这里的言语谓词是个广义的概念，包含了语用学中的"言语行为动词"和"言语动词。"① 鲁氏词典中"客事"是事件中非自发动作所涉及的已存在的直接客体，如"我收到**一封家信**""我不知道**内情**"。显然，信念、思想、知悉、言语等谓词有的是自发动作（如言语），有的是非自发动作（如知悉）；同时，非自发动作又不局限于信念、思想、知悉等。因此"内容"与"客事"既不互相隶属，又有所重叠，是一种交叉关系。

阿氏词典中的"公众"是某些言语动词、表现动词和具有社会情感意义语词的语义题元，行为主体向之宣示的对象经常是群体或法官之类，如 каяться **перед кем-чем**（向……认错）、форсить **перед кем-чем**（在……面前摆架子），而鲁氏词典中的"处所"涵盖范围极广，如"**当着老师的面**她不好意思说"中，"当着老师的面"也属于"处所"范围，类似的情况在阿氏词典中应划入"公众"之列。但"处所"又无法完全涵盖"公

---

① 孙淑芳：《言语行为动词的语义阐释》，《外语学刊》2009 年第 6 期。

众"。类似 каяться перед кем-чем（向……认错）的情况，鲁氏词典则将"向……"划入"与事"之列。因此，"公众"既可能与"处所"重叠，也可能与"与事"重叠。交叉关系如表 2-7 所示：

表 2-7　　　　　　　　　　交叉关系表

阿氏词典	二者之间的关系	鲁氏词典
内容	∩	客事
公众	∩	处所
公众	∩	与事

综上所述，阿普列相和鲁川关于语义角色的研究各有特点，前者层次单一，概括性较强，但因数量相对较少，准确性较差；后者层次更加分明，划分得也更为细致，因此准确性高。"有没有可能确定一种格的数量，它是唯一正确的，相形之下其他的划分都是错误的？我们认为这是办不到的。"[1] 这或许是因为"在对句法语义没有进行充分的微观研究之前，想找出语言中的所有语义角色类型是不可能的。"[2] 在目前的研究条件下，由于划分的视角和标准不同，划分的结果自然有所差异，强求一致并非是最好的选择。在尊重语言事实的基础上，互相借鉴和补充不失为一种合理的态度。阿普列相最新的 54 种语义角色划分法中，已经将"主体""客体"进一步细化，与鲁川的划分方法有趋同的倾向。

第四节　分析性注释的特点、形成与发展

在语言集成描写方法中，最受瞩目的当属对词位的具体注释。阿普列相运用语义元语言作为描写工具，在配价和题元理论的基础上，将某个词位置于具体的配位结构中进行分析性注释，深刻揭示了词位的细微语义内

---

[1] 林杏光、鲁川：《汉语句子语义平面的主客观信息研究》，《汉语学习》1997 年第 5 期。

[2] 孙道功：《词汇—句法语义的衔接研究》，世界图书出版社 2011 年版，第 226 页。

涵。分析性注释的形成经历了一个动态的发展过程。

一 分析性注释的特点

对语言单位进行释义，是语义研究和词典编纂最核心的任务之一。在语义研究的历史发展进程中，释义方法层出不穷，又见仁见智。章宜华、雍和明对已知的主要释义方法进行了总结，他们列举了十种方法：规定性释义、精确性释义、说服性释义、理论性释义、操作性释义、内涵性释义、外延性释义、指物性释义、词汇性释义和功能性释义。① 阿普列相对词位的释义，与上述方法都不相同，他将自己释义词位的方法称之为分析性注释。与传统释义相比，分析性注释有如下特点：

分析性注释是个多维结构，在一般情况下它可以区分出五个层面：陈说（ассерции）、预设（пресуппозиции）、情态框架（модальные рамки）、观察框架（рамки наблюдения）和动因（мотивировки）。

分析性注释应该以显性的方式（经常是共同的意义成分或形态成分）反映出某个词位与其他语言单位（同义词、近似词、转换词、反义词、派生词等）所有的语义共性；同样也应该反映出该词位与其近似的语言单位的语义差异。

分析性注释应该以显性的方式涵盖那样一些语义成分，在该词位这些语义成分与篇章中其他语言单位在意义互相作用规则中起到积极的作用。

分析性注释应该符合解释充分、没有冗余的要求。②

传统上对语言单位的释义，都是单层的语义结构，即"注释中所使用的所有元素都被视为平等的"③。阿普列相经过多年研究，提出了在语言的意义中存在若干意义层面的设想，下面重点对此展开探讨。

---

① 章宜华、雍和明：《当代词典学》，商务印书馆2007年版，第242—261页。

② Апресян Ю. Д., *Исследования по семантике и лексикографии. Т. Ⅰ: Парадигматика*, М.: Языки славянских культур, 2009, стр. 18-19.

③ Апресян Ю. Д., *Избранные труды том Ⅱ. Интегральное описание языка и системная лексикография*, М.: Языки русской культуры, 1995, стр. 507.

二 分析性注释的形成过程

阿普列相对分析性注释多维结构的认识,不是一次性形成的,而是经历了三个不同的阶段。

(一) 萌芽阶段

阿普列相对语言单位意义注释的研究起步较早,在 1974 年出版的《词汇语义学》一书中已经开始使用一种崭新的方式对词位的意义进行注释,如对 благодарен(感谢)释义为:

X благодарен Y-у за Z(X 因为 Z 而感谢 Y)≌ "X 认为,Y 为 X 做了好事 Z,X 认为自己有必要通过言语表扬或善行补偿 Z"。[1]

这种创造性方法的提出,表明阿普列相对词位意义注释的研究已经相当深入,充分考虑了语义配价和句法题元及其互相关系,基本形成了较为完整的注释模式,这也是后来分析性注释的雏形。只是此时,尚未关注和提及注释层面的问题。

在 1979 年出版的《英俄同义词词典》(*Англо-русский синонимический словарь*)后记中,阿普列相才在意义注释中区分出了情态框架和预设。他认为,一般情况下词汇意义包含两个成分:1. 词汇所表示的事物、情景、性能、状态、过程等的朴素概念(наивное понятие);2. 交际的参与者,即说话人或受话人,对该事物、情景等做出的评价(оценка),如好的或坏的、怀疑的、可能的或准确的、希望的或不希望的。[2] 上述朴素概念实际上便是注释中的陈说——尽管当时阿普列相并未使用这个术语,而评价性的意义则是注释中的情态框架,这从阿普列相的下面表述中便可得知,"朴素概念和评价(如果评价是非常重要的,远非所有的词都是如此)就

---

[1] Апресян Ю. Д., *Лексическая семантика*, М.:Наука, 1974, стр. 107.
[2] Апресян Ю. Д, Ботякова В. В., Латышева Т. Э. и др., *Англо-русский синонимический словарь*, М.:Русский язык, 1979, стр. 513.

是注释本身的全部对象,其中,对朴素概念的描写构成注释的核心,而对评价的描写构成注释的情态框架。"①

20 世纪 70 年代末,语言集成描写的思想尚未形成,但阿普列相已经感觉到,对词汇语义全面描写显然要比仅仅了解词汇意义宽泛得多,换言之,要对词汇语义全面描写,不能仅仅满足于掌握词汇意义中的朴素概念和评价。这时,阿普列相又从注释中区分出了预设,并将其定义为在否定情况下依然保持不变的那部分注释成分。不过,由于"预设成为语言学研究对象只是近十年到十五年的事,所积累的材料还不够进行广泛的词典学开发。所以,在我们的词典中(指《英俄同义词词典》——引者注)几乎从来不把预设与其他意义成分分开描写。"② 在这里,阿普列相明确了预设作为意义注释中的一个层面,但限于种种制约条件,未作详细论证和阐释。

(二) 发展阶段

进入 20 世纪 80 年代,阿普列相对注释结构的研究更加深化。阿普列相指出,弗雷格首次在句子的意义中划分出一个独立的部分,即预设;由于菲尔墨的使用,从 20 世纪 60 年代末开始,预设永久性地进入了语言学当中。如同大多数语言学术语一样,学界对"预设"的理解也不一致。阿普列相采用了实用主义的态度,他认为"我们只需要指出对语言单位注释理论具有意义的对预设的那种理解,就足够了。"③ 此时,阿普列相已经明确了对预设和陈说的认识,"根据绝对主流的观点,我们把语言单位注释中否定时不发生变化的部分理解为预设,把否定时发生变化的部分称为陈

---

① Апресян Ю. Д, Ботякова В. В., Латышева Т. Э. и др., *Англо-русский синонимический словарь*, М.: Русский язык, 1979, стр. 513.

② Апресян Ю. Д, Ботякова В. В., Латышева Т. Э. и др., *Англо-русский синонимический словарь*, М.: Русский язык, 1979, стр. 513.

③ Апресян Ю. Д., *Избранные труды том Ⅱ. Интегральное описание языка и системная лексикография*, М.: Языки русской культуры, 1995, стр. 48.

说"①。阿普列相以语气词 только（只）的注释为例，来说明预设和陈说的区别。

① a. X делает только Y（X 只做 Y）≌ 'X 做 Y，因为不存在不同于 Y 的 Z，也不存在 X 做 Z'。

b. X делает не только Y（X 不只做 Y）≌ 'X 做 Y，因为存在不同于 Y 的 Z，也存在 X 做 Z'。

从例①b 中可以发现，注释的第一部分，即 "X 做 Y"，在词位被否定时没有发生变化，仍与例①a 中一样，因此它构成 только（只）的预设；而注释的第二部分，在词位被否定时发生了变化，与例①a 中正好相反，因此它构成的是陈说。这样，根据 "与否定的关系" 这一特征，可将注释划分成预设和陈说两个部分。这种划分标准具有跨语际的特点，不仅适用于俄语，对汉语也同样适用。

② a. 我是单身汉，流浪的时候也为自己积了几个养老钱。

b. 他不是单身汉了，已经经不起失败。

"单身汉" 的语义结构中主要有两个命题单位：（1）男子；（2）到了结婚的年龄，但没有结婚。其中，"男子" 是 "单身汉" 的预设，而 "到了结婚的年龄，但没有结婚" 是陈说。因为在例②b 中，无论如何都不会否认 "他" 是 "男子"，否认的只是他未婚。

与此同时，阿普列相也对情态框架作了明确界定。阿普列相指出，"从另一个角度看，注释又可划分成描写作为报道对象的事实（有时描写现实情景）和描写交际的直接参与者对该事实的态度。更准确地说，在某些语言单位的注释中必须包括说话人对所描写的情景的评价以及说话人预期受话人对该情景的态度。注释中的这一部分被称为情态框架。"② 与前一阶段相比，这时阿普列相对情态框架的论述更加严密和完善。

---

① Апресян Ю. Д., *Избранные труды том* Ⅱ. *Интегральное описание языка и системная лексикография*, М.：Языки русской культуры, 1995, стр. 48.

② Апресян Ю. Д., *Избранные труды том* Ⅱ. *Интегральное описание языка и системная лексикография*, М.：Языки русской культуры, 1995, стр. 48.

虽然不是每个语言单位的注释中都具有情态框架，即便有词位具有，较之陈说，情态框架也很难居于主要地位，但是对于特定词位而言，情态框架是其注释中不可或缺的成分。阿普列相认为，情态框架是表示疑问、否定、限定、强化和区分等意义的语气词的典型特点。传统的义素分析法、词汇语义场等理论对上述语气词几乎无能为力，无法揭示其语义特点，而通过情态框架进行分析，效果要好得多。

③ a. Я понял, что пора прощаться. 我明白，分别的时候到了。

b. Я не сразу даже понял, что произошло. 连我都没有一下子明白，发生了什么。

例③a 只是陈述一个事实，没有其他任何附加的感情，而例③b 除了陈述事实，能体会到还有其他含义孕于其中：说话人认为"我"本应该一下子就可以明白的。因此，可推知 даже（连……都）的注释应该为 X даже делал Y（连 X 都做了 Y）= 'X 已经做了 Y；说话人认为 X 很可能不会做 Y'。其中，"说话人认为 X 很可能不会做 Y"就是情态框架，正是这部分很好地解释了 даже（连……都）的语义。

此时，在注释结构中阿普列相只是划分出了陈说、预设和情态框架三种。这种认识，一直持续到 20 世纪 90 年代。在《动词 выйти 的词典学肖像》（Лексикографический портрет глагола выйти，1990）一文中，阿普列相虽然明确提出了"分析性注释"的概念，但依然将注释划分成上述三个层面。阿普列相在对词条语义信息的论述中，首先提到了该词条词汇意义的分析性注释："从注释中可划分出陈说部分（句法上体现为注释中主句的人称动词），预设部分（体现为注释语篇中的副动词，或者形动词短语，或者从句）和情态框架。"① 由于被注释的语言单位不同，注释中使用的元语言词汇和句法也不尽相同，更因为意义的复杂多变，因此寻求"陈说""预设""情态框架"的句法对应形式，几乎是徒劳的。或许正因如此，在此后的著述中，未见阿普列相再对相关问题进行论述。

---

① Апресян Ю. Д., *Избранные труды том* Ⅱ. *Интегральное описание языка и системная лексикография*, М.：Языки русской культуры, 1995, стр. 488.

（三）成熟阶段

在我们所掌握的资料中，阿普列相首次提出注释中包含五个层面见于《词典学肖像（以动词 быть 为例）》[Лексикографические портреты (на примере глагола быть), 1992] 一文。"通常的词典注释都是单层的语义结构：注释中所使用的所有元素都被视为平等的。然而，近几十年的研究表明，在语言的意义中有若干个不同的意义层面——陈说、预设、情态框架、观察框架、动因。"① 至此，阿普列相形成了完整的对注释结构的认识。鉴于前文对"陈说""预设"和"情态框架"已有详细介绍，且阿普列相对它们的认识没有新的变化，下面只探讨"观察框架"和"动因"。

1. 观察框架

阿普列相认为，观察框架是词位意义中的一个部分，表示观察者相对于被描写情景的空间位置。② 这里的"观察者"是指用感觉器官感受到或通过想象洞察到某个情景的人。"观察者"的概念早已出现，几乎在所有的语句中，都能发现"观察者"的身影。以一个最简单的语句 Идет дождь（正在下雨）为例，在这个语句中暗含着有这样一个人，他感受到（看到或者听到）正在下雨。或许正因为"观察者"几乎无处不在，它并未受到语义学家的重视。阿普列相首次将"观察者"引入词位意义的注释中，使它获得了更重要的意义。作为注释一部分的观察者，是"一种隐形句法题元，不能通过从属于动词的名词性成分表达，但却是许多词汇单位不可或缺的义素成分。"③

阿普列相曾举例研究过空间前置词 перед（在……前面）的意义。

④ a. Перед зеркалом стоял столик. 镜子前面放着一张桌子。

　　b. Перед домом был разбит палисадник. 房子前面开辟了一个小

---

① Апресян Ю. Д., *Избранные труды том* II. *Интегральное описание языка и системная лексикография*, М.: Языки русской культуры, 1995, стр. 507.

② Апресян В. Ю., Апресян Ю. Д., Бабаева Е. Э. и др., *Новый объяснительный словарь синонимов русского языка*, М.: Языки славянской культуры, 2004, стр. XLIII.

③ 张家骅：《俄罗斯语义学：理论与研究》，中国社会科学出版社 2011 年版，第 82 页。

花园。

在例④a 和例④b 中，体现了前置词 перед 的一个空间意义，我们将其标注为 перед₁，阿普列相将它的意义注释为：X находится перед₁ Y-ом (X 位于 Y 的前面) = 'X 位于 Y 可以被正常使用的一面，且 X 与 Y 的距离和 Y 的大小之间具有可比性 | Y 具有正反面'。①

⑤ a. Перед горой лежало озеро. 山前面有一个湖。

b. Перед пнём стоял огромный боровик. 树墩前面有一大朵牛肝菌。

而上面两个例子体现了 перед 的另一个空间意义，我们将其标注为 перед₂，其注释为：X находится перед₂ Y-ом (X 位于 Y 的前面) = 'X 位于 Y 和观察者之间，X 与 Y 的大小具有可比性，且说话人认为 X 到 Y 的距离不能过大，即不能大于 X 到观察者之间的距离，或者至少不能大很多 | Y 不具有正反面'②。

阿普列相在论述例④和例⑤时，对 X 与 Y 以及 X 与观察者之间的距离、X 和 Y 的大小非常关注，对其做了详细的解释和说明。这是可以理解的，因为 X 与 Y 以及 X 与观察者之间的距离、X 和 Y 的大小都是 перед 语义中的必要条件。正如阿普列相所言，在例⑤b 中，如果观察者站在距离牛肝菌一步远的地方，而牛肝菌离树桩有两米远，那么这样的情景就不能用例⑤b 描述。③ 这时，恐怕就应该说成"我面前有一朵牛肝菌"了。同样，如果树桩过高，这时也不可以用例⑤b 描述，而应该说成"树桩下有一朵牛肝菌"了。在这里，我们对 X 与 Y 以及 X 与观察者之间的距离、X 和 Y 的大小都不作探讨，我们把关注点放在观察者身上。

---

① Апресян Ю. Д., *Избранные труды том* Ⅱ. *Интегральное описание языка и системная лексикография*, М.: Языки русской культуры, 1995, стр. 40.

② Апресян Ю. Д., *Избранные труды том* Ⅱ. *Интегральное описание языка и системная лексикография*, М.: Языки русской культуры, 1995, стр. 41.

③ Апресян Ю. Д., *Избранные труды том* Ⅱ. *Интегральное описание языка и системная лексикография*, М.: Языки русской культуры, 1995, стр. 41.

2. 动因

阿普列相认为，动因是词位意义中的一个部分，在这部分里可以解释，为什么词位所表示的行为得以进行。① 显然，动因不是每个词位意义中必须具有的。在绝大多数情况下，动因是言语行为的特征，因此，为言语行为动词所具有。正如张家骅所言，"动因是言语行为动词语义结构的组成部分，指出主体实施言语行为的原因"。② 与注释结构中的其他四个层面相比，阿普列相对动因的论述最少。

阿普列相以同义词 обещать₁（答应），обязываться（保证……）和 сулить（允诺）为例，来说明动因在词位注释中的作用。按照一般详解词典的注释，很难看出这三个词位的区别，有时还循环释义，用某个词位参与另一个词位的注释。《俄语详解大词典》在对 обещать₁ 释义时使用了 обязываться 一词：Дать－давать какое－л. обещание，обязаться－обязываться сделать что-л., поступить с каким-л. образом.③ 在对 сулить 释义时使用了 обещать₁ 一词：Обещать дать или сделать что-л.④《俄语详解词典》在解释 сулить 时，甚至直接使用了 обещать₁ 进行同义替换，只是指出了语体的不同：Тоже, что обещать（в 1 знач）（прост.）⑤。上述两部词典对这三个词的注释，强化了我们的错觉，仿佛它们是绝对同义词，意义上没有任何区别。事实上并非如此，阿普列相认为，三个同义词位的区别主要在于它们的动因各不相同，分别表示如下：

обещать₁（答应）：想让受话人相信，答应的事情将会被完成；

обязываться（保证……）：想让人们知道，做出许诺的人将以做某事

---

① Апресян В. Ю., Апресян Ю. Д., Бабаева Е. Э. и др., *Новый объяснительный словарь синонимов русского языка*, М.：Языки славянской культуры, 2004, стр. XXXV.

② 张家骅：《俄罗斯语义学：理论与研究》，中国社会科学出版社 2011 年版，第 83 页。

③ Кузнецов С. А., *Большой толковый словарь русского языка*, Санкт－петербург：НОРИНТ, 2002, стр. 667.

④ Кузнецов С. А., *Большой толковый словарь русского языка*, Санкт－петербург：НОРИНТ, 2002, стр. 1289.

⑤ Ожегов С. И. и Шведова Н. Д., *Толковый словарь русского языка*, М.：ООО «А ТЕМП», 2013, стр. 732.

为己任；

сулить（允诺）：想让受话人相信主体、并做出对主体有利的事情，以换取主体答应的事情。①

在词位意义的注释结构中引入"动因"，就可以较为容易地发现该词位与其他同义词位意义上的区别。

如果一个语言单位的分析性注释中含有动因，那么也同样会有预设和陈说。在阿普列相看来，正是动因"将作为行为原因的一个预设与作为结果的陈说联系到了一起。"② 对言语行为动词而言，动因往往是其意义中的区别性特征之一。阿普列相对同义词词位 просить₁（请求）和 требовать₁（要求）的注释，很好地说明了这一点。

⑥ a. X просит ₁Y-а сделать P（X 请求 Y 完成 P）= '1）某人 X 想让某事 P 成为现实，并且认为另一人 Y 能够完成 P，但是不认为 Y 应该做 P（预设）；2）X 对 Y 说，X 想让 Y 完成 P（陈说）；3）X 说这个是因为 X 想让 P 成为现实（动因）'。

b. X требует₁ от Y-а, чтобы Y сделал P（X 要求 Y 完成 P）= '1）某人 X 想让另一人 Y 完成某事 P，并且认为 Y 应该完成 P（预设）；2）X 对 Y 说，X 想让 Y 完成 P（陈说）；3）X 说这个是因为 X 认为 Y 应该完成 P（动因）'。③

对比例⑥a 和例⑥b 可以发现，просить₁（请求）和 требовать₁（要求）之所以成为同义词，是因为它们意义注释中的陈说部分完全相同。也就是说，无论是"请求"，还是"要求"，主体 X 都希望受体 Y 能够完成某事 P。而两个词位的区别在于，它们意义注释中预设部分和动因部分不同。对此，刘丽丽曾做过详细的比较分析：预设方面，在 просить₁ 的意义注释中，预设

---

① Апресян В. Ю., Апресян Ю. Д., Бабаева Е. Э. и др., *Новый объяснительный словарь синонимов русского языка*, М.: Языки славянской культуры, 2004, стр. XXXV.

② Апресян В. Ю., Апресян Ю. Д., Бабаева Е. Э. и др., *Новый объяснительный словарь синонимов русского языка*, М.: Языки славянской культуры, 2004, стр. XXXV.

③ Апресян Ю. Д., "О Московской семантической школе", *Вопросы языкознания*, 2005（1），стр. 14.

显示主体 X 认为受体 Y 能够做某事 P，但不认为 Y 应该做 P；而在 требовать₁ 的意义注释中，预设显示主体 X 假设，受体 Y 可能不想做 P，但是 X 认为 Y 应该做 P。动因方面，对 просить₁ 来说，主体 X 的言语意图是想使某事 P 成为现实，至于由谁完成其并不关心，受体 Y 只是其中的一个执行者；而 требовать₁ 的动因在于，某事 P 必须要由受体 Y 来完成，因为 X 认为这是 Y 的义务。① 下面，通过两个汉语例句来验证刘丽丽的分析。由于本部分是对动因的探讨，因此对两个词位的预设不做考察。

⑦ 当事人有正当理由的，可以在开庭三日前请求延期开庭。

⑧ 政府要求工作人员善后工作一定要周到细致，安抚遇难者家属情绪。

例⑦中的动因是"当事人"想让"延期开庭"成为现实，至于是谁能使"延期开庭"成为现实，对"当事人"而言并不重要；重要的是"延期开庭"能够成为事实。例⑧中的动因是"政府"认为，"工作人员"要"周到细致地进行善后工作"、"安抚遇难者家属情绪"。这里不但要使"周到细致地进行善后工作"、"安抚遇难者家属情绪"成为现实，而且这一工作必须由"工作人员"完成。因为，在"政府"看来，这项工作是"工作人员"的责任和义务。假设，这项工作不是由"工作人员"而是由其他人完成的，那就是"工作人员"的失职，这显然不是"政府"所希望的，从这个意义上说，"政府"的意图和目的依然没有实现。

通过上述的分析，可以发现，动因是某些语言单位（大多为表示言语行为的动词或动词词位）意义中不可或缺的组成部分。

（4）对汉语研究的启示

对表示空间位置的方位词"前面"，《现代汉语词典（第 6 版）》解释为：空间或位置靠前的部分,② 用"前"解释"前面"似乎有同语反复

---

① 刘丽丽：《俄汉语祈使言语行为动词语义对比研究》，博士学位论文，黑龙江大学，2013 年，第 219 页。

② 中国社会科学院语言研究所词典编辑室编：《现代汉语词典（第 6 版）》，商务印书馆 2012 年版，第 1035 页。

之嫌。《现代汉语规范词典(第2版)》对"前面"的释义更规范些:"正面所对着的某一位置;正面"①,但其释义中的关键词"正面"仍是语义不十分明确的词。大多数人造物品都有正面,如"镜子""房子",当"前面"与它们搭配时,其意义中不包含观察者。因为不需要借助观察者的视角,无论从哪个角度审视,"镜子""房子"的"前面"都是指它们的正面。因此,"前面"的意义中也就没有观察框架这一部分。与人造物品不同,自然物品大都没有正反面,如"山""树桩",当"前面"与它们搭配时,其意义中必须包含观察者。如果没有观察者的视角,"山""树桩"无所谓前面或后面。只有当"山""湖"和观察者处于用一条线上,且"湖"处于"山"与观察者之间时,"山"的"前面"才得以确定和成立。为了便于理解,我们将上述位置关系用图表示如下:

▲表示山;○表示湖;◎表示观察者;A表示山的一面;A′表示山的另一面。

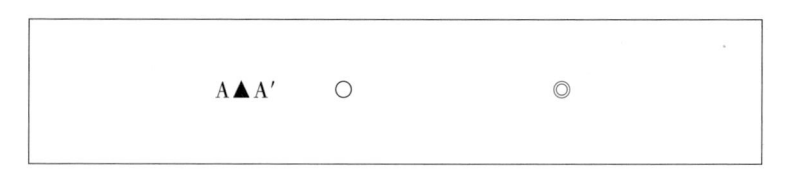

```
        A▲A′       ○              ◎
```

图 2-3

如图 2-3 所示,只有当观察者处于图 2-3 中的位置时,才可以说"山前面有一个湖"。这时,观察者以自己和湖为参照物,将山的 A′面定为"前面"。

如果观察者的位置发生变化,如图 2-4 和图 2-5,那么情景也就发生变化,A′面不再被认为是山的"前面",相应地变成了山的"侧面"和"后面"。

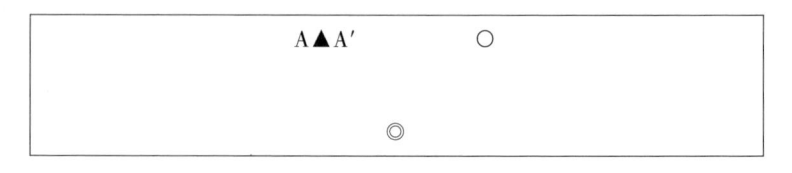

```
        A▲A′       ○
                          ◎
```

图 2-4

---

① 李行健:《现代汉语规范词典(第 2 版)》,外语教学与研究出版社 2010 年版,第 1046 页。

```
        ◎              A▲A′      ○
```

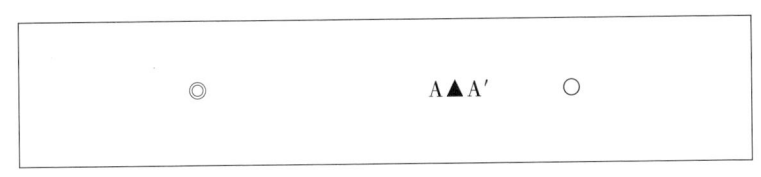

图 2-5

由此可见,引入"观察框架"分析汉语的"前面",可以更加深入地揭示其语义内涵。当"前面"与表示没有正反面的自然物品的名词或代词搭配时,"前面"的意义构成中,必须有观察者的存在,尽管在句法层面无法体现。

总之,在阿普列相看来,分析性注释体现为用语义元语言描写的词组、句子或句群,包括描写情景参与者的属性、状态和行为,情景参与者之间的关系(陈说),行为发生的内在推动力(动因),以及说话人和受话人就该情景共有的知识背景(预设),说话人或受话人(较为少见)对该情景及其参与者的态度(情态框架)和观察者相对于情景参与者所处的位置(观察框架)。需要说明的是,分析性注释结构中的五个部分,不是每个词位意义在注释中都必须具有的层面,而是因词位而异的。

分析性注释理论的提出,深化了对词汇语义微观层面的研究,对汉语相关问题的研究也具有一定的启示和借鉴。

第五节 支配模式及其在语言集成描写中的作用

用语义元语言作为工具,在语义配价的基础上,采用分析性注释的方法对语言单位的意义进行注释,是语言集成描写的基础。但是作为语义和句法同构描写的集成化思想,要得以真正实现,还必须有句法的参与。阿普列相借鉴了支配模式的理论,实现了语义和句法的结合与对应,打开了语义—句法接口(界面)研究的新视野。

一 分析性注释与支配模式

支配模式本不是分析性注释的组成部分,但却与分析性注释有着千丝万缕的联系。在阿普列相的语言集成描写思想中，支配模式同样起着举足轻重的作用。薛恩奎认为："所谓集成描写方法是指以语义为基础，进行语义、句法同构描写。任一句法现象总会涉及到语义现象，语义具有普遍性，而句法具有语言类型学特征。"① 正是支配模式反映了语义和句法之间的对应关系，成为语义、句法同构描写的转换轴心。

上文论述分析性注释的结构时，提到了其中变项的存在。变项在注释中的作用不仅仅是指出情景的必需参与者，而且还可以完成其他一些重要功能。阿普列相指出，借助变项可以描写四类形式对应关系：一是词位释义与词位支配模式之间的对应关系；二是词位语义题元和深层句法题元（глубино-синтактический актант）的对应关系，后者用数字 1，2，……n 表示；三是词位语义题元和表达它们的表层手段（格和其他手段）之间的对应关系；四是词位不同配位结构之间的对应关系，如果词位能够发生配位结构的变化。② 可见，正是分析性注释结构中的变项将注释与支配模式联系到一起。

最早使用"支配模式"这一概念的是热尔科夫斯基和梅里丘克，他们于 1967 年将这个概念引入到语言研究中。在编纂《现代俄语详解组合词典》过程中，随着对大量语料的处理，对支配模式的研究也在不断深化。阿普列相和梅里丘克都曾对支配模式做过专门探讨："按照大部分研究者的观点，阿普列相与梅里丘克的语义学思想一脉相承，有许多共性的东西。"③ 就支配模式而言，上述观点是完全正确的。1974 年出版了俄罗斯语言学史中的两本经典著作：一本是阿普列相的《词汇语义学》；另一本是梅里丘克的《"意思⇔文本"语言模式理论初探》。这两本书都对支配模式进行了论述，且观点完全相同，只是梅里丘克的研究更加详细。

---

① 薛恩奎：《〈意思⇔文本〉语言学研究》，黑龙江人民出版社 2006 年版，第 79 页。

② Апресян Ю. Д., *Исследования по семантике и лексикографии*. Т. Ⅰ: *Парадигматика*, М.: Языки славянских культур, 2009, стр. 20.

③ 赵爱国：《20 世纪俄罗斯语言学遗产：理论、方法及流派》，北京大学出版社 2000 年版，第 314 页。

二 支配模式在释义中的作用

阿普列相从词典学的角度,将某个词的支配模式视为"该词词条的一个特殊区域,在这个区域中呈现该词条的句法组合信息。"① 支配模式以表格的形式呈现出来:表格为两行 n 列,n 的数量与该词的语义题元数量一致。阿普列相以动词 арендовать(租用)为例,对其支配模式进行了展示,但没有做更为详细的解释和说明。

表 2-8　　　　　　　　арендовать（租用）支配模式表

1=A（主体）	2=C（客体1）	3=B（逆主体）	4=D（客体2）	5=T（期限）
名词一格	名词四格	y+名词二格	за+名词四格	1. на+名词四格 2. сроком на+名词四格

阿普列相指出,由词合成正确句子所需的信息,有一部分在表格内,有一部分在表格外。② 遗憾的是,哪部分在表格内,哪部分在表格外,尤其是表格外的信息如何获取,对这些读者较为关心的问题,阿普列相都没有给出答案。在后来的研究中,阿普列相对上述支配模式的面貌进行了微调,用 X,Y,Z 或 A_1,A_2……A_i 来表示变项,③ 对其他部分未做改动。

梅里丘克虽然未从理论上对支配模式进行过详细解释和说明,但在《现代俄语详解组合词典》的词条中,全面深入地展示了支配模式的应用。《现代俄语详解组合词典》的词条都包含三部分:元语言释义、支配模式和词汇函数（лексическая функция）,它们分别对应着三个注释区域:语义解释区域、句法搭配区域和词汇搭配区域。关于梅里丘克对支配模式的

---

① Апресян Ю. Д., *Лексическая семантика*, М.: Наука, 1974, стр. 133.
② Апресян Ю. Д., *Лексическая семантика*, М.: Наука, 1974, стр. 134.
③ Апресян Ю. Д., *Исследования по семантике и лексикографии*. Т. Ⅰ: *Парадигматика*, М.: Языки славянских культур, 2009, стр. 19.

使用，国内学者多有介绍，如薛恩奎①、蒋本蓉②、李侠③等人都曾举例说明过。阅读现有的研究成果，可以发现至少存在两点不足：一是在介绍时，都或多或少进行了改造（尽管这种改造更有利于读者理解梅里丘克的思想）；二是都完全省略了词条的词汇搭配区域，即该词的词汇函数。为了完整体现支配模式的原貌，我们在引用时未对梅里丘克的论述做任何改造，只是将俄语（可译之处）译成了汉语，但对所列出的大量例句和词汇函数，限于篇幅和本文研究重点，并未全部引用，只是选择了若干有代表性的进行了解释。下面以动词учиться（学习）的释义为例，来说明梅里丘克的相关研究。

在语义解释区域，梅里丘克将词位учиться$_1$释义为：

УЧ | ИТЬСЯ1. X учится Y-y（y Z-a（в W））= X 有意识地努力获取关于（Z 在 W 传授给 X 的）Y 的知识或技能。④

可见，梅里丘克对词位意义的描写，也是采用分析性注释的方式。关于词位的分析性注释，前文已有详细解释，这里不再赘述。

在句法搭配区域，梅里丘克将учиться$_1$的支配模式描写为：

表2-9　　　　　　　　учиться（学习）支配模式表1

1 = X [获取知识或技能的人]	2 = Y [获取的知识或技能]	3 = Z [传授知识或技能的人/事]	4 = W [获取知识或技能的单位]
名词一格	1. 名词三格 2. 未完成体动词不定式 3. на+名词四格 4. по+名词三格	1. y+名词二格 2. под руководством+名词二格 3. по+名词三格	表示处所的前置词+名词

---

① 薛恩奎：《〈意思⇔文本〉语言学研究》，黑龙江人民出版社 2006 年版，第 230—232 页。
② 蒋本蓉：《〈现代俄语详解组合词典〉评述》，《辞书研究》2008 年第 3 期。
③ 李侠：《配价理论与语义词典》，博士学位论文，黑龙江大学，2011 年，第 61 页。
④ Мельчук И. А. и Жолковский А. К., *Толково-комбинаторный словарь современного русского языка*, Wien: Wiener Slavistischer Almanach, 1984, стр. 917.

2.1：M2——手艺、技能或（少数情况下）科学，但不能是理论科学过于狭窄的领域

2.3：M2——实际职业

2.4：M2——大多数情况下，如果 X 是学生，那么 Y 有评价性的定语

3.1，3.2：M3——人

2.3：M3——信息客体［书、图纸……］

Невозможно（不可搭配形式）：2.3+3.1，3.3

Джейн учится музыке в Йельском университете у профессора Гопкинса. 简在耶鲁大学向霍普金斯教授学习音乐。

Рауль учился водить комбайн на курсах механизаторов. 劳尔在农机手培训班学习了驾驶联合收割机。

Мой сын учится на врача. 我儿子在学医。

По физике он учится неплохо. 他物理学得不错。

Светлана еще учится. 斯维特兰娜还在上学。

不可搭配形式：

* учиться по математике

* учиться у чертежа

* учиться по профессору[①]

从上述引文中可以发现，句法搭配区域也由三部分构成：支配模式表格、支配模式限制说明和例证。

（1）支配模式表格

支配模式表格的第一栏表示被注释词位的语义题元（上述表 2-9 中的 X、Y、Z、W）和深层句法题元（上述表 2-9 中的 1、2、3、4）的数量、语义角色（上述表 2-9 中的"［获取知识或技能的人］"等）及其排列次序，第二栏表示该词位在表层句法结构中的体现形式（上述表 2-9 中的"名词一格"等）。张家骅对支配模式做了详细解释："支配模式以表格形式体现谓词

---

① Мельчук И. А. и Жолковский А. К., *Толково-комбинаторный словарь современного русского языка*, Wien：Wiener Slavistischer Almanach, 1984, стр. 917.

单位的语义题元、深层句法题元和表层句法题元（поверхностно-синтактический актант）形式之间的对应关系，由若干纵栏与两个横栏构成。纵栏数与该谓词单位的深层句法题元数相等，从左向右按深层句法题元的序号依次排列。第一横栏是标题横栏，表示深层句法题元与语义题元之间的双向对应关系，即该谓词单位的基础配位结构；第二横栏是表格的基本内容，由纵栏与横栏交叉的方格构成，每个方格都列举能够表示该深层句法题元的全部表层句法题元形式。"①

（2）支配模式限制说明

支配模式限制说明描写被注释词位深层句法题元、表层句法题元形式的各种限制条件。其中，符号 M1，M2，M3 等表示条目词位的第 1，2，3 等深层句法题元；"2.1""3.2"等符号中，前面的数字表示深层句法题元，后面的数字表示表层句法题元，因此，"2.1"就表示第二深层句法题元的第一表层题元形式，"3.2"就表示第三深层句法题元的第二表层题元形式。以此类推，"2.3：M2"即指表 2-10 中突出的部分，见表 2-10：

表 2-10　　　　　　　учиться（学习）支配模式表 2

1＝X [获取知识或技能的人]	2＝Y [获取的知识或技能]	3＝Z [传授知识或技能的人/事]	4＝W [获取知识或技能的单位]
名词一格	1. 名词三格 2. 未完成体动词不定式 **3. на+名词四格** 4. по+名词三格	1. y+名词二格 2. под руководством+名词二格 3. по+名词三格	表示处所的前置词+名词

"Невозможно（不可搭配形式）：2.3+3.1，3.3"表示，如果 учиться 已经与 на+名词四格搭配，则不可同时再与 y+名词二格或 по+名词三格搭配。举例来说，类似 *учиться на врача у самого Петрова 这样的搭配是不

---

① 张家骅：《建构详解组合词典的相关语言学概念再阐释》，《外语学刊》2014 年第 6 期。

正确的。

（3）例证

例证部分，根据支配模式限制说明，给出了若干个例句，除了正常可以搭配的句子外，也给出了错误的、不可搭配的句子（词组），前面用"*"号标示。

在词法搭配区域，梅里丘克将 учиться₁ 的词汇函数（仅举部分）描写为：

Gener（属概念/上义）：заниматься［учебой］（从事学业）

S₀（句法派生名词）：учеба（学习），учение（学<旧>）

A₀（句法派生形容词）：учебный（与学有关的）

S₁（主体题元）：учащийся［в учебном заведении］（［学校里的］学生）；ученик（学生）

Magn₀（极端特征）：систематически（系统地）

AntiMagn₀（相反的极端特征）：несистематически（不系统地），урывками（抽空）

Magn₁（极端特征）：настойчиво（顽强地），упорно（顽强地），прилежно（勤奋地）

AntiMagn₁（相反的极端特征）：спустя рукава（马马虎虎，浅尝辄止）

Bon（良好特征）：(волне) прилично（较好地）< успешно（有成效地），хорошо（很好地）< отлично（优异地），блестяще（卓越地）；на хорошо и отлично（非常好）

Fin（停止）：бросать［учиться］（弃［学］）①

在词汇搭配区域，列表标注了该词位全部可能的词汇函数取值。词汇函数是《意思⇔文本》理论和《现代俄语详解组合词典》的一个重要概

---

① Мельчук И. А. и Жолковский А. К., *Толково-комбинаторный словарь современного русского языка*, Wien: Wiener Slavistischer Almanach, 1984, стр. 917.

念，指"自然语言语词非自由组合体现出来的变值函数关系 Y=f（X）。"①因词汇函数问题不是本文研究的重点，故这里不再展开论述。

在论述支配模式时，有一个问题需要进一步说明，那就是支配模式的范围界定。从前面的论述可以看出，句法搭配区域包括支配模式表格、支配模式限制说明和例证。那所谓的支配模式，包括句法搭配区域中的哪些部分呢？阿普列相和梅里丘克都参与了《现代俄语详解组合词典》的编写，但二人对这个问题都没有明确说明。国内学者对该问题的认识也不尽相同，存在三种不同的意见。第一种认为，支配模式仅限于支配模式表格。李侠在介绍支配模式时，只论述了支配模式表格，对支配模式限制说明和例证没有提及②；第二种认为，支配模式包括支配模式表格和支配模式限制说明两部分。蒋本蓉在论述支配模式在汉语语义词典中的运用时，认为"支配模式分为'支配模式表格'和'支配模式限制'两个栏目。"③郑秋秀在研究支配模式的内容及描写原则时，也将研究范围锁定在上面的两个部分。④ 第三种认为，支配模式包括支配模式表格、支配模式限制说明和例证部分。张家骅指出，"支配模式（表格、说明和例证）是详解组合词典的核心内容。"⑤ 薛恩奎在介绍《现代俄语详解组合词典》支配模式时，对支配模式表格、支配模式限制说明和例证都给予了详细说明。⑥我们倾向第三种意见，因为如果没有支配模式限制说明，仅仅参考支配模式表格，则可能生成语法正确语义错误的句子。此外，语言理论离不开语料的检验，没有例证是不可想象的。或许，正因为例证如此之重要，前两种观点才认为无须加以说明，例证必然包含其中。

---

① 张家骅：《建构详解组合词典的相关语言学概念再阐释》，《外语学刊》2014年第6期。
② 李侠：《配位方式支配模式论元结构》，《外语学刊》2011年第1期。
③ 蒋本蓉：《支配模式在汉语语义词典中的应用》，《外语学刊》2009年第4期。
④ 郑秋秀：《论动词的支配模式》，《中国俄语教学》2010年第4期。
⑤ 张家骅：《建构详解组合词典的相关语言学概念再阐释》，《外语学刊》2014年第6期。
⑥ 薛恩奎：《〈意思⇔文本〉语言学研究》，黑龙江人民出版社2006年版，第230—232页。

三 支配模式在语义—句法接口中的功能

阿普列相在论述语义元语言和配价理论时，经常提到"题元"概念，他所谓的"题元"都是指"语义题元"，关于阿普列相的语义题元观，在前面的章节已有详细说明。在论述支配模式时，还会使用"句法题元"的概念，且"句法题元"又可细化为"深层句法题元"和"表层句法题元"，鉴于这些术语之间有相似之处，彼此还存在错综复杂的关系，同时，它们在语言集成描写中处理语义和句法关系时发挥重要作用，因此有必要对这些术语进行厘清和说明。

（一）语义题元与句法题元

众所周知，语义和句法分属于不同的层面，在语言研究中不能混为一谈。梅里丘克曾指出，"很有必要区分谓词的语义配价和句法配价，相应地，也应区分两个层次的题元：语义题元和句法题元。"[1] 在俄罗斯句法语义理论中，博古斯拉夫斯基认为，语义题元与句法题元分别用来表示特定句子的语义结构层面、句法结构层面的相应片段。句子语义结构层面用来填充谓词语义配价的片段称为语义题元，而句子句法结构层面用来填充谓词语义配价的片段称为句法题元。[2] 尽管这是从句法语义学的角度进行的论述，但即使研究词汇语义，仍然给我们很大启示。

在对莫斯科语义学派多年潜心研究的基础上，张家骅指出，"题元作为术语，既用来称谓抽象题元位，又用来称谓填充题元位的具体语言单位。抽象题元位与具体题元虽然有密切的联系，但却是两个所指不同的概念。题元位是语言层面的参数，指详解组合词典谓词的对象语语义元语言释文或支配模式中给予题元的待填充空位；具体题元则是言语层面的参数

---

[1] Мельчук И. А., *Опыт теории лингвистических моделей «СМЫСЛ ⇔ ТЕКСТ»*, М.: Школа «Языки русской культуры», 1999, стр. 135.

[2] Богуславский И. М., *Исследования по синтаксической семантике: сферы действия логических слов*, М.: Наука, 1985, стр. 44.

取值，指谓词构句后填实抽象题元位的具体语言单位。"① 从这一论断中可以看出，张家骅所谓的"抽象题元位"就是指语义题元，而"填充题元位的具体语言单位"就是指句法题元。

简单地说，语义题元是语言单位未进入实际语句时，该语言单位配价能力发挥作用，吸引过来的其他语义成分，语义题元是潜在的，看不见的；而句法题元是语言单位进入实际语句时，填充语义题元的句法成分，句法题元是真实的、可见的。概括地说，语义题元决定句法题元，句法题元反映语义题元。

（二）深层句法题元与表层句法题元

句法题元之所以有深层和表层之分，是因为句法有深层句法和表层句法之分。第一章第二节曾介绍过，梅里丘克将"意思⇔文本"语言学模式概括为：{意思 i}⇔语言⇨{文本 j}｜0<i, j<∞②，经过层层转换，最后变为：{语义表征 i}⇔{深层句法表征 k1}⇔{表层句法表征 k2}⇔{深层形态表征 l1}⇔{表层形态表征 l2}⇔{深层语音表征 j1}⇔{表层语音表征 j2}。③ 将句法分成深层句法和表层句法，意义重大。"句法层面引入的深层和表层概念大大减轻了单层句法规则的负担，深层句法结构中抽象的句法关系转换成用词汇表达的、较为具体的表层形态关系。"④

出现在句子深层句法结构中的题元，就是深层句法题元，它们用来填充句子中谓词的特定语义题元。但是，并非所有深层句法题元都可以体现为相应的句法成分，只有在文本（话语）中成为某个具体句法成分的深层句法题元，才能变成表层句法题元。

---

① 张家骅：《建构详解组合词典的相关语言学概念再阐释》，《外语学刊》2014 年第 6 期。

② Мельчук И. А., Опыт теории лингвистических моделей « СМЫСЛ ⇔ ТЕКСТ », М.: Школа « Языки русской культуры », 1999, стр. 44.

③ Мельчук И. А., Опыт теории лингвистических моделей « СМЫСЛ ⇔ ТЕКСТ », М.: Школа « Языки русской культуры », 1999, стр. 48.

④ 李侠：《配价理论与语义词典》，博士学位论文，黑龙江大学，2011 年，第 27 页。

薛恩奎认为,"区分深层句法题元和表层句法题元的主要目的是为了适应《意思⇔文本》模式的多层次转换系统的需要。"① 这样看来,语言单位进入实际语句时,填充其语义题元的句法成分,其实是句法题元中的表层句法题元。正如张家骅所言:"表层句法题元指填充谓词释文必需情景参与者变项、支配模式深层句法题元的特定语法形式的语言单位。"②

对于深层句法题元和表层句法题元的联系和区别,张家骅认为,"深层句法题元对于简化描写语义结构与表层句法结构之间的对应关系是必需的,它们直接或间接地与谓词的语义配价相呼应,是表层句法题元的抽象,具有夸语际的普遍性质;表层句法题元反映的则是特定自然语言词汇单位之间的具体语法形式关系。"③ 可见,在语言研究中,直接和研究者打交道的正是表层句法题元。从莫斯科语义学派对句法题元的论述中,还可以看到一个普遍现象,如果没有特殊说明,所谓的句法题元都是指表层句法题元。

(三) 语义题元与表层句法题元

语义是隐性的,而句法是显性的。一方面,语义是句法的基础,语义决定句法;另一方面,语义只能通过句法体现出来,并受句法的制约。正如华劭所言:"语义决定句法,通过句法来描写语义,在句子研究中二者密切结合。"④ 研究语义和句法,从莫斯科语义学派的视角来看,就是要处理好语义题元和表层句法题元的对应关系。

一般认为,句子是由词构成的。在一个句子中,由词充当的句子成分之间存在语义和句法上的各种联系,也恰恰是这种联系形成了句子的框架结构。但是,句子中各成分的地位是不平等的,有主次之分。"在句中体现谓词的谓语,特别是动词谓语,往往是句子的语义和语法组织中心,其

---

① 薛恩奎:《〈意思⇔文本〉语言学研究》,黑龙江人民出版社2006年版,第230—232页。
② 张家骅:《建构详解组合词典的相关语言学概念再阐释》,《外语学刊》2014年第6期。
③ 张家骅:《俄罗斯语义学:理论与研究》,中国社会科学出版社2011年版,第163页。
④ 华劭:《语言经纬》,商务印书馆2005年版,第155页。

他词的语义句法功能都是围绕它实现的。"① 因此，对谓词（主要是动词）的研究，就显得非常重要。

　　谓词语义的配价能力，要求一定数量和内容的语义成分与之搭配，以形成一个结构和语义都正确、完整的句子，这些语义成分就是该谓词的语义题元。当谓词没有构成语句、处于孤立状态时，上述语义题元在"后台"运行，其存在是潜在的；当谓词进入实际语境、形成语句时，上述语义题元来到"前台"，得以显现，即在句法形式上有所体现。换言之，语义题元必须经过填充，转换为句法题元（表层句法题元——在以下论述中，"句法题元"均指"表层句法题元"），以具体的句法和词法形态体现出来，完成这项工作的正是支配模式。对此，李侠持类似的观点，她认为从语义层到表层句法的转换过程，在《现代俄语详解组合词典》中支配模式的作用如图 2-6 所示：

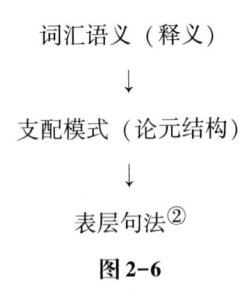

词汇语义（释义）
↓
支配模式（论元结构）
↓
表层句法②

图 2-6

　　语义题元可以经过填充，转换为句法题元，但这并不是说，语义题元一定可以转换为句法题元，也不意味着，语义题元和句法题元总是具有一一对应的关系。诚然，大多数情况下，语义题元都能变成句法题元，且数量上也是等量对应的。但对个别语言单位而言，有时候，其语义题元无法变成句法题元，如语义中含有观察框架的语言单位，作为观察者的语义题元，就无法转变为句法题元。有时候，一个语义题元可以变成多个句法题元，这就是阿

---

① 华劭：《语言经纬》，商务印书馆 2005 年版，第 155 页。
② 李侠：《配价理论与语义词典》，博士学位论文，黑龙江大学，2011 年，第 99 页。

普列相所谓的"语义配价分裂"（расщепление валентности）。① 有时候，多个语义题元可以转变为一个句法题元，这就是阿普列相所谓的"语义配价合并"（склеивание семантических валентностей）。② 语义题元与句法题元之间的错综复杂的关系，除了这三种外，还有很多其他类型，对这个问题张家骅③、薛恩奎④、郑秋秀⑤等人都有过详细介绍。张家骅认为，支配模式反映谓词语义题元与其句法题元之间组合层面上的各种联系，具体包括三个方面的主要内容："1) 各语义题元都用什么深层句法题元填充；2) 各深层句法题元都用什么表层句法题元形式体现；3) 各表层句法题元形式对其他特定表层句法题元形式、深层句法题元、情景参与者词汇语义类别、条目词汇单位语法形式等各种因素的制约关系。"⑥ 由此可见，支配模式在语义题元与表层句法题元之间起到了重要的衔接作用。

支配模式在语义题元与表层句法题元转换过程中的作用，还体现在另一个方面，即语义题元的排列顺序决定表层句法题元的顺序。支配模式中被注释的语言单位的语义题元，在横向排列上，不是随机的，而是有一定的顺序。"这些顺序可以预示它们在句子中相应的句法位置。"⑦ 表 2-9 体现了词位 учиться₁ 的注释模式，其中语义题元的排列次序为 1X→2Y→3Z→4W，即 [获取知识或技能的人] → [获取的知识或技能] → [传授知识或技能的人/事] → [获取知识或技能的单位]，对应的句法题元排列次序也是如此，这从表 2-9 下面例证部分的例句就可以发现：

Рауль [获取知识或技能的人] учился водить комбайн [获取的知识

---

① Апресян Ю. Д., *Лексическая семантика*, М.: Наука, 1974, стр. 154.
② Апресян Ю. Д., *Лексическая семантика*, М.: Наука, 1974, стр. 159-161.
③ 张家骅：《俄罗斯语义学：理论与研究》，中国社会科学出版社 2011 年版，第 191—193 页。
④ 薛恩奎：《词汇语义量化研究》，黑龙江人民出版社 2006 年版，第 66—86 页。
⑤ 郑秋秀：《论动词的支配模式》，《中国俄语教学》2010 年第 4 期。
⑥ 张家骅：《建构详解组合词典的相关语言学概念再阐释》，《外语学刊》2014 年第 6 期。
⑦ 郑秋秀：《论动词的支配模式》，《中国俄语教学》2010 年第 4 期。

或技能] на курсах механизаторов [获取知识或技能的单位].

因为表层句法题元反映的是特定自然语言词汇单位之间的具体语法形式关系，具有语言的类型学意义，因此上述例句翻译成汉语时，表层句法题元的排列次序可能发生变化：

劳尔 [获取知识或技能的人] 在农机手培训班 [获取知识或技能的单位] 学习了驾驶联合收割机 [获取的知识或技能]。

当然，由于语义和句法之间的关系非常复杂，在实际语句中又受到具体语境等因素的制约，支配模式也有不足之处。正如郑秋秀所言："支配模式是对动词的一种静态刻画，这种静态的模式只是对句子的构成提供必需的句法语义信息，但是在实际的语句中必须考虑交际因素对于动词语义配价实现的影响，并与题元结构结合起来对句子的语义结构进行研究。"① 即便如此，支配模式依然较好地实现了语义题元与句法题元的转换。可以说，支配模式实际上为语义—句法接口问题研究提供了一个有效的切入点，对支配模式在语义—句法接口问题研究中起到的重要作用，帕杜切娃有过积极评价："支配模式是《意思⇔文本》理论中最重要的概念之一，没有支配模式（配位方式）、配价和题元等概念，就没有当代语义学；更为重要的是，在这些概念基础上产生解决语义和句法接口问题的机制，即西方语言学中兴起于 20 世纪 80 年代、至今仍吸引大批学者研究的所谓'链接问题'（linking problem）。"② 利用支配模式研究语义—句法接口问题，是值得继续深入研究的课题。

本章小结

语言集成描写是阿普列相语言学思想的核心和灵魂，在阿普列相所有

---

① 郑秋秀：《论动词的支配模式》，《中国俄语教学》2010 年第 4 期。
② Падучева Е. В., "Соответствие « Смысл ⇔ Текст » в исторической перспективе", *Восток-Запад*: Вторая международная конференция по модели « Смысл⇔Текст », М.: Языки славянской культуры, 2005, стр. 343.

第二章　语言集成描写思想

理论研究和词典编纂实践中,都贯彻着语言集成描写的方法论原则。本章从五个方面对语言集成描写进行了介绍。

第一节概述了语言集成描写的形成、发展和主要特点。语言集成描写思想的萌芽,早在阿普列相之前就已出现,但真正将其作为一种理念引入语言学研究并形成自己的理论体系,非阿普列相莫属。概括起来,语言集成描写有三个主要特点:其一,对语言进行全方位描写时,词典与语法地位同等重要;其二,词典与语法应以理想的方式协调一致;其三,语法信息和词典信息应使用同一种语义元语言进行描写。

第二节介绍了阿普列相的语义元语言。语义元语言是理论语义学研究和系统词典编纂的工具,包括元语言词汇和元语言句法,前者是研究的重点。阿普列相的语义元语言词汇由三种类型构成:语义基元词、过渡语义因素和语义夸克。安华林的元语言研究,围绕用哪些词进行释义展开;阿普列相则侧重于如何对语言单位进行释义,两人的研究特色鲜明,互补性强。

第三节论述了阿普列相的语义配价理论。阿普列相认为,语义配价直接源于语言单位的词汇意义,是谓词词汇语义单位在句法上使其他语言单位从属于它的一种能力,所谓的其他语言单位就是该谓词词汇语义单位的语义题元。语义题元因扮演不同的角色,而成为语义角色。显然,确定语义角色的数量和名称,是阿普列相语义配价理论的核心。对该问题的认识,阿普列相经历了一个变化的过程。从最初认定的 25 个角色,到后来的 16 个,再到最近提出的 54 个。其中,16 个角色阶段经过了大规模语料的检验,正因如此,本节选取 16 个角色与鲁川的语义角色进行对比。

第四节分析了阿普列相的分析性注释。传统对语言单位的释义,都是单层的语义结构,阿普列相经过多年研究,提出了在语言的意义中存在若干层面的设想,即陈说、预设、情态框架、观察框架和动因。这几个层面不是语言单位的意义中必须具有的,哪些在意义注释中出现,因语言单位不同而有所差异。分析性注释的提出,标志着对语言单位微观语义的研究进一步精细化。

第五节探讨了阿普列相的支配模式。从词典学角度看，支配模式是某个词条的一个特殊区域，在这个区域中呈现该词条的全部句法组合信息。从形式上看，支配模式是一个表格，由若干纵栏与两个横栏构成。纵栏数与深层句法题元数相等，第一横栏是表示深层句法题元与语义题元之间双向对应关系的标题横栏，第二横栏是表格的基本内容，由纵栏与横栏交叉的方格构成，体现语义题元、深层句法题元和表层句法题元形式之间的对应关系。

杜桂枝对语言集成描写给予了高度评价，认为这是阿普列相"语义学理论的一个升华和飞跃，不仅对语义学研究和词典学研究是一个重大贡献，而且对整个语言学都是不可估量的贡献"[①]。

[①] 杜桂枝：《20世纪后期的俄语学研究及发展趋势（1975—1995）》，首都师范大学出版社2000年版，第133页。

第三章 系统性词典学思想

系统性词典学是阿普列相语言集成描写在词典编纂实践中的具体体现，包括词典编纂理论和词典编纂实践两部分。系统性词典学要求，不是孤立地描写词汇，而是将语言的词汇作为一个组织严密的系统进行描写，以反映该语言的朴素世界图景。积极性和系统性是系统性词典学最重要的两个原则，词典释义类别和词典学肖像是系统性词典学最重要的两个概念，《新型俄语同义词解析词典》是系统性词典学的实际产品。

第一节 系统性词典学基本原则

词典编纂必须遵循一定的原则，从不同的角度审视，词典编纂的原则可以是总体原则、收词原则、立目原则、注音原则、释义原则等。从宏观上看，阿普列相的系统性词典学主要遵循积极性（активность）和系统性（системность）的原则。

一 积极性原则

在语言集成描写思想运用到词典编纂实践的过程中，阿普列相逐渐产生了系统性词典学的思想。阿普列相认为，"我称之为系统性词典学的，是指词典的编纂理论和编纂实践，这种词典把语言的词汇作为一个组织严密的系统来对待，即作为语言单位的诸多类别的总和，其中每一个类别都有特定的运作规则①。"

在《事实性问题：знать 及其同义词》(*Проблема фактивности: знать и его синонимы*, 1995) 一文中，阿普列相提出了系统性词典的四个基本原则：积极性（定位于说话人）、集成性（词典学描写与其语法描写相匹配，特别是要考虑对其使用的各种语法条件的反应）、系统性（考虑被描写的词位直接从属的各种词典释义类别）和语言学实验性（лингвистическое экспериментирование）②。但在文章中，并未展开详细论述。在《莫斯科语义学派》一文中，阿普列相又一次提到了系统性词典学的原则：积极性和系统性，并加以详细论述。

阿普列相始终把积极性视为词典编纂的首要原则。早在 1979 年出版的《英俄同义词词典》中，就对积极性有所提及。阿普列相分析了积极掌握某种语言的四种表现，然后对积极性原则概括为："同义词词典应该从意义、词汇语义搭配、语法结构和修辞性能角度来描写同义词。在每种情况下，都应该描写同义词列之间所有的共性和差异，只有这样，才能确定同义词列中每个词独有的语境类型，才能确定同义词组可以互换的语境类型（当然，如果原则上存在互换的可能）。最后，必须最大程度地做到使描写成为全面的、充分的和显性的，也就是，应该这样建构描写，以便在此基础上能够学会在广阔的语境中正确地使用同义词。"③ 从此之后，阿普列相一直将积极性贯穿在词典编纂的理论和实践中。

词典应该包含词位的所有信息，不仅包括理解该词位形成的文本时所必需的信息，而且包括形成言语时正确使用该词位所必需的信息。因此，积极性的原则要求扩大词典中语言信息。就其实质而言，如果用转换生成

---

① Апресян Ю. Д., *Избранные труды том* II. *Интегральное описание языка и системная лексикография*, М.: Языки русской культуры, 1995, стр. 435.

② Апресян Ю. Д., "Проблема фактивности: *знать и его синонимы*", *Вопросы языкознания*, 1995 (4), стр. 44.

③ Апресян Ю. Д., Ботякова В. В., ЛатышеваТ. Э. и др., *Англо-русский синонимический словарь*, М.: Русский язык, 1979, стр. 503-504.

语法的术语来说，词典应该全面描写说话人的"语言能力"，即掌握语言。因此，传统详解词典中包含的词典学信息，如词的意义、搭配性能和句法性能远远不能满足需要，必须得到实质性的扩展。在阿普列相看来，除了上面的三种词典学信息外，词典中还应该包含全新类型的其他信息，如同义词之间的句法共性和差异、同义词词形变化聚合体的差异和共性、词汇意义和语法意义之间互相作用的规则、交际—超音段性能和词位特有的语用特性、同义词之间差异中和化的条件①，等等。下面以动词 выходить-выйти（走出）为例，简要介绍积极性原则的具体体现。

与一般性的详解词典不同，阿普列相将 выходить-выйти（走出）词条的义项做了重新划分，具体如下：

1.1 徒步运动的方式移动到外面：выйти из комнаты（走出房间）；

1.2 移动到外面：Судно вышло из бухты（轮船驶出港口）；

1.3 出发：Полк выходит завтра（团队明天出发）；

2. 终止在某处停留：выйти из тюрьмы（出狱）；

3.1 终止成为一部分或成员：выйти из состава комиссии（不再担任委员会成员）；

3.2 终止处于某种状态：выйти из повиновения（拒绝服从）；

3.3 停止做某事：выйти из боя（退出战斗）；

4. 用完，被消耗掉：За месяц вышло около кубометра дров（一个月用去了大约一立方米的木柴）；

5.1 到来；出现：выйти на работу（去工作）；

5.2 出现；成为可享用的：выйти на экран（上映）；

5.3 获得可能：выйти на заместителя председателя Гостелерадио（去找国家电视和广播委员会副主席）；

6. 进入婚姻：выйти замуж（出嫁）；

7.1 变成：выйти в генералы（成为将军）；

---

① Апресян В. Ю., Апресян Ю. Д., Бабаева Е. Э. и др., *Новый объяснительный словарь синонимов русского языка*, М.：Языки славянской культуры, 2004, стр. IX.

7.2 从某人成为某人：Из него выйдет генерал（他会成长为一名将军）；

7.3 开始存在：Из этой затеи ничего не выйдет（这一企图没有任何结果）；

7.4 变成；结果是：Встреча вышла интересной（见面变得很有趣）；

8.1 发生：Вышла неприятность（发生了不快）；

8.2 原来是：Выходит, вы правы（原来，您是对的）；

9. 朝某个方向：Окна выходят в сад（窗户朝向花园）。①

其中，对 2、5.1、7.1、8.1、8.2、9 义项的注释，充分反映了系统性词典学的积极性特征。

阿普列相将 выйти$_2$ 解释为 'А вышел$_2$ из Х-а（А 从 Х 中离开）= 某人 А 终止留在某机构 Х，在此之前他被安置在此进行治疗或者接受惩罚'②。同时指出，Х 应该为监狱、营地、医院、宾馆、拘留所，但不能是流放地。阿普列相对 выйти$_{5.1}$ 的解释为 А вышел$_{5.1}$ на В（А 去 В）= '某人 А 在休息一段时间后，出现在他活动的地点 В'③。同时指出，В 通常为工作、服务。выйти$_2$ 释义中对 Х 的限制、выйти$_{5.1}$ 释义中对 В 的限制，规定了词位的搭配范围，有利于对词位的积极掌握。

阿普列相对 выйти$_{7.1}$ 的解释为 А вышел$_{7.1}$ из Х-ов в Y-и（А 从 Х 中脱颖而出成为 Y）= '以前曾属于群体范畴 Х 的某人 А，由于自己人生的成功，转到了群体范畴 Y，Y 的社会地位比 Х 高'④。注释中的"Y 的社会地位比 Х 高"这一成分，可以充分解释，为什么不可以说 * выйти из генералов в

---

① Апресян Ю. Д., *Избранные труды том* Ⅱ. *Интегральное описание языка и системная лексикография*, М.：Языки русской культуры, 1995, стр. 493-494.

② Апресян Ю. Д., *Избранные труды том* Ⅱ. *Интегральное описание языка и системная лексикография*, М.：Языки русской культуры, 1995, стр. 496.

③ Апресян Ю. Д., *Избранные труды том* Ⅱ. *Интегральное описание языка и системная лексикография*, М.：Языки русской культуры, 1995, стр. 497.

④ Апресян Ю. Д., *Избранные труды том* Ⅱ. *Интегральное описание языка и системная лексикография*, М.：Языки русской культуры, 1995, стр. 499.

солдаты（从将军成为士兵），因为"将军"的社会地位比"士兵"高。同样，阿普列相对 выйти_{8.1} 的解释为 Вышел_{8.1} X（发生了 X）= '事件或情景 X 本可以不发生，由于某人活动的结果，X 发生了，而讲话人这样看待这一事实，好像活动者的动机与 X 之间没有因果联系'①。通过 выйти_{8.1} 的释义，可以发现，X 往往不是讲话人所希望发生的事件或情景，这就解释了为什么句子中的主语大都是表示不好的事物的名词。可见，выйти_{7.1} 和 выйти_{8.1} 释义中的加确语义成分，为积极掌握相应词位提供了极大的帮助。

阿普列相对 выйти_{8.2} 的解释为 Выходит_{8.2}, что P（原来是，P）= 存在一个推理环节，其最后结论是判断 P。② 同时指出，выйти_{8.2} 只能用未完成体，主要用作插入语。阿普列相将 выйти_9 解释为 A выходит_9 на B（A 朝向 B）= '建筑物 A，它的一部分或门窗朝向有客体 B 的方向'③。同时指出，выйти_9 只能用未完成体。выйти_{8.2} 释义中对该词体范畴和经常充当的句子成分的限制，выйти_9 释义中对该词体范畴的限制，同样有利于对词位的积极掌握。

上述实例分析，体现了系统性词典学的积极性原则。

二 系统性原则

运用统一的语义元语言对词位进行全面深入的分析性注释，可以揭示该词位细微的语义内涵。因此，分析性注释是进行全面语义描写的主要部分，此外，一个词位的完整语义体现（полное семантическое представление）还应该包括非常规语义特征（нетривиальный семантический признак）、附加意义（коннотация）、语用信息、语义互相作用规则，等等。阿普列相

---

① Апресян Ю. Д., *Избранные труды том* II. *Интегральное описание языка и системная лексикография*, М.: Языки русской культуры, 1995, стр. 500.

② Апресян Ю. Д., *Избранные труды том* II. *Интегральное описание языка и системная лексикография*, М.: Языки русской культуры, 1995, стр. 501.

③ Апресян Ю. Д., *Избранные труды том* II. *Интегральное описание языка и системная лексикография*, М.: Языки русской культуры, 1995, стр. 501.

认为，应该这样建构词位的完整语义体现："通过比较，特别是对注释的比较，能够展现出词典中不同词位之间的所有语义联系，阐明文本中各词位之间，以及与其他语言单位之间的语义互相作用规则。"①

词位的完整语义体现是系统性词典学最主要的部分，除此之外，还应包括词位的语法聚合体、句法性能、搭配性能、交际—超音段特征等其他信息。只有考虑到上述种种信息，词位才能真正成为系统性词典学的研究对象。阿普列相指出："以这种方式理解的词位，能够结合成具有相同或相近性能的词位类别（классы лексем），在这些词位类别上，某些语言学规则可以得到相同的反应。"② 在系统性词典学理论框架下，这种词位类别被命名为词典释义类别（лексикографический тип）。③ 词典释义类别是系统性词典学中最重要的概念，阿普列相认为，"编写任何一部力图对词汇进行系统性描写的词典，凭经验找到词典释义类别的组合，都是其自然而可靠的基础。"④ 因此，有必要对这一概念进行详细阐释。

在《动词 выйти 的词典学肖像》（*Лексикографический портрет глагола выйти*, 1990）一文中，阿普列相就对"词典学肖像"（лексикографический портрет）⑤ 和"词典释义类别"概念进行了界定。关于词典学肖像的问题，本章第三节进行专门论述，本部分仅介绍词典释义类别。阿普列相指出，"我们设定的词典释义类别，是指相对比较紧密的词位群（группа лексем），具有共同的（超音段、句法、语义、交际等）性能，因此要求统一的词典描写。这些性能的数量以及描写这些性能所需的语言学规则的数量越多，词典

---

① Апресян Ю. Д., "О Московской семантической школе", *Вопросы языкознания*, 2005(1), стр. 12.

② Апресян Ю. Д., "О Московской семантической школе", *Вопросы языкознания*, 2005(1), стр. 22.

③ 本书对该术语的翻译参照了张家骅的译法，参见张家骅、彭玉海、孙淑芳等《俄罗斯当代语义学》，商务印书馆 2006 年版，第 149 页。

④ Апресян Ю. Д., *Избранные труды том* II. *Интегральное описание языка и системная лексикография*, М.：Языки русской культуры, 1995, стр. 508.

⑤ 本书对该术语的翻译参照了杜桂枝的译法，参见［俄］Ю. Д. 阿普列相《语言整合性描写与系统性词典学》，杜桂枝译，北京大学出版社 2011 年版，第 433 页。

释义类别就越重要。"① 在《词典学肖像（以动词 быть 为例）》一文中，阿普列相对"词典释义类别"概念进行了些许的调整和补充："我们称之为词典释义类别的，是指相对比较紧密的词位群，具有共同的语义、语用、句法、搭配、超音段、交际、形态或语言学其他方面的性能，因此要求统一的词典描写。这些性能的数量以及描写这些性能所需的语言学规则的数量越多，不同性能之间的联系就越具有理据性，它们在该语言中反映的具有民族特色的世界朴素图景（наивная картина мира）就越全面，词典释义类别也就越重要。"② 从阿普列相的定义中，可以得出对词典释义类别概念的几点认识：

（1）词典释义类别是有联系的词位群；

（2）处于同一词典释义类别中的词位，具有某些共同的性能；

（3）对上述共同性能应该进行统一的词典描写。

在阿普列相此后的研究中，对词典释义类别的认识不断深化。在《心智性谓词的同义现象："считать"义群》（Синонимия ментальных предикатов: группа считать, 1993）一文中，除了给出词典释义类别的定义外（鉴于词典释义类别的概念已经定型，该文对它的表述与此前的定义没有实质性区别，故这里不再赘述），还指出了它与词汇—语义类别（лексико-семантический класс）和语义场（семантическое поле）的区别。"一方面，词典释义类别概念不一定必须与词汇语义性能的共性有关；另一方面，词典释义类别概念是通过语法和其他规则确定的，因此，只有在语言集成描写框架下才有意义。"③ 系统性词典学要求把每一个词位都作为词典释义类别中的要素加以描写，换言之，要提取出不同词位中都经常重复出现的特征，并以同样的方式将其体现在词典中。

---

① Апресян Ю. Д., *Избранные труды том* Ⅱ. *Интегральное описание языка и системная лексикография*, М.: Языки русской культуры, 1995, стр. 486.

② Апресян Ю. Д., *Избранные труды том* Ⅱ. *Интегральное описание языка и системная лексикография*, М.: Языки русской культуры, 1995, стр. 508.

③ Апресян Ю. Д., "Синонимия ментальных предикатов: группа *считать*", *Логический анализ языка. Ментальные действия*, М.: Наука, 1993, стр. 7.

阿普列相还提到了词典释义类别的构成问题。他认为，一方面，"某种语言词典释义类别的构成，首先取决于对语言中体现出来的、被称为世界朴素图景的概念化材料的独特剪裁。属于图景中同一部分的词汇，通常具有很多共同特点，这些特点应该在词典中予以一贯的关注。需要强调的是，多数特点都具有共通性，即为人类语言所共有，但有少数特点具有民族独特性。"[①] 正因为不同语言反映的世界朴素图景共通性远远大于差异性，语际之间的交流才有了可能。"另一方面，某种语言词典释义类别的构成，还取决于对其形式裁剪的独特性，比如构词模式的不同特点。由语言的形式独特性决定的词典释义类别，虽然可以发现重要的共同特点，但大多数情况下，具有民族独特性。"[②] 对相同或近似的世界朴素图景，采用不同的剪裁方式，得到的结果必然会有区别。反映到语言中，便构成了某种语言特有的语义成分。

对阿普列相上述较为抽象的论述，用生活中的场景作一比喻，或许有助于我们的理解。对于同一材质的布料来说，各个民族几乎是一样的，但是有的把这一布料做成了西装，有的做成了夹克。这里的布料类似世界朴素图景，最后之所以呈现出来的剪裁结果不同，是因为剪裁方式的区别，即认知方式不同，或者用认知语言学的术语来说，范畴化的方式不同。

在后来的研究中，阿普列相简洁地指出了词典释义类别的独特性由两个因素决定：语言概念化裁剪（世界朴素图景）的特色和语言形式化裁剪（特别是在形态、构词和句法方面）的特色。显然，对语言对比研究而言，后者更为重要。关于世界朴素图景及其民族差异性的问题，将在本章第四节加以论述。

在《事实性问题：знать 及其同义词》一文中，阿普列相明确指出了词典释义类别与传统的语义场概念、语义类别概念和词汇—语义群概念的

[①] Апресян Ю. Д., "Синонимия ментальных предикатов: группа *считать*", *Логический анализ языка. Ментальные действия*, М.: Наука, 1993, стр. 7-8.

[②] Апресян Ю. Д., "Проблема фактивности: *знать* и его синонимы", *Вопросы языкознания*, 1995（4），стр. 44.

三点区别：

（1）尽管大多数情况下，区分词典释义类别的依据是词位的语义性能，但并非永远都是如此，词位的其他性能也可以作为区分词典释义类别的依据。

（2）词典释义类别概念只有在语言集成描写框架下，即在语法和词典协调一致描写的情况下才有意义。

（3）与语义类别不同（如表义词典中体现的语义类别），词典释义类别构成的不是严整的等级结构，而是多次交叉的类别，因为同一个词位可以根据自己的不同性能进入到相应的词典释义类别中。①

在《语义学和词典学研究（卷一 聚合体研究）》（*Исследования по семантике и лексикографии. Т.Ⅰ: Парадигматика*，2009）一书中，阿普列相又补充了一点：进入到某词典释义类别中的所有词汇单位，应该属于同一词类。② 下面仍然以动词 входить-выйти（走出）为例，直观感受词典释义类别的内涵。

直观上看，动词 выходить-выйти（走出）至少可以同时属于三种词典释义类别：

（1）属于运动动词

与其他运动动词一样，有主体（或施事）、起点、终点和路线等语义题元，如 выйти из дома（离开家），выйти на спортивную площадку（去操场），выйти через черный ход（走后门）；可以与表示目的意义的名词词组或动词不定式搭配，如 выйти за билетами（去买票），выйти покупаться（去洗洗澡），等等。

（2）属于动词 ходить-идти（走）的派生词

因为 выходить-выйти 是由动词 ходить-идти 派生而来，所以保留了

---

① Апресян Ю. Д.，"Проблема фактивности: *знать* и его синонимы"，*Вопросы языкознания*，1995（4），стр. 44-45.

② Апресян Ю. Д.，*Исследования по семантике и лексикографии. Т.Ⅰ: Парадигматика*，М.: Языки славянских культур，2009，стр. 148.

ходить-идти 的某些性能。如除了都可以表示人或动物的运动外，还都可以表示交通工具的运动，如 Теплоход вышел из Севастополя в Ялту（轮船从塞瓦斯托波尔驶离，去了雅尔塔），Теплоход идет из Севастополя в Ялту（轮船正在从塞瓦斯托波尔驶向雅尔塔）；还都可以表示过渡到新的状态，如 выйти в генералы（成为将军），идти в солдаты（成为士兵）；还都可以表示某种情景的存在，如 Вышла неприятность（发生了不愉快），Идет эксперимент（正在进行试验）；等等。

（3）属于前缀 вы- 的派生词

阿普列相认为，这种前缀在运动动词的成分中具有独特的意义，但是到目前为止，这些意义在词典中尚未被关注。[①] 下面以 2007 年大学俄语专业四级考试一道语法题为例，予以说明。

С 1961 года Землю покидали 450 человек, 151 из них ＿＿＿＿＿＿＿ в открытый космос.（2007-15）从 1961 年起，已有 450 人飞离过地球，其中有 151 人曾经到过外太空。

A：вошел   B：вышел   C：входил   D：выходил

分析四个选项可知，A、B 与 C、D 的对立主要是动词体的对立，前者两个词是完成体，后者是未完成体。题干明显是表示多次性的行为，所以很容易排除前两个选项。但后两个选项之间是语义上的对立，哪一个是正确选项，不太好判断，需要清楚这两个前缀语义中的区别性成分。

阿普列相认为，可以将 выйти$_{1.1}$ 注释为：X вышел$_{1.1}$ из Y в Z（X 从 Y 来到 Z）= 'X 从封闭的空间 Y 运动到比较开阔的空间 Z'[②]。如果理解了前缀 вы- 语义的内涵，那么上述试题也就迎刃而解了："地球"是"封闭的空间"，而"外太空"是"比较开阔的空间"，因此正确答案是最后一个选项。

[①] Апресян Ю. Д., *Избранные труды том* Ⅱ. *Интегральное описание языка и системная лексикография*, М.：Языки русской культуры, 1995, стр. 490.

[②] Апресян Ю. Д., *Избранные труды том* Ⅱ. *Интегральное описание языка и системная лексикография*, М.：Языки русской культуры, 1995, стр. 494.

总而言之，系统性词典学要在词典释义类别的框架内研究词位，这就是系统性词典学的系统性原则。

第二节 系统性词典学视域下的词位信息

系统性词典学是在词典释义类别的框架内研究词位，除了词位的语义、句法、搭配等一般性详解词典都关注的信息外，系统性词典学还关注词位的非常规语义特征、词位的语用信息、词位的附加意义以及词位的超音段特征等其他一些同样重要，但往往容易被忽略的信息。

一 词位的非常规语义特征

语义成分分析法认为，词的意义并非是不可分割的整体，可以把词的词位（义位）分割成若干更小的有区别性特征的语义成分，即语义特征（семантический признак）。例如可以从"男子"中区分出"人""男性""成年"等语义特征；同样，可以从"女子"中区分出"人""女性""成年"等语义特征。可见，通过划分和对比语义特征，"不仅描述词的意义，还可以反映词与词之间的互相关系"[1]。

学界对语义特征的定义不完全一致，阿普列相认为，语义特征是"表示语言的某个内容单位（通常是词位）与其他内容单位在大部分意义相同条件下，互相对立的那部分意义。[2] 例如"辈分"中的"上代""当代"和"下代"，"性别"中的"男性"和"女性"都是典型的语义特征。用语义特征可以分析某些词的意义，如"爷爷"中含有"上代"和"男性"的特征。伍谦光认为，语义特征是现代语义学中一个十分重要的研究内容，"许多语义学家在分析语义现象时，都要提到'语义特征'；有些语义

---

[1] 徐烈炯：《语义学（修订本）》，语文出版社1995年版，第118页。
[2] Апресян Ю. Д., *Избранные труды том* Ⅱ. *Интегральное описание языка и системная лексикография*, М.：Языки русской культуры, 1995, стр. 28.

学家专门依靠'语义成分分析'的方法来研究错综复杂的语义现象。"①但在阿普列相看来,尽管语义特征可以再现某一词位的部分意义,但毕竟十分有限。且"作为理论概念,它们显然已经落伍了。"阿普列相提出了一种与传统语义特征完全不同性质的新的语义特征,为了避免二者相混淆,他将传统语义特征称之为"常规性语义特征"(тривиальный семантический признак),将新提出的语义特征称之为"非常规性语义特征"(нетривиальный семантический признак)。② 在系统性词典学理论框架下,不仅要描写词位的常规性语义特征,非常规性语义特征同样必不可少。下面以施为动词为例,简要阐述施为动词的非常规性语义特征。

逻辑实证主义认为,语句的功能在于陈述、描述状态,因此具有真假值。奥斯汀(J. L. Austin)不赞成这种观点,他认为"有时候没有必要也无从区分语句的'真'或'假',因为有些句子一说出来就是一种行为,而行为只有适当与不适当之分,没有真假之分"③。据此,奥斯汀主张区分出两种不同的句子:有真假之分的句子和有适当与否的句子,并把前者命名为描述句(constatives),而把后者命名为施为句(performative)。与描述句主要功能在于"断言或陈述事实、描述状态、报道事态"不同,施为句"是能够实施行为的话语,不具有报道、描述或表述的功能,但却具有实施某种行为的功能"④。"施为句"概念的提出,具有重要的里程碑意义,直接促进了言语行为理论的诞生。今天,"施为句"的概念早已被广为接受,成为语用学中重要的理论之一。

俄罗斯学者认为,施为句是"等同于行为、行动的语句。施为句进入生活事件语境,创造出社会的、交际的或者人与人之间的情景,并随之导致某种结果(例如宣布战争、声明、遗嘱、发誓、宣誓、致歉、行政和军

---

① 伍谦光:《语义学导论》,湖南教育出版社1992年版,第98页。

② Апресян Ю. Д., *Избранные труды том* II. *Интегральное описание языка и системная лексикография*, М.: Языки русской культуры, 1995, стр. 28.

③ 参见何自然、陈新仁《当代语用学》,外语教学与研究出版社2004年版,第58页。

④ 参见何自然、陈新仁《当代语用学》,外语教学与研究出版社2004年版,第58页。

事命令等)。说出'我发誓'就意味着将自己与誓言联系在一起。与施为句相对应的行为通过言语行为自身得以实现。"① 可见,施为句最主要的特点是说话即行事、言毕则事成。能表达施为意义的动词,就是施为动词。语句中是否含有施为动词,是判断施为句与否的主要标准。

阿普列相从外在表现上,对施为动词进行了界定。他认为,如果动词X能够用于"X（V）,单数第一人称,现在时,主动态,陈述式"这种形式,同时,说出这个动词即等同于完成该动词所表示的行为,那么动词X就被称为施为动词。② 对比下面的两个例句:

① a. Я клянусь вам, что этого не случится. 我向您发誓,这种事情再也不会发生。

b. Слуга клялся, что не видел кольца. 仆人发誓,没有看见指环。

例①a 中 клянусь 是动词 клясться 的单数第一人称、现在时、主动态、陈述式形式,且说话的同时完成"发誓"的行为,因此是施为动词。例①b 中。尽管 клялся 的原型也是 клясться,但在句中用的是单数第一人称、过去时、主动态、陈述式形式,因此不是施为动词,或者确切地说,不是施为动词的施为用法。

阿普列相认为,存在这样一种观点:所有的言语动词,即在自己的注释中包含意义"说"（говорить/сказать）的动词,都具有施为性,而所有施为动词也都包含"说"（говорить/сказать）这个意义。③ 如果这种观点正确的话,即所有言语动词都具有施为性,那么"施为性"就成了言语动词的语义特征,显然这样的语义特征是常规性的。

阿普列相认为,上述观点是不正确的,尽管大多数情况下的确如此,但例外的情况也为数不少,可以从两个方面证明,上述观点有失偏颇。

---

① Ярцева В. Н., *Лингвистический энциклопедический словарь*, М.：Научное издательство «Большая Российская энциклопедия», 2002, стр. 372-373.

② Апресян Ю. Д., *Избранные труды том* II. *Интегральное описание языка и системная лексикография*, М.：Языки русской культуры, 1995, стр. 31.

③ Апресян Ю. Д., *Избранные труды том* II. *Интегральное описание языка и системная лексикография*, М.：Языки русской культуры, 1995, стр. 31.

一方面，尽管有些动词的注释中含有"说"的意义成分，但它们不具有施为性特征。如 натравлять（怂恿……反对）、врать（撒谎）、бормотать（嘟囔）、обрывать（粗暴打断）等类型的动词，尽管它们都含有"说"的意义成分，但却不能被看作是施为动词。孙淑芳认为，含有评价成分的言语动词不能成为施为动词，说话人作为祈使动作的发出者，或者不会从负面角度评价自己的行为，或者把自己真实的负面评价隐藏起来，否则就达不到让受话人行动的目的；从搭配上看，言语动词应该能与客体不定式连用，才能用在施为句中，只有 настаивать（主张）除外；言语动词 побуждать（叫）尽管符合前两点，但是由于其意义太空泛、概括、不明确，不能表达说话人言语行为的具体目的和明确意图，因此也不能用作施为句。① 类似的问题也引起倪波等人的兴趣，他们认为，属于言语动词但却不能构成施为动词的有 врать（撒谎）、лгать（说谎）、обманывать（欺骗）、клеватать（诽谤）、оговаривать（诬赖）等，这些词的语义同"说"有直接关系，但说话不是目的。"说"的语义成分只能构成上述动词释义中的预设部分，而不是陈说部分。而 бормотать（嘟囔）、бурчать（喃喃）、ворчать（唠叨）、мямлить（懒洋洋地说）、орать（大喊大叫）、шептать（低声耳语）、обрывать（粗暴地打断）、одергивать（制止……的话）、срезать（生硬地打断……的话）等词，虽然也含有"说"的成分，但它们语义重心不在"说"，而在于说话的方式。②

另一方面，有些施为动词或近似施为动词的一些动词，它们意义的注释中明显没有"说"的成分。倪波等人曾经举过这样两个例子：

② ——Я вас с нынешнего же дня жалую к себе в пажи. （Тургенев.《Первая любовь》）从今天开始您就当我的少年侍从。

③ —— Посвящаю вас в рыцари. 我封您为骑士。

类似的动词还有 назначать（任命）、причислять（委任）、освобождать

---

① 孙淑芳：《俄语祈使言语行为研究》，黑龙江人民出版社2001年版，第131—133页。
② 倪波、周承、李磊荣等：《言语行为理论与俄语语句聚合体》，上海外语教育出版社1998年版，第113—115页。

(免职），等等。倪波等人指出："封某人某种称号、官衔，委任某人为负责人，解除某人职务，当然要通过一定仪式，说话（宣布），但'说明'在这些词的语义结构中找不到。因为'说话'已不是它们的主要方面，而'封'、'委任'、'解除'才是这些词的基本意思。"① 此外，任命和免职等行为也可以不通过说话（宣布）完成，一纸任命书或免职书也可以达到目的。这些现实中存在的情景，也进一步证明倪波等人观点的正确性。

通过上述两方面的分析，所得出的相关言语动词的语义特征，才是非常规性的。此外，施为动词特有的一系列语义性能，以及由此引发的特有句法性能也是非常规性的。例如，在施为动词的施为用法中，动词的语义题元不被句法题元填充。

按照阿普列相的分析性注释，对 благодарить（感谢）的释义应该是：X благодарит Y-у за Z（X 因为 Z 而感谢 Y）= 'X 认为，Y 为 X 做了好事 Z，X 认为自己有必要通过言语表扬或善行补偿 Z'。可见，благодарить 有三个语义题元，在正常情况下，其中前两个是必需被句法题元填充的。

④ a. Гости благодарят хозяев за теплый прием. 客人感谢主人的热情招待。

b. Гости благодарят хозяев. 客人感谢主人。

c. ? Гости благодарят за теплый прием. 客人感谢热情招待。

d. * Гости благодарят. 客人感谢。

e. * Благодарят хозяев за теплый прием. 感谢主人的热情招待。

阿普列相认为，在正常情况下，例④a 和例④b 是完全正确的，例④c 需要设定具体的语境，而例④d 和例④e 因其缺少必需的句子成分，因而是不正确的。但是，当 благодарить 用于施为句时，上述观点就不正确了。处于施为用法时，благодарить 的三个语义题元都不需句法题元来填充，完全可以说：

f. ——Вы мне очень помогли, благодарю. 您帮了我大忙，谢谢。

---

① 倪波、周承、李磊荣等：《言语行为理论与俄语语句聚合体》，上海外语教育出版社1998年版，第 113—115 页。

由此可见，在相应动词词位的词典词条中应该记载这类限制，描写语义题元在句法上可以不被填充的条件，这样有利于对词位的深入理解和灵活掌握。类似这样的信息，就是非常规性语义特征，它们是系统性词典学视域下词位注释的重要组成部分。

二　词位的语用信息

语用学，作为一门语言学分支学科，早已被学界所接受，但作为一个术语，对其内涵的理解还存在较大争议，这或许和语用学还比较"年轻"有一定的关系。列文森（S. C. Levinson）曾在《语用学》（*Pragmatics*，1983）一书中列出了近 10 个对语用学的定义，并对它们一一作了评论。①阿普列相对语用的理解，与众不同。他将语用理解为固化在语言单位——词位、词缀、法位（граммема）、句法结构中的说话人的态度，包括对现实的态度，对报道内容的态度和对受话人的态度。② 这里，所谓的"固化"，指"不是说话人在言语中自由创作的评价，而是现成的、已经词汇化或语法化了的评价，这种评价直接建构在语言单位的内容层面，因而在语言中获得了永久性的地位"③。

既然语用学是一个独立的学科，那么语用信息必然有自己的独特性。阿普列相认为，与语义信息不同，语用信息的独特性体现在下面三个方面：

表达手段的边缘性。通常，实词承载语义信息，而语气词、感叹词、插入语等边缘词类承载语用信息。

同时使用不同的语言手段。语用信息往往不是由一种语言手段表达的，而是通过若干手段同时发挥作用表达的。

与语义信息紧密相关。语用信息同语义信息紧密交织在一起，大多数

---

① Levinson S. C., *Pragmatics*, Cambridge: Cambridge University Press, 1983, pp. 6-27.

② Апресян Ю. Д., *Избранные труды том* Ⅱ. *Интегральное описание языка и системная лексикография*, М.: Языки русской культуры, 1995, стр. 136.

③ Апресян Ю. Д., *Избранные труды том* Ⅱ. *Интегральное описание языка и системная лексикография*, М.: Языки русской культуры, 1995, стр. 136.

情况下难以将二者分开。①

或许正是因为上述三个特性，一般性的详解词典对语用信息几乎没有处理。但是系统性词典学要求，必须关注词位的语用信息。阿普列相认为，对系统性词典学比较重要的语用信息有语用修辞标注、词位的语用特征、词位的非常规意向功能（нетривиальная иллокутивная функция）和说话人与受话人的地位等。

1. 语用修辞标注

语用修辞标注包括：礼貌、粗俗、无理、嘲讽、亲昵、不赞、藐视、轻视、玩笑、委婉，等等。这些标注以传统标注的方式置于词典词条的语用区域，但每一个语用标注的实际内容，都应该在语言描写的共同成分中使用统一的语义元语言，以便尽可能完全地将其注释出来。② 阿普列相以指小表爱词（деминутив）的"亲昵"意义为例，加以说明。

众所周知，俄语名词构词法中，有一种后缀可以表示主观评价意义，构成指小表爱词。这类词通常有两种不同的意义：指小意义（уменьшительное значение）和表爱意义（ласкательное значение）。如果能产词干表示的是非独一无二的事物，那么带有指小后缀的派生词（指小表爱词）一般具有指小意义，如 домик（小房子）、грибок（小蘑菇）、городок（小城）、пенек（小树桩）、листок（小树叶），等等，如果能产词干表示的是某种物质或独一无二的事物，那么带有指小后缀的派生词（指小表爱词）一般具有表爱意义，如 водичка（水）、кашка（粥）、маслице（油）、молочко（牛奶）、солнышко（太阳），等等。事实上，"这类名词获得了永久性的语用成分——表明说话人在想到某物体或由该物体想到自己的受话人时，所体验到的一种良好的情感"③。

---

① Апресян Ю. Д., *Избранные труды том* Ⅱ. *Интегральное описание языка и системная лексикография*, М.: Языки русской культуры, 1995, стр. 140-144.

② Апресян Ю. Д., *Избранные труды том* Ⅱ. *Интегральное описание языка и системная лексикография*, М.: Языки русской культуры, 1995, стр. 145.

③ Апресян Ю. Д., *Избранные труды том* Ⅱ. *Интегральное описание языка и системная лексикография*, М.: Языки русской культуры, 1995, стр. 145-146.

在注解上述类型的词位时，需在语用区域添加"亲昵"的标注。

2. 词位的语用特征

诸如动词的状态性和名词的正反面性等，都是词位的语义特征，是该词位在所有条件下都呈现出的特点，而语用特征只是在部分情景下呈现的特点。下面仍然以施为性为例，介绍词位的语用特征。

如前文所述，俄语施为动词要表达施为意义，一般应以陈述式、主动态、未完成体现在时、单数第一人称的形式呈现，如下面的例子：

① Я прошу вас выйти. 我请您离开。

例①就是一个简单的施为句，完成"请求"的功能，施为动词 прошу 正是陈述式、主动态、未完成体现在时、单数第一人称的形式。

但是，施为动词用陈述式、主动态、未完成体现在时、单数第一人称形式，只是可以构成施为句，而不是必然构成施为句，这受诸多句法搭配和其他因素的制约。对此，阿普列相有过具体的论述，详见《语法和词典中的施为动词》(Перформативы в грамматике и словаре, 1986) 一文。①仅举一例予以说明。

动词词位 просить₁-попросить₁（请，请求）的施为性能很独特，表现在两个方面。一方面，未完成体 просить₁ 中没有现实—时间长度意义 (актуально-длительное значение)，因此不能与表示时间长度和动作持久性的状语搭配，也不能与表示同时性的连接词搭配。

② Все уже успели позавтракать, пока я прошу тебя встать. 当我请你起床的时候，所有人都吃完早饭了。

例②中的"пока я прошу тебя встать（当我请你起床的时候）"是表示同时关系的时间状语从句，因此，这个句子都只能理解为描述句，而不是施为句。

另一方面，对 просить₁-попросить₁ 而言，不仅陈述式、主动态、未完成体现在时、单数第一人称形式可以表示施为意义，陈述式、主动态、

---

① Апресян Ю. Д.，"Перформативы в грамматике и словаре"，Известия АН СССР. Серия литературы и языка, 1986（3），стр. 208-223.

完成体将来时、单数第一人称形式以及未完成体和完成体假定式形式也都可以表示施为意义。阿普列相举了下面的三个例子予以说明：

③ a. Я попрошу вас выйти. 你给我出去！

　　b. Я просил бы вас выйти. 我请您出去。

　　c. Я попросил бы вас выйти. 请您出去吧。

这三个例句也都是施为句，表示施为意义，就其施为性能而言，与例①可以构成同义句聚合体。阿普列相认为，例①与例③a、例③b、例③c之间的区别不在体、时和式等语法意义方面，而在语用方面。以下面几个例句作为参考，可以体现得更加明显。

④ a. Он просит вас выйти. 现在他让您出去。

　　b. Он попросит вас выйти. 他一定会让您出去的。

　　c. Он просил бы вас выйти. 他一直想让您出去。

　　d. Он попросил бы вас выйти. 他想请您出去。

将例④a、例④b、例④c、例④d 与例①、例③a、例③b、例③c 进行对比，即可发现，前者之间的区别主要在于时、体、式等语法意义上的不同，而且对语义产生影响；后者几个句子表示的礼貌程度不同：假定式是最礼貌的请求方式，而完成体将来时是最强硬的请求。[①] 类似这样的语用信息，完全应该在词典中体现出来。

3. 词位的非常规意向功能

众多周知，完整的言语行为应同时包含三个方面的内容：言说行为、意向行为和取效行为。其中，意向行为是言语行为的核心内容，它与说话人的意图一致。"说话人如何使用语言表达自己的意图，听话人又如何正确理解说话人的意图，这是研究语言交际的中心问题。"[②] 孙淑芳也表达了类似的看法："在语言交际过程中，说话人表达意义时总要带有一定的意图，并希望通过受话人对其意图的理解而成功地表达自己的意义"，"意向

[①] Апресян Ю. Д., *Избранные труды том* Ⅱ. *Интегральное описание языка и системная лексикография*, М.: Языки русской культуры, 1995, стр. 147-148.

[②] 何兆熊：《新编语用学概要》，上海外语教育出版社 2000 年版，第 93 页。

或曰意图指的是说话人言语行为的目的或称交际目的"。① "意向功能"这个概念，正是源自对言语行为（尤其是对意向行为）的阐述，它在本质上与"语势""语句的意向类型"是同一个概念。简言之，"言语行为理论的主要内容是意向功能（иллокутивная функция），大体等同于奥斯汀的'语势'术语（illocutionary force；иллокутивная сила）"②。

  阿普列相认为，如果从词位的意义或它所从属的语义类别中能直接推导出来它的意向功能，那么这样的意向功能就是常规性的意向功能。③ 第一种情况，如下列动词：спрашивать（询问）、спросить（请求）、разрешать（准许）、советовать（建议）、приглашать（邀请）、предостерегать（提醒）、предупреждать（警告）、приказывать（命令）等。显然，上述每个动词都是某种意向功能的典型表达形式，是直接从词位意义中推导出来的，这样的意向功能应该在词位的语义区域描写，而不是在语用区域。第二种情况，由行为动词的某一语义类别体现，如：вставать（起立）、делать（做）、есть（吃）、идти（走）、мазать（涂抹）、писать（写）、работать（工作）、чинить（修理）等。这些动词第二人称命令式的语义可以归结为祈使意义，但祈使又分为请求、命令、劝告、指导性祈使、回应性祈使等类别。④ 同一个动词的第二人称命令式，如делайте，在不同的具体语境可能表达请求、命令，也可能表达劝告。因此，没有必要把"祈使意义"这样的意向功能纳入系统性词典中，而只需要给这类动词的语义注释中添加上语义特征"行为"就足矣了。

  与常规性意向功能相对立，"如果一个词位的意向功能不是从它的意义中直接推导出来的，也不是从它所从属的语义类别中推导出来的，那么

---

① 孙淑芳：《意向语义与情态意义》，《外国语》2012年第3期。
② 孙淑芳：《意向语义与情态意义》，《外国语》2012年第3期。
③ Апресян Ю. Д., *Избранные труды том* Ⅱ. *Интегральное описание языка и системная лексикография*, М.：Языки русской культуры, 1995, стр. 149.
④ 孙淑芳：《俄语祈使言语行为研究》，黑龙江人民出版社2001年版，第215页。

这样的意向功能就是非常规性意向功能。"① 下面仍然以动词的第二人称命令式加以说明，当然，不同于上述行为动词，这里关注的只是具有特殊意向功能的动词。

阿普列相分析了同属于状态动词的三个词：知悉类动词 знать（知道）、推断类动词 считать（认为）和情感状态类动词 гордиться（骄傲）。其实，典型的状态动词没有第二人称命令式形式，例如，不能说 *Видь картину（*请看见画），*Слышь музыку（*请听见音乐），得体的用法应该是 Смотри на картину（请看画）. Слушай музыку（请听音乐）。但是，如果接 что 引导的说明从属句，那么 знать 也可以有第二人称命令式形式。当然，与行为动词不同，знать 用于第二人称命令式形式，不能完成请求、允许、警告、命令等典型的第二人称命令式形式应有的意向功能。знать 的第二人称命令式形式，获得了一种独特的意向功能：向受话人报道自己的信息。阿普列相指出，当我们说出"Знай, что P"时，我们想表达的实际上是这样的内容："我知道 P；我认为你不知道 P；我认为有关 P 的信息对你很重要；我希望你知道 P，所以我说出了 P。"② 例如：

⑤ Возьми меня, но знай, что это нелегко и опасно. 带上我吧，但是，你要知道，这很难，也很危险。

表示推断意义的 считать，其第二人称命令式则具有另一种非常规意向功能，即"Знай, что P" = '尽管理由不足够充分，但是说话人仍然可以认为 P；说话人通报受话人，可以认为 P。'③ 例如：

⑥ Если диалог начался, считай, что первый шаг к контракту уже сделан. 如果对话已经开始，那么我认为，迈向合同的第一步就已经完成了。

---

① Апресян Ю. Д., *Избранные труды том Ⅱ. Интегральное описание языка и системная лексикография*, М.：Языки русской культуры, 1995, стр. 149.

② Апресян Ю. Д., *Избранные труды том Ⅱ. Интегральное описание языка и системная лексикография*, М.：Языки русской культуры, 1995, стр. 150.

③ Апресян Ю. Д., *Избранные труды том Ⅱ. Интегральное описание языка и системная лексикография*, М.：Языки русской культуры, 1995, стр. 150.

表示情感状态意义的 гордиться，它的第二人称命令式所具有的非常规意向功能又有所不同。阿普列相认为，它有两种意向功能：其一，表示"允许"，如例⑦a；其二，表示"要求"或"命令"，如例⑦b。① 其中第二种，对情感状态类动词来说更为典型，也就更为重要。

⑦ a. Гордись, гордись своей проклятой славой（А. С. Пушкин）. 骄傲吧，你可以为这该死的荣耀而骄傲。

b. Гордись: таков и ты, поэт, / И для тебя условий нет（А. С. Пушкин）. 你必须骄傲：这就是你，诗人，对于你来说没有任何规则可言。

如上所述，关于状态动词第二人称命令式非常规的意向功能信息，应该在词典中所有体现。

4. 说话人与受话人的地位

对于说话人与受话人的地位，阿普列相认为，当这一信息不是描述词汇意义本身，而仅仅是表明该词汇意义的某些用法时，才对系统性词典学有意义。② 说话人与受话人的地位，最明显地体现在两个方面：祈使言语行为的使用；人称代词 ты（"你"）的用法。

说话人和受话人的地位，对祈使言语行为的使用产生重要影响。在特定的交际场合，说话人需考虑自己和受话人的地位，以便选择适当的言语行为及其表达手段。孙淑芳指出，如果说话人的地位高于受话人，"通常实施命令、要求、准许、禁止等言语行为，常用的表达手段是第二人称祈使式、陈述式现在时、将来时"；如果说话人的地位和受话人平等，或低于受话人，"通常实施请求、劝告、建议等言语行为，所用语言表达手段应为第二人称祈使式、带否定词的疑问句"。③

阿普列相总结了使用 ты（"你"）的七种场合：亲近的人之间；亲属

---

① Апресян Ю. Д., *Избранные труды том Ⅱ. Интегральное описание языка и системная лексикография*, М.：Языки русской культуры, 1995, стр. 150.

② Апресян Ю. Д., *Избранные труды том Ⅱ. Интегральное описание языка и системная лексикография*, М.：Языки русской культуры, 1995, стр. 150.

③ 孙淑芳：《俄语祈使言语行为研究》，黑龙江人民出版社 2001 年版，第 213 页。

之间；孩子之间或非常小的孩子和大人说话时；年长的人对孩子时；蛮横粗野的人对别人时；朋友之间随便时；针对对话之外的客体。① 其中，前六点已经尽人皆知，这里不再举例。第七点需稍加解释，这里所谓的"客体"可以指抽象的人，如：Что бы сделал для фронта?（能为前线做些什么呢？）；可以指人的固定标志，如：Жизнь, зачем ты мне дана?（生命啊，为什么你要赋予给我？）；也可以指地理或宇宙中的物体，如：Ты, солнце святое, гори.（你，神圣的太阳，燃烧吧。），等等。如果应该使用ты 的场合，却使用了 вы（您），那么这个 вы 一定承载了重要的语用功能。正如吴国华所言："如果对至爱亲朋用 вы 称呼，并不表示对其的客气和尊敬，而表示疏远、不满等。"②

除了上述四类外，还有一种非常重要的语用信息——词位的附加意义（коннотация），下面单辟一小节专门论述。

三 词位的附加意义

作为语言学术语，коннотация 常见的汉语译文有两种：附加意义③，伴随意义④，在本小节，我们将"附加意义"和"伴随意义"视为绝对同义词，均指俄语中的 коннотация。汉语界一般不用"附加意义"或"伴随意义"术语，而使用"附属义"或"附加义"，并将其作为"色彩义"或"语义色彩"的别名。例如，黄伯荣、廖序东将词汇意义分为理性义和色彩义，认为"理性义是词义中的主要部分，词还有附属于理性义的色彩义，也可称作附属义。它附着在词的理性义之上表达人或语境所赋予的特

---

① Апресян Ю. Д., *Избранные труды том* Ⅱ. *Интегральное описание языка и системная лексикография*, М.: Языки русской культуры, 1995, стр. 152.
② 吴国华：《"ты"与"вы"的语言国情学价值》，《中国俄语教学》1997 年第 4 期。
③ 阿普列相：《语言整合性描写与体系性词典学》，杜桂枝译，北京大学出版社 2011 年版，第 147 页。
④ 吴国华、杨喜昌：《文化语义学》，军事谊文出版社 2000 年版，第 112 页。

定感受。"① 他们将色彩义（附属义）进一步细化成三类：表达感情色彩，如"英雄""烈士""叛徒""走狗"；表达语体色彩，如"凝聚""悼念""身子骨""巴不得"；表达形象色彩，如"马尾松""鹅卵石""布谷鸟""乒乓球"。② 与上述认识类似，贾彦德将词义色彩视为义位的附加义，但在分类上，除了上述三类外，贾彦德认为，所附加的也可能是理性意义。"在现代汉语常用的表配偶的亲属词中，'爱人、先生、太太、当家的、孩子他爹、孩子他妈、我家那口子、老伴儿'都包含有反映理性意义的附加义。"③

阿普列相认为，在某种语言中，附加意义是公认的、对现实客体的一种评价。准确地说，"我们把词位表示的概念中那些非本质性的、但很稳定的特征称作该词位的附加意义，这些特征反映了该语言群体对相应物体或客观事实的公认的评价。"④ 附加意义既不直接进入词汇意义，也不是从词汇意义推导出的结果。如 петух（公鸡）一词，其基本的、主要意义为 самец курицы（雄性鸡），非本质性的特征有两种：第一种，大鸡冠，长尾巴等；第二种，早睡早起，好惹是生非。显然，第一种特征是从"公鸡"的词汇意义中直接推导出来的，因此只有第二种特征才是"公鸡"的附加意义。

阿普列相认为，附加意义通常体现的是词汇的某些基本的或初始的意义，在形式上表现为下列几种：转义（переносное значение）、隐喻（метафора）、比较（сравнение）、派生词（производное слово）、熟语（фразеологическая единица）或谚语（пословица）、某些句法结构（синтаксические конструкции）等。

---

① 黄伯荣、廖序东：《现代汉语（增订四版）上册》，高等教育出版社 2007 年版，第 230 页。
② 黄伯荣、廖序东：《现代汉语（增订四版）上册》，高等教育出版社 2007 年版，第 231—232 页。
③ 贾彦德：《汉语语义学》，北京大学出版社 1999 年版，第 291—301 页。
④ Апресян Ю. Д., *Избранные труды том* II. *Интегральное описание языка и системная лексикография*, М.：Языки русской культуры, 1995, стр. 159.

1. 转义

свинья（猪）一词，含有"不洁净的、肮脏的"和"粗鲁的，恶劣的，愚蒙无知的"附加意义。由此，该词产生了相应的两种转义："不爱干净的人；邋遢的人"和"没有教养的人；粗鲁的人"，这在《俄语详解词典》①《俄语详解大词典》② 等几乎所有词典中都有所体现。类似的例子不胜枚举，诸如 осел（驴）可以产生"倔强的人""愚蠢的人"的转义；ворона（乌鸦）可以产生"粗心大意的人""马大哈"的转义，等等。

2. 隐喻和比较

阿普列相认为，"附加意义是许多习以为常的隐喻和比较的基础，也是绝大多数作家的隐喻和比较的基础"③。как свинья в апельсинах разбираться（смыслить，понимать）в чем（对……一窍不通）、как свинья напиться（быть пияным）в чем（烂醉如泥）等比喻，已经成为普遍的语言现象，并被收入到很多词典中。④ 言语中也经常出现类似的句子：

① Пришел в чужой дом, а ведёт себя как свинья. 到了别人家，可表现得就像猪一样。

холостяк（单身汉）一词的附加意义是"没有安排好自己的生活；生活不讲究；不会照料生活"等，因此可以用在下列比喻结构中：

② Жена была в командировке, и он жил холостяком. 妻子出差了，他又过得像个单身汉了。

例②中，"单身汉"显然是指它的附加意义。即"没有因日常琐事使自己的生活变得复杂，不关心居家的舒适和秩序，但有可能愉快地参加朋

---

① Ожегов С. И. и Шведова Н. Д., *Толковый словарь русского языка*, М.：ООО《А ТЕМП》, 2013, стр. 652.

② Кузнецов С. А., *Большой толковый словарь русского языка*, Санкт－петербург：НОРИНТ, 2002, стр. 1160.

③ Апресян Ю. Д., *Избранные труды том* II. *Интегральное описание языка и системная лексикография*, М.：Языки русской культуры, 1995, стр. 164.

④ 黑龙江大学俄语语言文学研究中心辞书研究所：《大俄汉词典（修订版）》，商务印书馆 2001 年版，第 2097 页。

友的聚会。一句话，过着就像社会概念中单身汉特有的生活。"①

3. 派生词

由 свинья（猪）一词的附加意义，产生了一系列派生词，这时，附加意义构成了其派生词词汇意义不可分割的一部分。例如：

свиной：粗野的，下流的；

свинский：<口语>卑鄙的，下流的；

свинство：<口语>卑鄙下流的行为；龌龊环境，鄙俗的习气；

свинтус：<俗语、戏谑> 不干净的人，脏鬼（含友好的责备意味）；

свинушник（свинюшник）：<俗语，贬义>猪窝（指肮脏的屋子）；

свинячий：猪一般的，非常肮脏的；

свинячить-насвинячить：<俗语>搞得很脏，把地方弄脏；

свинарник（свинарня）：<口语，贬义>猪窝（指肮脏的屋子）；

по-свински：肮脏下流地。

4. 熟语或谚语

由 свинья（猪）一词的附加意义"粗鲁的，愚蒙无知的"，构成了熟语 метать бисер перед свиньями，直译为"把珍珠投在猪的面前（猪却不懂得它的价值）"，意译为"对牛弹琴"。而附加意义"下流的，无耻的"，构成了熟语 посади свинью за стол — она и ноги на стол，意为"让猪就席，它就会把腿放到桌子上（得寸进尺）"；подложить свинью кому-л.，意为"暗地里搞……鬼"。

волк（狼）一词的附加意义为"残暴的，阴险的，狡诈的"，这在很多谚语中都有所体现：

Волк в овечьей шкуре. 披着羊皮的狼；阴险狡诈的伪君子。

Не за то волка бьют, что сер, а за то, что овцу съел. 打狼不为其貌丑，而因其性恶。

Волк линяет, но нрав не меняет. 狼毛会褪换，狼性不会改。

---

① Апресян Ю. Д., *Избранные труды том* II. *Интегральное описание языка и системная лексикография*, М.：Языки русской культуры, 1995, стр. 164.

Как волка ни корми, а он все в лес смотрит. 野狼养不成家犬。

Из волка пастух не выйдет. 狼不会变成牧羊人。

От волчицы родится только волк. 狼生的崽子还是狼。

5. 某些句法结构

对于具有附加意义的句法结构，最具代表性的当属双称名假同语反复结构（биноминативная псевдотавтологическая конструкция）。

逻辑学一般认为，同语反复是"一种循环定义的逻辑错误。即定义项直接包含被定义项"①。但语言学界常常把同语反复句定义为"用同一语词充当主语、宾语构成的判断句，主宾语词表面相同，而实际意义相异，其语用功能在于言简意赅。"② 典型的、被广泛作为例句的同语反复句如"战争就是战争""女人就是女人"，等等。正是因为同语反复句实际上并不"同义"，因此阿普列相将其视为"假同语反复结构"。

从什么角度、如何解释同义反复句，一直是哲学界和语言学界热衷讨论的话题。到目前为止，比较普遍的做法是用会话含义理论来解释。

所谓会话含义，即"在我们所说的话和我们说话的用意之间常有一定的距离，这种话语的用意就是'会话含义'"③。会话含义的产生，还要从合作原则谈起。在正常情况下，交际双方都想达成互相理解，因此必须互相合作，"合作原则"由此得名。具体说来，合作原则包括四条准则：数量准则，即自己说的话要达到要求的详尽程度，不能使自己的话比所要求的更详尽；质量准则，即不要说自己认为不真实的话，不要说缺乏足够证据的话；关系准则，即说话要与当下事情有关联；方式准则，即话语要清楚明白，要简练，要有条理，避免晦涩，避免歧义。④ 事实上，人们说话时并非时时处处都在遵守合作原则。会话含义的产生，正是因为说话人违反了合作原则的某些相关准则，但受话人依靠上下文语境、常识、背景

---

① 傅季重等主编：《哲学大辞典·逻辑学卷》，上海辞书出版社1988年版，第145页。
② 文旭：《同义反复话语的特征及其认知语用解释》，《外国语言文学》2003年第3期。
③ 何兆熊：《新编语用学概要》，海外语教育出版社2000年版，第152页。
④ Grice H. P., "Logic and Conversation", In Cole, P. and Morgan, J. (eds.), *Syntax and Semantics*, *Vol. 3*: *Speech Acts*, New York: Academic Press, 1975, pp. 307-308.

知识等能够推导出话语表面之外的意思。帕杜切娃就是用合作原则解释 Закон есть закон（法律就是法律）, Женщина есть женщина（女人就是女人）这类同语反复句的。她认为，这类句子破坏了合作原则中的关系准则，"它们的直接意思是相同的，这就使受话人认为，它们的真正的意义存在于与'法律'或'女人'的概念相关的联想之中，便可从中明白其含义为'法律应该被遵守'、'女人的特性是有很多缺点'，等等。"①

阿普列相从附加意义的角度加以阐释，更加简单明了。他认为，"战争"一词中含有"凶恶、无人性、非道德性、毁灭性"等附加意义。因此，当说话人试图向听众解释，为什么看到事态偏离了善良、人性、道德、秩序的规范时，使用"战争就是战争"这样的表述是完全适用的。②在这种"假同语反复结构"中，第一个"战争"实现的是纯词汇意义，而第二个"战争"实现的是附加意义。因此，很容易理解"战争就是战争""孩子就是孩子"这类句子，因为这些词都有明显的附加意义。相反，如果一个词没有附加意义，或者附加意义的潜能太小，不足以让人充分感受，就不能用于类似的结构。所以，"和平就是和平""少年就是少年"这样的句子是很难理解或令人生疑的。阿普列相指出，后一类表述"如果说可以理解的话，那也是发生在相对主观的基础上，而不是在公认的语言附加意义的情况下。"③通过阿普列相的分析，不难看出，附加意义对同语反复句的解释力是很强的。

以上五点就是应该被纳入系统性词典学的附加意义，当然附加意义还有很多，限于篇幅不一一列举。阿普列相曾谦虚地说，他对词典学至关重要的语用信息的理解，既不全面，也不是最终的结论。但事实上，在词位中专门开辟语用区域，对语用信息进行全面描写，这一尝试意义重大，有

---

① Падучева Е.В., *Высказывание и его соотнесенность с действительностью*, М.: Наука, 1985, стр. 42.

② Апресян Ю.Д., *Избранные труды том* II. *Интегральное описание языка и системная лексикография*, М.: Языки русской культуры, 1995, стр. 167.

③ Апресян Ю.Д., *Избранные труды том* II. *Интегральное описание языка и системная лексикография*, М.: Языки русской культуры, 1995, стр. 167.

第三章　系统性词典学思想

助于对词位意义的全方位理解和掌握。

四　词位的超音段特征

超音段，又称"跨音段""非音段"，是指"那些作用范围大于音段的语音成分。例如重音和声调等"①。只是俄语中不用术语"声调"，而用"语调"。阿普列相区分出了四种重音：语段重音（синтагматическое ударение），主要句子重音（главное фразовое ударение），逻辑（对比）重音（логическое／контрастное ударение），加强语势重音（эмфатическое ударение）。② 阿普列相认为，前两种重音反映了超音段深层本质的标准规则，而且可以词典化，因此是系统性词典学需要关注的词位信息。至于俄语的语调，则一般用语调结构（интонационная конструкция），简称"调型"（ИК）米标识。《俄语语法》指出，"有声语言在音调、音色、音强、音长方面的对应关系类型，能使句法结构和词汇组成相同的语句，或者句法结构不同而词形语音组成相同的语句在同一上下文中互不相容的语义差别形成对立，这种对应关系类型叫做语调结构"③。俄语中有七种语调结构类型，分别用在相应的场景中。

聚合关系和组合关系"是两个语言轴列概念，它源于索绪尔的语言学理论，是索绪尔结构语言学中影响最为显著、最被广泛接受的两个概念"④。受此启发，阿普列相将词位的超音段特征信息分为两种：聚合性超音段信息（парадигматическая просодическая информация）和组合性超音段信息（синтагматическая просодическая информация）。其中，聚合性信息可以理解为是该词位的纯粹超音段性能（主要是重音突出）；聚合性信息可以理解为是那些在含该词位的句子中该词位生成的超音段性能

---

① 语言学名词审定委员会：《语言学名词》，商务印书馆2011年版，第51页。
② Апресян Ю. Д., *Избранные труды том* Ⅱ. *Интегральное описание языка и системная лексикография*, М.: Языки русской культуры, 1995, стр. 179.
③ Шведова Н. Ю., *Русская грамматика*, М.: Наука, 1980, стр. 97.
④ 王铭玉：《语言符号学》，高等教育出版社2004年版，第248页。

(主要是语调)。①

1. 聚合性超音段特征信息

聚合性超音段特征信息是关于该词位是否有能力以重音的形式使自己在句子的成分中凸显出来，即把某一句子重音置于自己身上的能力。② 重音突出与句法和语义差别相对应。阿普列相用"↑"表示语调上扬，用"↓"表示语调下降，用"'"表示句子重音，都置于被标注词的前面。

重音凸显与词位句法性能的对应，可以用副词 вообще（一般来说）加以说明。

① a. Изучение шумов↑вообще / не входит в нашу задачу. 研究全部的噪音，不是我们的任务。

b. Изучение шумов↓вообще не входит в нашу задачу. 研究噪音，一般来说不是我们的任务。

例①a 中 вообще 作名词的定语，其超音段特征是标准的语段重音，只有当被限定的名词（词组）位于句末，语段重音才能变成句子重音；例①b 中 вообще 作动词的状语，这时超音段特征是句子重音。

重音凸显与词位语义性能的对应，可以用副词 еще（还，又，也）加以说明。

② a. Было куплено еще три книги（еще 不是句重音）。还买了三本书。

b. Было куплено'еще три книги（еще 是句重音）。又买了三本书。

显然，例②中的 еще 是两个不同的词位，例②a 中 еще 的注释应该为：еще P（x）（还 P（x））＝'发生了 P（y）（预设）；也发生了 P（x），且 x 不同于 y（陈说）'，这时 еще 不带句子重音。从注释中可以发现，预设中的 y 与陈说中的 x 是不同的客体，对例②a 而言，应该理解为某人除了买了三本书，一定还买了其他东西（一定不是书）。例②b 中 еще 的注

---

① Апресян Ю. Д., *Избранные труды том* Ⅱ. *Интегральное описание языка и системная лексикография*, М.：Языки русской культуры，1995，стр. 187.

② Апресян Ю. Д., *Избранные труды том* Ⅱ. *Интегральное описание языка и системная лексикография*, М.：Языки русской культуры，1995，стр. 187.

释应该为：еще P（x）（又 P（x））= '在 T$_1$ 发生了 R（x）（预设）；在稍晚的时刻 T$_2$ 发生了 P（x），且其结果与 R（x）一样（陈说）'，这时 еще 带句子重音。对例②b 而言，应该理解为某人在买三本书以前，已经有（买）若干本书了。

2. 组合性超音段特征信息

当某个词位进入语句，能完全预示出该语句的语调结构时，该词位的超音段特性就应该在词典中有所体现。也正是词位的这些性能，变成了组合性超音段区域描写的对象。① 下面以语气词 неужели$_1$（难道）和 разве$_1$（难道）为例，予以说明。

语气词 неужели$_1$（难道）是 разве$_1$（难道）的同义词位，它们之间是否存在差异？如果存在差异，那么差在何处？首先，看看常用的详解词典对相关词位的注释。

НЕУЖÉЛИ，частица. То же, что разве（в 1 знач.）.②

НЕУЖÉЛИ，частица. Означает вопрос, выражает сомнение, недоверие, удивление；разве？возможно ли？③

从上面的引文可以发现，《俄语详解词典》和《俄语详解大词典》中对 неужели$_1$ 的注释有一个共同的特点：都是用 разве$_1$ 参与对 неужели$_1$ 的注释。这样似乎给人一种感觉，неужели$_1$ 与 разве$_1$ 是绝对同义词，二者完全一样。

неужéли [语气] 难道，莫非，真是（用于疑问句首表示怀疑、不相信、惊奇）。Неужели вы не понимаете？难道您不明白？Неужели он

---

① Апресян Ю. Д.，*Избранные труды том* Ⅱ. *Интегральное описание языка и системная лексикография*，М.：Языки русской культуры，1995，стр. 187.

② Ожегов С. И. и Шведова Н. Д.，*Толковый словарь русского языка*，М.：ООО «А ТЕМП»，2013，стр. 385.

③ Кузнецов С. А.，*Большой толковый словарь русского языка*，Санкт‑петербург：НОРИНТ，2002，стр. 535.

согласился? 他真同意了吗？①

pа́зве［语气］莫非、难道（用于疑问句中表示怀疑、惊异、反诘）。Разве вы не знаете? 难道您不知道? Разве в самом деле есть опасность? 莫非真有危险吗？②

《大俄汉词典（修订版）》对 неужели₁ 和 разве₁ 的注释也几乎是一样的，仅有的区别在于前者强调"用于疑问句首"，而后者只是泛泛地说"用于疑问句中"，甚至连给出的首个例句都如出一辙。这更强化了上面说到的感觉，即 неужели₁ 与 разве₁ 是绝对同义词。

接下来，再看看比较权威的《俄语语法》对相关词位的注释。"语气词 неужели，разве，никак（прост.）始终能给问题附加疑惑、没有把握或惊奇的意味。Неужели это правда? Разве ты ему веришь? Никак ты пьян?"③ 对这三个词彼此之间的差别，只字未提。

作为以汉语为母语的中国人来说，仅仅查阅上述一般性的详解词典和语法书，根本无法辨析这两个词位的差别。但阿普列相认为，语言直觉反对把 неужели 和 разве 视为绝对同义词。在他看来，如果不考虑句子中用带逻辑重音或加强语调来突出个别词的情况，那么 неужели 和 разве 有一个非常明显的差别：它们的超音段特征在某些方面有所不同。неужели 和 разве 超音段特征方面的区别，概括起来有如下三点：

（1）句子重音永远落在 неужели 上，而永远不会落在 разве 上。

（2）句子中 неужели 总是位于语调最高点上，而 разве 一般不会位于语调最高点上。

（3）带有 неужели 的句子，总是读降调（调型—2），而带有 разве 的

---

① 黑龙江大学俄语语言文学研究中心辞书研究所：《大俄汉词典（修订版）》，商务印书馆2001年版，第1180页。

② 黑龙江大学俄语语言文学研究中心辞书研究所：《大俄汉词典（修订版）》，商务印书馆2001年版，第1910页。

③ Шведова Н. Ю., *Русская грамматика*, М.：Наука, 1980. стр. 726.

句子总是读升调。①

在阿普列相看来，超音段特征也有语义指向，绝对同义词在重音和语调方面存在如此之大的差别，是无法想象的，因此 неужели 和 разве 不能被视为绝对同义词。无论是否同意阿普列相"超音段特征有语义指向"的观点，至少他对 неужели 和 разве 超音段特征方面的分析是正确的，类似这样的超音段性能，按照语言集成描写的原则，是必须要在系统性词典学中有所体现的。

综上所述，系统性词典学对词位的描写，涵盖了传统词典不曾涉猎的非常规语义特征、词位的语用信息（包括词位的附加意义）以及词位的超音段特征等信息，这是词典学中的一次革命，开辟了新型积极词典编纂的新纪元。可以毫不夸张地说，阿普列相功不可没，其名字必将载入俄罗斯，甚至世界词典学研究的史册。

第三节　系统性词典学视域下的词典学肖像

系统性词典学最关键的两个概念是词典释义类别和词典学肖像，前者在本章第一节中已有所论述，本节重点介绍后者。阿普列相将词典学肖像视为语言集成描写框架下的词典词条，与传统词典学相比，词典学肖像对词条的描写更加全面和细致。

一　词典学肖像的特点

随着语言学科的不断发展，以词和句子为对象的研究已经无法满足需要，必须在语言单位的其他层级上获得突破。因此，到 20 世纪 60 年代，语言研究的重点逐渐向两个新的方向发展：一个是语言的宏观领域，即篇章语

---

① Апресян Ю. Д., *Избранные труды том* Ⅱ. *Интегральное описание языка и системная лексикография*, М.: Языки русской культуры, 1995, стр. 49.

言学；另一个是语言的微观领域，即"语言肖像化"（лингвистическое портретирование）。① 所谓的"语言肖像化"，即对单个的词或词的单个意义（词位）进行精细的研究，这正是阿普列相研究的重点所在。在研究同义词时，阿普列相认为："除了由同义词属于某一词典释义类别所决定的共同性能外，最重要的是它们的个性特点，即所有能构成该词位不可重复的特殊的性能。"② 对于同义词研究和使用来说，同义词列之间的相同之处固然重要，但其差异之处更为重要。因此，与反映共性的词典释义类别相比，反映差异的词典学肖像尤其值得深入探讨。

阿普列相将词典学肖像理解为在语言集成描写指导下，在系统性词典学框架内，对词典词条（词位）语言学上所有的重要性能尽可能地进行全面的描写。与一般的词典学描写相比，词典学肖像具有下列典型的特征：

（1）词典学肖像不仅包括了词位的正音、正字、语义、形态、句法、搭配等信息类型，还包含了此前从未进入词典的非常规语义特征、语用信息、附加意义以及超音段特征等一些全新的信息类型。

（2）传统类型的信息得以实质性的拓展。体现在对词位采用分析性注释的方法，由原来的单层面注释转为包含预设、陈说、情态框架、观察框架和动因的多层面注释等。

（3）词典学肖像采用源于目的语（俄语）的统一的、缩略的语义元语言对所有语言学信息进行描写。

（4）词典学肖像尝试展现词位不同性能之间的有理据的联系，如对句法信息的呈现采用支配模式的方法，充分揭示了语义和句法复杂的对应和转换关系，以及词位超音段特征与句法、语义之间的关系等。

（5）词典学肖像在特定的词典释义类别背景下描写，这意味着每个词条都既应该反映它与其他词位共同的那些性能，即同一化或词典释义类别

---

① Апресян Ю. Д., *Избранные труды том* II. *Интегральное описание языка и системная лексикография*, М.：Языки русской культуры, 1995, стр. 487.

② Апресян Ю. Д., *Избранные труды том* II. *Интегральное описание языка и системная лексикография*, М.：Языки русской культуры, 1995, стр. 436.

问题；也应该反映能使该词位与其他词位区分开的那些性能，即个性化或词典肖像问题。①

以上就是词典学肖像不同于传统词典描写的五个特征。为了对阿普列相所构想的词典学肖像有更加完整的认识，有必要分析系统性词典学视域下词典词条的总模式以及呈现出的词典学信息类型。

二 词典词条总模式及词典学信息类型

阿普列相认为，根据词典学性能的数量，一般情况下，一个词位的词典学肖像由八个区域组成：形态区、修辞区、语义区、语用区、超音段和交际区、句法区、搭配区、熟语区。② 下面分别进行论述，必要时只给出若干简单明了的示例，下一小节将以动词 быть 为例，进行详细说明。

1. 形态区

形态区借助于一系列关键词形式给出被注释词位的形态聚合体，主要包括名词的性、数、格；形容词的性、数、格、比较等级、短尾；动词的时、体、式、人称等。

对词位某些形态的限制条件。例如当 опыт 一词用作"试验"义时，既有单数，又有复数；当用作"经验"义时，只有单数，没有复数。当表示"原来是"和"朝向某个方向"时，动词 выйти 只能使用未完成体，而不能使用完成体。

同一个法位的不同变体。例如完成体动词 завернуть（包上，裹上）有两种未完成体形式，分别为 заворачивать 和 завертывать。

能否构成词的分析形式，例如 быть 可以构成未完成体动词将来时（буду писать），бы 可以构成动词假定式（писали бы）。

---

① Апресян Ю. Д., *Избранные труды том* II. *Интегральное описание языка и системная лексикография*, М.：Языки русской культуры, 1995, стр. 485-486.

② Апресян Ю. Д., *Избранные труды том* II. *Интегральное описание языка и системная лексикография*, М.：Языки русской культуры, 1995, стр. 487.

2. 修辞区

在阿普列相的系统性词典学中，对词位修辞的标注是借助于传统的修辞标注体系给出的，在此不必赘述。

3. 语义区

分析性注释的方法描写词位的语义，关于分析性注释，详见第二章第四节的介绍。

同一词汇意义的不同用法。如 быть 作系词时，主语可以用一格形式，也可以用二格形式的数量结构，还可以用动词不定式，等等。如 Мой отец был учителем（我的父亲曾经是一名老师）；Нас было трое（我们一共三个人）；Ждать было некогда（没有时间等）。

有关词汇意义和语法意义在各种语境条件下组合的说明。例如当表示方位意义时，быть 的体学意义体现在下面两个例句中：Он не был на море（他没过去海边）；Его не было на море（他没在海边）。前者是未完成体的一般事实意义，后者是现实—时间长度意义。

同一个语法位的两种不同表达形式之间的语义对立，例如 хлеб 的两种复数形式——хлеба（粮食、庄稼）和 хлебы（面包），учитель 的两种复数形式——учителя（老师）和 учители（导师）。

被注释词位与其他相关词位的各种语义关系：同义词、反义词、转换词、派生词等。

4. 语用区

被注释词位的特殊语用性能，如 быть по сему（照此办理）、так и быть（就这样吧），只有施为用法。

被注释词位的非常规意向功能，如 знай, что...（你要知道，……）结构中，没有祈使的意向功能。

说话人与受话人社会地位、年龄、教育程度等方面的差异对语言使用的选择和制约。

词位注释中，与基本意义不同的附加意义。

5. 超音段和交际区

句子重音将词位凸显的必须性/可能性/不可能性。

被注释词位在交际中充当句子主位（тема）或述位（рема）。例如，以 знать（知道）为代表的知悉动词一般作述位，带句子重音；而以 считать（认为）为代表的推断动词一般作主位，不带句子重音。关于 знать 和 считать 的详细解析，请参见《"知道"与"认为"句法差异的语义、语用解释》一文。①

6. 句法区

系统性词典学对词位句法的描写采用的是已知的支配模式。因此句法区实际关注的是关于支配模式的信息，主要包括下面几点：

被注释词位语义配价的问题，即语义题元的数量，以注释中的变项形式体现。

填充语义题元的表层句法手段，主要是指名词的格、前置词+某格以及其他手段。

被注释词位句法题元的可选性和必选性，即哪些语义题元必选被填充，哪些可以不必填充。

被注释词位句法题元的兼容性/不兼容性。如 учиться V 可与 у+名词二格兼容，但 учиться на+名词四格与 у+名词二格不兼容，可以说 учиться петь у кого（向某人学唱歌），但是不可以说 * учиться на врача у кого（向某人学当医生）。

被注释词位支配模式的转换，即同义句的转换问题，如 Я считаю, что он умен（我认为，他聪明。）⇔ Я считаю его умным（我认为他聪明）。

7. 搭配区

搭配区是关于词位的搭配或搭配限制的信息，包括：

词法搭配，如表示礼貌性的 вы（您）与形容词单数长尾形式或复数短尾形式搭配。

---

① 张家骅：《"知道"与"认为"句法差异的语义、语用解释》，《当代语言学》2009年第3期。

修辞信息，如 Мой отец был（будет）врач（我父亲曾经是/将会是一名医生）的陈旧色彩和书面语色彩。

句法信息，如 У него большие глаза（他有一双大眼睛）结构中，名词必须有修饰或限定词。如果没有，句子就会变得很奇怪：？У него глаза（？他有眼睛）——因为正常情况下，每个人都有眼睛。

语义信息，如 выйти 表示"用完，被消耗掉"时，与其搭配的 за+名词四格中，名词语义应该是表示时间段。

语用信息，如前所述，礼貌性的 вы 与形容词单数长尾形式或复数短尾形式搭配，但在标准语之外，вы 也可以与形容词复数长尾形式搭配，"但这时说话人会暴露出自己较低的文化水平"[①]。

词汇限制，如在 Нечего было делать（无事可做）这类句子中，быть 用作系词；在 Есть что делать（有事可做）这类句子中，быть 表示存在意义。

超音段信息，如 был, было, были 被 не 否定时，句子重音一般置于 не 上：нé был, нé было, нé были（не былá 除外）。

交际信息，如动词 быть 表示存在意义时，通常前置，构成句子的主位：Есть люди, которые не любят заниматься спортом（有不喜欢从事运动的人）。

8. 熟语区

熟语区展示由被注释词位构成的熟语。

当然，需要强调的是，并非每一个词位都具有上述所有性能，具有哪些性能因词位不同各异。

三 быть 词典词条详解

阿普列相以 быть 为例，对其所有词位的全部语言信息进行了描写。阿普列相将 быть 划分为六个较大的意义群，分别为：系词；表示方位意

[①] Апресян Ю. Д., *Избранные труды том* Ⅱ. *Интегральное описание языка и системная лексикография*, М.：Языки русской культуры, 1995, стр. 490.

义；表示领属意义；表示存在意义（экзистенциальное значение）；表示情态—存在意义（модально-экзистенциальное значение）；用作助词。每个意义群中还包含若干个更加微小的意义，具体如下：

1.1 纯系词 "是"：Мой отец был архитектором（我的父亲曾经是建筑师）；

1.2 等同：Это был Иван（这是伊万）；

2.1 在某地：Дети были на озере（孩子们到过湖边）；

2.2 到某地：Его сегодня не будет（他今天不来了）；

3.1 有：У него была прекрасная библиотека（他有过非常好的藏书室）；

3.2 年龄多大：Ему было двадцать лет（他20岁了）；

4.1 存在：Есть еще добрые люди на свете（世上还有好人）；

4.2 发生：Был дождь（下过雨）；

4.3 来临，出现：Было пять часов（5点钟了）；

4.4 遇到：С другом беда（朋友遭遇了不幸）；

5.1 确信某事无法避免：Быть грозе（一定会有雷雨）；

5.2 确信不好的事情无法避免：Нам теперь крышка（我们完蛋了）；

5.3 应该停止作用或影响：Будет с тебя（对你也就够了）；

6.1 构成未完成体将来时：Не буду вам мешать（我就不打扰您了）；

6.2 构成被动态：Проект был закончен（方案被完成了）。

下面引述阿普列相对 быть 的注解，理论阐述部分来自《语言集成描写与系统性词典学》中收录的《词典学肖像（以动词 быть 为例）》一文①，本小节以下部分对该文的引用不再一一标注。考虑到原文篇幅过大，我们仅对前三个意义群的每个词位进行说明。

быть 的形态聚合体系为：将来时 буду, будешь, будут 等；过去时 был, былá, бы́ло, бы́ли；第二人称命令式 будь（будьте）；过去时主动形动词 бывший；副动词 будучи；现在时只用三种形式：零位形式（用于所

---

① Апресян Ю. Д., *Избранные труды том* Ⅱ. *Интегральное описание языка и системная лексикография*, М.：Языки русской культуры, 1995, стр. 518–527.

有人称、数形式)、есть（用于所有人称、数形式）和 суть（只用于复数第三人称），最后这种形式只有作系词意义的 быть$_{1.1}$ 和 быть$_{1.2}$ 才具有，而零位形式和 есть 分布在各个意义之中。第二人称将来时在疑问句中可以表达现在时意义：—Вы какой, извиняюсь, будете нации? —Я буду еврейской нации. А вы, простите, какой нации будете? (С. Д. Довлатов)（—对不起，您是什么民族？—我是犹太族。请问，您是什么民族呢？）быть 没有完成体，过去时形式被 не 否定时，句子重音在 не 上（过去时阴性除外），即 нé был, не былá, нé было, нé были.

1.1 X есть Y（X 是 Y）= '物体或事实 X 具有 Y 的性质或处于 Y 的状态'。[具有分类功能的系词意义，现在时为零位形式或 есть 形式，后者或是古旧用法，或是用于伪定义，如 Труд есть борьба человека с природою. (Д. И. Писарев)（劳动是人与自然的斗争）。绝对同义词为：являться（是）；相对同义词为：становиться（是），делаться（成为），оказываться（原来是，实际上是），казаться（似乎是），восприниматься（被认为是），рисоваться（被想象成是），видеться（被看作是），бывать（常是）。]

(1) 带一格形式的名词主语

N$_{им}$ V D 即名词一格+动词+副词或副词短语

Матросы были заодно с мятежниками. 水兵与叛乱者协同作战。

N$_{им}$ V {A$_{им}$/A$_{КРАТ}$/A$_{СРАВН}$} 即名词一格+动词（形容词一格/形容词短尾/形容词比较级）[当名词是表示礼貌的"您"时，形容词一格用单数形式是标准的规范，如 Вы тогда были очень красивая（您那时非常漂亮）；如果用复数形式则是俗语，如：Уж больно вы обидчивые（为您的心胸狭窄而痛心）。如果形容词一格用单数形式，则不可用短尾 * Вы очень красива.]

Мать очень добрая. 母亲很善良。

День вечереет, ночь близка. 暮色沉沉，夜晚将至。

Факты сильнее красноречия. 事实胜于雄辩。

$N^1_{им}$ V {$A_{твор}$/$N^2_{твор}$} 即名词¹一格+动词（形容词五格/名词²五格）[如果动词用现在时，则充当表语的只能是名词²，此时名词¹通常表示人，而名词²表示他的职务、职业等；句子中有表示地点的限定语或表示时间的限定语/状语；该结构总体上是古旧的。例如：Он у нас поваром уже три года（他在我们这儿当三年厨师了。）]

День будет ясным. 将是晴天。

Мой отец был инженером. 我的父亲曾是工程师。

$N^1_{им}$ V $N^2_{им}$ 即名词¹一格+动词+名词²一格[在过去时和（尤其是）将来时形式中，表示古旧或书面语修辞色彩，当名词¹一格或名词²一格表示"民族"或按出生地、国籍称呼人的名称的情况除外。]

Его брат был умнейший человек. 他的哥哥是最聪明的人。

Ее муж был москвич. 她的丈夫是莫斯科人。

$N^1_{им}$ V P N^2_X 即名词¹一格+动词+前置词+名词²某格

Петр был с детьми. 彼得和孩子们在一起过。

Саша был из рабочей семьи. 萨沙来自工人家庭。

$N^1_{им}$ V в $N^2_{пр}$ 即名词¹一格+动词+в+名词²六格[名词²表示衣服、制服、挽具、装饰品、眼镜等；名词¹表示穿或戴（用）这些东西的人或动物。]

Он был в старых сапогах. 他穿着一双旧靴子。

Собака была в ошейнике. 狗戴着项圈。

$N^1_{им}$ V $A_{род}$$N^2_{род}$ 即名词¹一格+动词+形容词二格+名词²二格

Он был высокого роста. 他是一个高个子。

（2）在合成谓语或带表语的无人称结构中，动词不定式或一个命题充当主语

$V_{безл}$ {D/$A_{крат}$/$A_{сравн}$/$N_{им}$} 即无人称动词（副词或副词短语/形容词短尾/形容词比较级/名词一格）[副词或副词短语、形容词、名词为合成谓语。]

Было стыдно. 不好意思。

Смотри, хуже будет. 瞧着吧，还有更糟糕的呢。

$\{D^1/P\ N_x^1\}\ V_{безл}\ \{D^2/A_{крат}/A_{сравн}\}$ 即（副词或副词短语[1]/前置词+名词[1]某格） 无人称动词（副词或副词短语[2]/形容词短尾/形容词比较级）[副词或副词短语[2]、形容词[2]为合成谓语。]

На душе у меня скверно. 我心里觉得不舒服。

Здесь тихо. 这里很静。

$N_{дат}^1\ V_{безл}\ \{D/A_{крат}/A_{сравн}/\ N_{им}^2\}$ 即名词[1]三格+无人称动词（副词或副词短语/形容词短尾/形容词比较级/名词[2]一格）[副词或副词短语、形容词和名词[2]一格为合成谓语。]

Мне было весело. 我很高兴。

Нам в деревне было раздолье. 我们在农村无拘无束，逍遥自在。

$\{V_{инф}/Conj\ S/Rel\ S/\ N_{пропоз}^1\}\ V\ \{D/A_{крат}/A_{сравн}/\ N_{им}^2\}$ 即（动词不定式/连接词+从句/关联词+从句/名词[1]命题）动词（副词或副词短语/形容词短尾/形容词比较级/名词[2]一格）[副词或副词短语、形容词和名词[2]一格为合成谓语。]

Надо было вставать. 应该起床了。

Жаль, что он уехал. 可惜，他走了。

Неясно, где она будет ночевать. 她在哪儿过夜，还不清楚。

С $N_{твор}^1\ V_{безл}\ \{D/A_{крат}/A_{сравн}/\ N_{им}^2\}$ 即 С+名词[1]五格+无人称动词（副词或副词短语/形容词短尾/形容词比较级/名词[2]一格）[形容词和名词[2]一格为合成谓语，副词或副词短语由 как, так, так себе 等构成。]

С дровами было плохо, с горючим — еще хуже. 木柴很糟糕，燃料更糟糕。

С продуктами было все еще трудно. 食物仍然很难（搞到）。

（3）带动词不定式主语和复合代词 некого（没人可……）、нечего（没事可……）、негде（没地方可……）、незачем（没原因可……）、некуда（没地方可……）、неоткуда（没从何处可……）、некогда（没时间可……）的情态结构

$\{N_x^1/P\ N_y^1\}\ V\ V_{инф}$ 即（复合代词[1]某格/前置词+复合代词[1]某格）动词+

第三章 系统性词典学思想

动词不定式

Нечего было делать. 没事可做。

Не к кому обращаться с вопросами. 问题没人可问。

$N^2_{дат}$ {N^1_x/ P N^1_y} V $V_{инф}$ 即名词²三格（复合代词¹某格/前置词+复合代词¹某格）+动词+动词不定式 [名词²三格为动词不定式的主体]

Вам некому будет жаловаться. 你将无人可抱怨。

Студентам нечего было делать. 大学生们无事可做。

（4）在数量结构中用带二格形式的主语

$N^1_{род}$ V {D/ $N^2_{им}$/ $Num_{им}$} $V_{инф}$ 即名词¹二格+动词（形容词/名词²一格/数词一格）[形容词、名词²三格为表示数量的词]

Денег было много. 钱很多。

Винтовок было больше ста. 步枪超过一百条。

1.2 X есть Y（X 是 Y）= 'X 处于 1.1 的状态时，等同于 Y'。[证同系词意义；现在时表现为零位形式，下定义时除外。]

$N^1_{им}$ V $N^2_{им}$ 即名词¹一格+动词+名词²一格

Пекин — столица КНР. 北京是中国的首都。

Физика есть изучение фундаментальных законов природы. 物理是研究大自然基本规律的科学。

2.1 X был в <на> Y-е（X 在 Y）= 'X 位于 Y'。[方位意义；现在时表现为零位形式，在否定句中用 нет，在否定句中带有一格主语形式的过去时具有一般事实意义；带有二格主语形式的过去时具有现实—时间长度意义。绝对同义词为：находиться（位于）；相对同义词为：пребывать（处于），присутствовать（出席，在场，存在），торчать <俗语>（逗留在），бывать <口语>（经常在），вертеться <口语>（总在某处），крутиться <口语>（总在某处、某人眼前转来转去），околачиваться <俗语>（闲逛），тереться <口语>（在……的周围绕来绕去讨人嫌），толочься <口语>"闲逛，闲荡"，топтаться（口语）（在某一地方）来回转。]

· 175 ·

（1）带一格形式的名词主语

$N^1_{им} V \{D/ P_3 N^2_x\}$ 即名词[1]一格+动词（副词或副词短语/表示方位意义的前置词+名词[2]某格）

Его отец на работе. 他的父亲在工作。

Ты был там? 你去那儿了吗?

$N^1_{им} V P N^2_x$ 即名词[1]一格+动词+前置词+名词[2]某格

При нем были большие деньги. 他有一大笔钱。

С ним были дети. 孩子和他在一起。

$N^1_{им} V$ на $N^2_{пр}$ 即名词[1]一格+动词+на+名词[2]六格 [名词[1]表示衣服、制服、挽具、装饰品等；名词[2]表示穿（用）这些东西的人或其身体的一部分。]

На нем было новое пальто. 他穿着一件新大衣。

Какая шапка у него на голове? 他头上戴的是什么样的帽子?

（2）在数量结构中用带二格形式的主语

$N^1_{род} V \{D/ N^2_{им}/ Num_{им}\} \{D/ P_3 N^3_x\}$ 即名词[1]二格+动词（形容词/名词[2]一格/数词一格）+（副词或副词短语/表示方位意义的前置词+名词[3]某格）

Театров в нашем городе не меньше пяти. 我们城市的剧院不少于5家。

2.2 X был в <на> Y-е (X 在 Y) = '某人 X 移动到 Y，并在那里从事某项活动'。[通常用将来时和过去时；过去时具有双向意义：走（乘行）到 Y，然后又离开。绝对同义词为：посещать（去……）；相对同义词为：навещать（探访），наносить визит（拜访），бывать（常到），побывать（到若干地方），наведываться（去探望），проведывать（访问，看望），заходить（顺便去），забегать（顺便跑去），заглядывать <口语>（顺便到）；近似词为：приходить（来到），приезжать（乘行来到），прибывать（来到，到达）。]

$N^1_{им} V$ 即名词[1]一格+动词

Повар сегодня уже был. 厨师今天已经来过了。

Учитель русского языка завтра не будет. 俄语老师明天不来了。

$N^1_{им}$ V {D/ P_3 N^2_x} 即名词¹一格+动词（副词或副词短语/表示方位意义的前置词+名词²某格）

Тот артист сегодня еще не был на море. 那个演员今天还没来海边呢。

Врач будет у больного через час. 一小时后医生会到病人这里来。

$N^1_{им}$ V к $N^2_{дат}$ 即：名词¹一格+动词+к+名词²三格［陈旧语，只用将来时，名词¹通常指人。］

—Вы будете к нам завтра? —您明天到我们这里来吗?

3.1 У X-а есть Y (X 有 Y) = '在 X 那里有 Y'。［领属意义；现在时表现为零位形式或 есть 形式，在否定句中用 нет，在与人身体的正常部位搭配时，在有形容词定语的语境中通常用零位形式，如 У нее длинные волосы（她有长发）。在与工具或方法的名称搭配时，零位形式经常表示现实拥有的意思，如 У него пластиковые лыжи, и поэтому он так быстро бежит（他有塑料滑雪板，所以才滑得那么快）；而 есть 形式经常表示泛指拥有，如 У него пластиковые лыжи（他有塑料滑雪板）。如果拥有的客体是主体内心世界的元素（想法、情绪、愿望等），则更倾向于用 есть 形式，如 У него есть желание выступить с речью на собрании（他有一个想法，想在会议上做个发言。）同义词为 иметься "有"；转换词为 иметь "有"，обладать "拥有"。］

（1）带一格形式的名词主语

$N^1_{им}$ V у $N^2_{род}$ 即名词¹一格+动词+y+名词²二格

У тебя будет свободное время? 你会有时间吗?

У нее была прекрасная лаборатория. 她曾有一个非常好的实验室。

（2）在数量结构中用带二格形式的主语

$N^1_{род}$ V {D/ $N^2_{им}$/ $Num_{им}$} у $N^3_{род}$ 即名词¹二格+动词（形容词/名词²一格/数词一格）+y+名词³二格

Людей у нас сейчас меньше, чем до войны. 现在我们这里的人比战前

少了很多。

3.2 X-y было Y（X 有 Y 这样的年龄）= 'X 的年龄等于 Y'。[作为句子主位部分的现在时表现为零位形式和 есть 形式；当 быть 构成句子的述位时，带句子重音和对比重音，现在时 есть 表示"已经达到不小于 Y 的年龄"。相对同义词为 исполняться（年满），минуть（满若干周岁），стукнуть <口语>（年满），сравняться<俗语>（年满）；近似词为 идти（正值……岁）；转换词为：достигать（达到）。]

$N^1_{им}$ V $N^2_{дат}$ 即名词^{1}一格+动词+名词^{2}三格

Ему' четыре года（четыре 是句重音）. 他四岁。

Ему' есть четыре года（есть 是句重音）. 他已经满四岁了。

以上从理论方面介绍了系统性词典学视域下的词典学肖像概念，并以动词 быть 的部分词位为例，对该概念的实际呈现做了详细解说。按照阿普列相的设想，对词典学肖像的描写，应该参考理论语言学对词位研究所取得的一切成果，力争反映出该词位的全部重要性能。

第四节　语言世界图景及其民族差异性

近年来，语言世界图景（языковая картина мира）逐渐成为国内外哲学、语言学、民族学和文化学研究的关键词。围绕语言世界图景的理论和实践，涌现出大批研究成果。阿普列相以词位的所有重要性能描写为基础，对语言世界图景进行了独特研究。将俄汉语反映的语言世界图景进行对比，有利于洞悉各自语言的特点。

一　语言世界图景概述

世界图景（картина мира）概念最初由自然科学界提出，后来运用到哲学领域。经过德国学者魏斯格贝尔（L. Weisgerber）的使用，世界图景作为一个基本术语被引入到符号学和人类学中。从此，世界图景在人文和社会科学领域中得到了广泛研究和运用。所谓的"世界图景"，简单地说就是人类对世界的总体认识："世界图景中包含了世界的总体形象。"① 需要指出的是，世界图景视域中的世界并不是独立于人（认知主体）的意识之外的"纯客观"世界，换言之，世界图景并不是对世界的镜像反映，而是或多或少带有认知主体解读的烙印。因为脱离开对人的意识作用，脱离开对世界进行范畴化的认知主体，世界是无法被认知的。正如赵艳芳所言："经过认知加工后的世界是主客观相结合的产物，是认知世界，不可能是完全客观的。因为当你认识它时，已经是'惟人参之'了。"②

从世界图景概念又衍生出语言世界图景概念，它是"世界图景在语言中的语言化、符号化和语义化表达，它是历史形成的、某一语言社团对外部世界素朴概念及观念认识的总和"③。从理论渊源上看，德国学者洪堡特（W. V. Humboldt）的"语言世界观"思想是语言世界图景理论的先驱。在他看来，一个民族的世界观正是通过该民族的语言反映出来的，因而世界观的差异体现在词意义的区别上。"一个民族对世界的独特的感觉和看法总是要求通过语言得到表达"；"唯有通过更细致的分析，我们才能够清楚地看到，拥有不同世界观的民族的特性在词的意义上映现了出来。"④ 此后，关于语言世界图景的思想，很多哲学家都有所论述，较有代表性的是海德格尔。他曾经说过："早些时候我曾经十分笨拙地把语言称为存在之家。如若人是通过他的语言才栖居在存在之要求中，那么，我们欧洲人也许就栖居在与东亚人完全不同的一个家中。"⑤ 可见，海德格尔把语言隐喻成"存在之家"，并认为不同民族的"家"是不同的。除了德国学者外，提出"语言相对论"假说的美国学者萨丕尔（E. Sapir）和沃尔夫

---

① Серебренников Б. А., Кубрякова Е. С., Постовалова В. И. и др., *Роль человеческого фактора в языке: Язык и картина мира*, М.: Наука, 1988, стр. 44.
② 赵艳芳：《认知语言学概论》，上海外语教育出版社2001年版，第55页。
③ 吴国华、彭文钊：《论语言世界图景作为语言学的研究对象》，《外语与外语教学》2003年第2期。
④ ［德］威廉·冯·洪堡特：《论人类语言结构的差异及其对人类精神发展的影响》，姚小平译，商务印书馆1999年版，第208页。
⑤ ［德］海德格尔：《在通向语言的途中》，孙周兴译，商务印书馆2004年版，第90页。

(M. L. Whorf),运用自然语义元语言对不同民族同一概念进行对比和分析的波兰学者维日比茨卡都促进了语言世界图景在世界范围的传播和影响。

世界图景和语言世界图景密切相关,简单地说,它们彼此之间是一种投射和映现的关系,如图3-1所示:

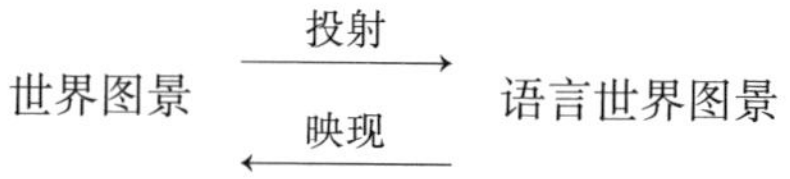

$$世界图景 \underset{映现}{\overset{投射}{\rightleftarrows}} 语言世界图景$$

图 3-1

语言世界图景从进入到语言学研究视域,就引起了学者的高度重视。甚至有学者断言,语言世界图景"不仅拥有巨大的理论空间和超强的理论阐释能力,并有广泛的实践价值,因此被学界普遍看好,并认为是21世纪最有发展前景的一种理论。"[①] 一般认为,语言世界图景同一种语言中的文化世界图景密切相关,这集中反映在近年来崛起的文化概念研究中,因为"文化概念是揭示和反映民族语言世界图景的基元单位,这些概念同俄罗斯民族文化、民族心理、民族情感、民族认同等密切相关。"[②] 但阿普列相对语言世界图景的认识又有所不同。

二 阿普列相对语言世界图景的认识

在阿普列相理论体系中,语言世界图景与朴素世界图景(наивная картина мира)是同一个概念,"指某一自然语言所反映出的、为该语言所特有的一整套朴素的、前科学(донаучный)的对客观世界所形成的观点和看法,把这些认知的观点和成果通过语言记述下来。"[③] 在《语言材料显示的人的形象:系统描写的尝试》(Образ человека по данным языка: попытка системного описания,1995)一文中,阿普列相对语言世界图景

[①] 赵爱国:《语言文化学论纲》,黑龙江人民出版社2006年版,第75页。

[②] 彭玉梅:《俄罗斯民族文化概念分析与解读》,中国社会科学出版社2020年版,第9页。

[③] 徐涛:《莫斯科语义学派的语言世界图景观》,《外语学刊》2011年第3期。

有如下几个方面的理解：

第一，每种自然语言都反映出感知世界和建构世界（对世界进行范畴化）的特有方式。语言中表达的意义形成了某种统一的观念体系和特殊的集体哲学，这种哲学以必然的方式强加给该语言的所有使用者。[1]

语言单位都有词汇意义和语法意义，在交际过程中，双方一般最关注的是词汇意义，但不管语法意义对于报道的内容是否重要，它也必然要有所体现。对于俄语名词的数来说，就是这样一种语法意义。俄语"单数和复数的对立，是通过两种变格体系的部分聚合体（单数和复数的格形式）实现的，在这两类聚合体中同名的格有不同的词尾。"[2] 对俄语这种语言而言，名词或者通过单数形式表达出来，或者通过复数形式表达出来，这属于强制性表达。表示事物数量为一时，用单数；表示事物数量大于一时，用复数——这自不必多说，但在某些语境下，其实并不强调事物的数量，使用单数形式和使用复数形式在语句信息内容上没有实质性区别，即便如此，仍需在表达时选择单数或复数中的一个。

① a. Пожилой человек часто простужается. 老人常感冒。

b. Пожилые люди часто простужаются. 老人常感冒。

例①a 和例①b 中，用单数 пожилой человек 不强调某一个老人，用复数 пожилые люди 也不强调特定的某些老人，无论用单数还是复数，都表示泛指—集合意义，就其传达的信息内容而言，是完全一样的。但是，当表达"老人常感冒"时，必须要求说话人从例①a 和例①b 中选择一种。

与俄语名词单数和复数有明显的形式区别（不变格名词除外）不同，"汉语名词单数、复数同形。在表示模糊复数时，部分指人名词（和代词）可加构形后缀'们'，如'朋友们、你们'"[3]。这样，没有具体的语言环境或上下文情景较模糊时，很难判断汉语的名词是单数还是复数，但是在

---

[1] Апресян Ю. Д.，"Образ человека по данным языка: попытка системного описания"，*Вопросы языкознания*，1995（4），стр. 38-39.

[2] Шведова Н. Ю.，*Русская грамматика*，М.：Наука，1980，стр. 471.

[3] 黄伯荣、廖序东：《现代汉语（增订四版）上册》，高等教育出版社 2007 年版，第 8 页。

表达类似俄语名词"泛指—集合意义"时，汉语名词的数则更有利。

②a. 党和国家领导人关怀大庆。（百度搜索）

　　b. 国家质量监督总局领导来大庆四中检查工作。（百度搜索）

　　c. 书籍是人类最好的老师。（百度搜索）

例②a 和②b 是两篇新闻报道的标题，只看题目很难判断"党和国家领导人""国家质量监督总局领导"是单数还是复数，从报道的内容看，例②a 介绍了毛泽东、周恩来、邓小平等人视察大庆的情况，因此标题中的"党和国家领导人"指多人，是复数；例②b 报道了国家质量监督总局质量司司长在大庆四中检查工作的情况，因此标题中的"国家质量监督总局领导"就是指国家质量监督总局质量司司长，是单数。而例②c 中的"书籍"是概括性的用法，没有区分单复数的必要。

第二，该语言具有的对现实范畴化（看待世界）的方式，有些是共性的，有些则是某个民族特有的。因此，对不同语言使用者而言，透过自己语言棱镜看到的世界是各不相同的。[①]

不同语言对同一现实范畴化既有相同之处，也有差异之处，这是两种语言之间既能互相翻译、互相理解也可能产生交际失误的原因。此外，共性决定了两种语言之间有所谓的等值词，即"两种语言中表示相同词汇概念的对应词"[②]；差异性决定了两种语言之间绝对等值词少之又少。例如对表示亲属关系的名词的不同划分，就反映了俄汉语对同一现实范畴化的异同，下面以部分相关词为例进行说明：

表3-1　　　　　　　　　俄汉语表示亲属关系的名词表

互相关系	俄语表达法	汉语表达法
生养自己的男人	отец	父亲
生养自己的女人	мать	母亲

[①] Апресян Ю. Д., "Образ человека по данным языка: попытка системного описания", *Вопросы языкознания*, 1995（4），стр. 39.

[②] 赵敏善：《俄汉语对比研究》，上海译文出版社1994年版，第266页。

续表

互相关系	俄语表达法	汉语表达法
父亲的父亲	дедушка	爷爷
父亲的母亲	бабушка	奶奶
母亲的父亲	дедушка	姥爷
母亲的母亲	бабушка	姥姥
父亲的兄弟	дядя	伯/叔
母亲的兄弟	дядя	舅
父亲的姐妹	тетя	姑
母亲的姐妹	тетя	姨
父母的其他儿子	брат	哥/弟
父母的其他女儿	сестра	姐/妹

通过表3-1可见，除了 отец 和"父亲"、мать 和"母亲"可以认为是绝对等值词外，其他俄汉语对应各词都不完全相同。有时，俄汉语对同一现实范畴化的差异，给俄汉语互译造成了极大的麻烦。李锡胤举了这样一个例子，因俄汉两个民族对整猪的分割不同，造成了猪肉各个部分大小和名称的差异：俄罗斯一般将整猪分割成 8 部分：свиная голова, баки, корейка, перед, грудинка, окорок, педъедёрок, копытце, 中国一般分割成18部分：血脖、哈力巴、前肘、通脊、腰排、奶脯、里脊、三岔、拳头肉、底板、黄瓜肉、蝴蝶肉、后肘、前蹄、后蹄、猪头、猪尾、上脑。[①]显然，上述各词在俄汉互译时要慎重处理。

第三，语言世界图景之所以"朴素"，是因为在很多重要细节方面它不用于科学世界图景。但是，朴素概念绝不是原始概念，在很多情况下，这样的概念同科学概念一样复杂，同等重要。[②]

如果说对自然界客观存在的物质，例如对水的认识，朴素概念（无

---

① 李锡胤：《编词典要从多方面理解词义》，载《李锡胤集》，黑龙江大学出版社2007年版，第46页。

② Апресян Ю. Д., "Образ человека по данным языка: попытка системного описания", *Вопросы языкознания*, 1995（4），стр. 39.

色、无味、透明的液体等）远不及化学中（由氢、氧两种元素组成的无机物，无毒）对水的定义那样科学、深入，那么对于人的内心世界的情感活动来说，恐怕目前朴素概念的重要性丝毫不逊于科学概念。阿普列相认为，人情感的外在表现有两种基本形式：一是身体上不可控制的生理反应；二是主体做出的可控的动作或言语的反应。① 反映到语言中，某些词汇能明显使人感觉到这种反应，而某些词汇没有。对比下列几组词：

表3-2   两种表示人情感的词语对比表

相关词汇	有无反应	相关词汇	有无反应
ликование（欢腾）	有	радость（高兴）	无
паника（惊慌）	有	страх（恐惧）	无
ярость（狂怒）	有	гнев（愤怒）	无
бешенство（狂暴）	有	возмущение（愤懑）	无
сердиться（生气）	有	обижаться（委屈）	无

当然，表3-2中所列各词与有无明显反应之间的关系或许过于武断，因为这种对应不是绝对的，语言使用场合的多样性、使用者的随意性等因素都会破坏这种对应，但是至少可以说，左侧一栏的词伴有积极动作的概率比右侧大得多。

第四，在朴素世界图景中，可以划分出朴素几何学、朴素时空物理学、朴素伦理学、朴素心理学等。②

图3-2

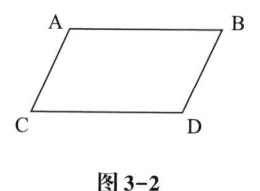

---

① Апресян Ю. Д., "Образ человека по данным языка: попытка системного описания", *Вопросы языкознания*, 1995（4），стр. 53.

② Апресян Ю. Д., "Образ человека по данным языка: попытка системного описания", *Вопросы языкознания*, 1995（4），стр. 39.

如图 3-2，这是人的朴素世界图景中的朴素几何学图形之一——平行四边形。不考虑科学几何学对平行四边形长和宽的定义，在朴素几何学中，当 AB（CD）的长度大于 AC（BD）的长度，就认为 AB（CD）是长，而 AC（BD）是宽。当把 AC（BD）延长，其长度超过 AB（CD）时，如图 3-3，这时就认为，AC（BD）是长，而 AB（CD）是宽。

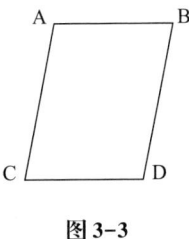

图 3-3

同样的道理，如果某立方体（立方体状的物体）经常按照图 3-4 中的位置（即横着）摆放或使用时，人们往往关注的是它的"厚度"，而不是它的"高度"；如果经常按照图 3-5 中的位置（即竖着）摆放或使用时，人们往往关注的是它的"高度"，而不是它的"厚度"。

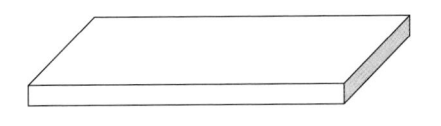

图 3-4

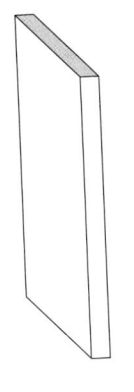

图 3-5

三 俄汉语言世界图景对比管窥

（一）俄汉语徒步运动动词语义对比

同样的徒步运动，汉语和俄语对此有不完全相同的认知。不同的认知折射到各自的语言中，表现为汉语用一个字（词）"走"来表示徒步运动，而俄语则用两个词 идти（走）和 ходить（走）。俄罗斯民族对运动细化为有一定方向的运动和没有固定方向（或往返）的运动，相应地，在俄语中运动动词就出现了定向动词（идти）和不定向动词（ходить）。汉语中一般将"走"的基本运动意义解释为"人或鸟兽的脚交互向前移动"①；俄语中一般将 идти、ходить 的基本运动意义解释为"定向的徒步位移和不定向的徒步位移"。②

1. "走"与 идти、ходить 表徒步位移

"走"表示人或鸟兽的脚交互向前移动，既可以是一种能力，也可以是一种行为。如果表示一种能力，那么与"走"相对的俄语只能用 ходить。

① 临行前，我告诉他：你已经会走了，要锻炼自己走路，不能让妈妈抱。儿子不假思索地答应了。

② Дочь невеста скоро будет. Сын уже ходит и говорит. 女儿很快就要出嫁了。儿子已经会走路、会说话了。

例①中"走"表示徒步位移的能力，表达类似意思时，俄语要用 ходить，在例②中，只能用不定向动词。这是因为，表达运动能力时不强调运动的方向。

如果"走"表示一种行为，那么与之相对的俄语既可能用 идти，也可能用 ходить，视具体情况而定。

---

① 中国社会科学院语言研究所词典编辑室编：《现代汉语词典（第6版）》，商务印书馆 2012 年版，第 1735 页。

② Кузнецов С. А., *Большой толковый словарь русского языка*, Санкт‐Петербург: Норинт, 2002, стр. 375, 1448.

③ 我走到墙角，拿出几张画给她看。

④ 当然了，这是我亲手布置的房间，这些家具都是我亲自去买的，走了很多地方的。

⑤ Идите-ка со мной, — говорит он и идёт в свой кабинет. 跟我来，他说着，并向办公室走去。

⑥ Ходил по комнате рослый молодой парень, временами поглядывал на телефон... 魁梧的小伙子在房间里走来走去，时不时地看看电话……

例③和例④中"走"都是表示徒步位移的行为，例③"走到墙角"是向一个固定的方向运动，表达类似意思时，俄语只能用定向动词 идти，如例⑤，"向办公室走"是向固定的方向运动，这时不能使用 ходить。例④"走了很多地方"没有固定的方向，表达类似意思时，俄语要用不定向动词 ходить，如例⑥，"在房间里走来走去"，没有固定的运动方向，这时不能使用 идти。

2. "走"与 идти、ходить 表示离开

"走"除了上述基本意义外，还有转义用法，表示"离开；去"①。这时，不再强调运动的徒步形式。运动可以是徒步的，也可以借助交通工具，有时脱离上下文语境很难判断。如：

⑦ a. 那一天早晨，安娜起床后见到了郭沫若留给她的信，知道他已经走了。

b. 山楂村的十几只大船要连夜顺流而下，把粮食运到县城，刘景桂随同坐船走。

例⑦a 中的"走"是"离开"之意，因为没有上下文语境，无法知道"走"的具体形式，徒步还是乘坐交通工具。例⑦b 中的"走"也是"离开"之意，根据上下文语境"坐船"，可以推知"走"的具体运动形式是乘坐交通工具"船"。

---

① 中国社会科学院语言研究所词典编辑室编：《现代汉语词典（第6版）》，商务印书馆2012年版，第1735页。

与汉语"走"不同，俄语 идти、ходить 虽然也表示"去某处"①，但仍然强调其运动形式是徒步的，不可能使用其他交通工具。同时，依然强调运动的方向性。

⑧ a. Я иду в библиотеку сразу после работы. 我下班马上就去图书馆。

b. Я последние дни ходил пешком на работу, потому что у меня не было денег даже на метро. 最近几天我是步行去上班的，因为连坐地铁的钱都没有了。

例⑧a 和例⑧b 都强调"去某处"，而且都是（必须是）徒步的行为。区别在于例⑧a 是某一时刻向某一固定的方向运动，因此必须用定向动词，而例⑧b 是表示往返的运动，因此必须用不定向动词。

⑨ * Сегодня утром иду на работу на автобусе.

⑩ * Забыл написать… Лет с 20 по 21, я вообще на метро не ходил!

例⑨、例⑩是错误的句子，因为 идти 和 ходить 强调运动形式的徒步性，它的"徒步"义素与 на автобусе 和 на метро 的"借助交通工具"义素相矛盾，因此这样的句子不成立。

通过上面的分析可以发现，汉俄语言世界图景中表示徒步运动的动词有所不同。首先，"走"和 идти、ходить 对运动形式的强调不同。"走"可以徒步，也可以借助交通工具，而且可以不在陆地上。идти、ходить 则强调运动形式必须是徒步的，不借助交通工具，而且是在陆地上。其次，"走"和 идти、ходить 对运动方向的理解不同。"走"的基本意义不关注运动的方向，当表示"去"的意义时，对运动方向的理解是从运动主体所在的地方到别的地方。идти、ходить 关注的方向，是指运动有无固定的某一方向，идти 强调运动按照一定方向进行，ходить 强调运动不是按照一定方向进行的，或者运动是往返的。需要指出的是俄语 идти、ходить 转义用

---

① Кузнецов С. А., *Большой толковый словарь русского языка*, Санкт‐Петербург: Норинт, 2002, стр. 375, 1448.

法非常多，李锡胤把 идти 划分为 25 个义项①，上述对比只取其"（人、动物）步行"这个最基本的意义。

（二）俄汉语动物词汇概括性对比

如前所述，每个民族语言的某些词汇意义中，都含有附加的意义成分，即附加意义或伴随意义。附加意义既不直接进入词汇意义，也不是从词汇意义推导出的结果。例如 петух（公鸡）一词，其基本的、主要意义为 самец курицы（雄性鸡），非本质性的特征有两种：第一种，大鸡冠，长尾巴等；第二种，早睡早起，好惹是生非。显然，第一种特征是从"公鸡"的词汇意义中直接推导出来的，因此只有第二种特征才是"公鸡"的附加意义。对同一种动物，不同语言中对其附加意义可能有共同与不同的理解。对比俄汉语词汇中不同的附加意义或文化伴随意义，始终是俄汉语对比的研究热点之一。

刘光准、黄苏华认为，"人对动物的好恶褒贬可能是客观唯物的，也可能是主观唯心的，不可能不受民族的社会生活方式、居住地理条件、心理、道德、价值观、审美观、宗教信仰等文化因素的影响"②。他们以俄汉语中熟语、俗语、谚语以及文学作品为素材，对俄汉语中某种动物的相同与不同的象征意义（即附加意义）进行了比较研究。

吴国华、杨喜昌从理论上厘清了伴随意义与词汇背景的关系，阐述了文化伴随意义的内容，分析了影响文化伴随意义形成的几个因素，明确了文化伴随意义的美学功能，并对俄汉文化伴随意义的差异进行了研究。他们研究了三类文化伴随意义：共有事物，文化伴随意义不同或截然相反；共有事物，仅一种语言中有文化伴随意义；特有事物具有鲜明的文化伴随

---

① 李锡胤：《词典的广度、深度，词义层次及体系》，载《李锡胤集》，黑龙江大学出版社 2007 年版，第 9 页。

② 刘光准、黄苏华：《俄汉语言文化习俗探讨》，外语教育研究出版社 1999 年版，第 23—44 页。

意义。①

王加兴、袁俭伟、孙飞燕等人举例分析了我国十二生肖中的鼠、牛、兔、蛇、马、羊、鸡、狗、猪9种动物在俄语惯用语中的文化伴随意义，并简要说明了它们的象征意义在俄汉语中的异同。② 此外，刘宏③、宋洪英④等人也都从不同视角对俄汉语同一语言单位附加的意义成分进行过对比研究。

通过上面的论述可以发现，对俄汉语动物词汇附加意义的研究已经非常丰富，因此我们不再探讨。

这里，想谈论关于动物词汇的另一个问题——表示动物名称的名词概括性的问题。2015年是中国的农历乙未年，俗称羊年。在羊年春节前夕，《扬子晚报》上刊载的一篇文章引起了人们的极大兴趣。文章指出，外国人（以英语为母语的人）在报道中国羊年的时候，不知道"羊"该怎么翻译："中国的羊年究竟是哪种羊？是有角大公羊（Ram），还是山羊（Goat），抑或是绵羊（Sheep）？英国和美国的多家媒体都给出了不同的答案，甚至请来多位专家解读，最后还是没有一个确切的答案。"⑤ 按照这个逻辑，不禁要问牛年中的"牛"应该是黄牛，水牛，还是犀牛？中国人从来不会纠结类似的问题，但是对外国人来说，却必须要弄清楚是具体哪一个品种，否则没有办法翻译。为什么中国人不认为是问题的问题，外国人却犯难了呢？究其原因，在于不同民族语言反映的世界图景不一样。对汉语来说，几乎所有表示动物名称的词都有一个概括性的说法，例如"羊"，是一个泛指，内涵覆盖了所有品种、所有雌雄、各种各样的羊；但是对英语来说，很多表示动物名称的词，都是表示具体的某个品种、某个性别，没有一个名词可

---

① 吴国华、杨喜昌：《文化语义学》，军事谊文出版社2000年版，第120—123页。

② 王加兴、袁俭伟、孙飞燕等：《俄语语言与文化六讲》，北京大学出版社2014年版，第109—186页。

③ 刘宏：《俄语语言与文化：理论研究与实践探索》，外语教学与研究出版社2012年版。

④ 宋洪英：《语言文化学视野下的定型研究》，河南大学出版社2011年版。

⑤ 张可、周茂川：《老外抓狂：中国羊年究竟是什么羊？》，《扬子晚报》2015年2月16日第A6版。

以像汉语的"羊"那样具有超强的概括力。

下面以十二生肖中的12种动物为例，对俄汉语的相关表达方式进行对比，重点关注表达同一种动物时，俄汉语名词的概括性。

表3-3　　　　　　　　俄汉语表示12种动物的名词表

汉语表达方式	俄语表达方式	俄语是否有概括性称名
鼠	мышь（鼠科；耗子），крыса（家鼠）	有
牛	корова（母牛），бык（公牛） буйвол（水牛），вол（阉牛）	无
虎	тигр（虎；公虎），тигрша（母虎）	雄性可用概括性称名
兔	заяц（野兔），кролик（家兔）	无
龙	дракон（龙）	有
蛇	змея（蛇）	有
马	лошадь（马；母马），конь（公马）	雌性可用概括性称名
羊	козел（公山羊），коза（母山羊） баран（公绵羊），овца（母绵羊）	无
猴	обезьяна（猴）	有
鸡	петух（公鸡），курица（母鸡）	雌性可用概括性称名
狗	собака（狗；母狗），пес（公狗）	雌性可用概括性称名
猪	свинья（猪；母猪），кабан（公猪）	雌性可用概括性称名

通过表3-3可以发现，在12个表示动物词汇的名词中，有9个有概括性泛指意义，但仔细分析这9个名词，其中又有5个不是用专门的、独立的一个词来表示概括性泛指意义的，而是用了表示雌性（或雄性）动物的名词，同时表示概括性泛指意义。可见，俄语动物词汇能专门表达概括意义的并不多，这是俄语动物词汇乃至所有俄语名词的一个特点。

对汉语和俄语表示徒步运动的动词、表示动物词汇名词的概括性进行分析，可以发现两个不同民族对同一现象的不同认知，进而，这种认知固化在各自的语言中，形成了各自的语言世界图景。语言使用者必须按照含有不同认知方式的语言去描述事物和现象，在语言的使用过程中仿佛有一种看不到的强大内在推动力发挥着作用。如果没有两种或多种语言的对比，这种强大的内在推动力往往很难被意识到。对语言世界图景的研究，具有语言学和哲学双重意义。通过对不同民族语言世界图景差异性的探讨，一方面，可以更好地进行两种语言的对比，有利于语言教学和翻译；另一方面，可以进入另一民族的语言意识中去，进而揭示出不同民族世界观的区别。

第五节 《新型俄语同义词解析词典》详解

阿普列相既是理论语言学家，也是词典编纂的实践者。一方面，他吸收理论语言学取得的研究成果，将其用于指导词典编纂实践；另一方面，通过大规模语料检验语言学理论的正确性，同时根据检验结果修正理论。《新型俄语同义词解析词典》是语言学理论词典化的成果，也是系统性词典学思想的实际体现。

一 《新型俄语同义词解析词典》的构成

自20世纪90年代初以来，阿普列相领导的俄罗斯科学院俄语研究所理论语义学部开始致力于新型俄语词典的编纂工作。于1997年、2000年、2003年分别推出了三部同名词典——《新型俄语同义词解析词典》，并于2004年将前三部词典整合、修订和补充，出版了《新型俄语同义词解析词典（第二版）》（以下简称《新型》），共收录同义词列354对。《新型》的内容整体上由八部分构成，即序言、词典的词条结构、词典的语言学术语、标识的方法与使用的符号、词典的参考资料、缩略语、具体的词条及其作者和索引。其中，"词典的词条结构"是对词典微观结构的详细说明，本节第二小节将专门对此予以介绍；"具体的词条及其作者"是词典的正文部分，限于篇幅，暂时不做详细说明。本小节拟对《新型》其他六部分进行简单介绍。

1. 序言

序言部分是对《新型》的宏观介绍。如上文所言，《新型》是前三部词典的合订版、修正版，在形成《新型》时，对前三部词典进行了技术上和内容上的编辑。

技术上的编辑主要是协调不同作者编写的词条的词位索引，重新编排词条的顺序。因为前三部词典都是相对独立编写的，词条按照俄语字母的顺序排列，在《新型》中要对前三部词典中的词条进行统一处理。

与技术上的编辑相比，内容上的编辑更为重要，也更为繁重。对内容的编辑，首先是对词典材料的扩充。在编纂第一部词典时，是以比较有限的文本语料库为基础的，当时语料库中只有100万个词汇用例，而现在已经达到了3400万个，因此必须对前几部词典的语料进行充实。此外，在词典编纂过程中，无论在理论方面还是实践方面，作者们都在不断地积累着新的经验，而这些新经验在前几部词典中当然不可能得到充分的体现。因此，对内容上的编辑主要包括下面三个方面：其一，在新的语料库基础上对词典的例证部分进行扩充和丰富；其二，在例证扩充和丰富的基础上对语言材料的词典描写进行修改和加确；其三，在词条的微观结构中增加新的区域——导言区（преамбулы）和注解区（примечания）。[①]

《新型》是在1979年出版的《英俄同义词词典》基础上编纂而成的，在《英俄同义词词典》中已经部分地实现了阿普列相前期语言学研究的理论构想。《英俄同义词词典》确定了《新型》中最重要的地方——总体模式和对同义词之间共性和差异的多方面描写，主要体现在以下几点：

用统一的语义元语言对某同义词列所有成员的共同意义部分进行分析性注释；

利用语义特征比较同义词列中的同义词，正是这些特征鲜明地体现了词位组织的系统性原则；

根据语义特征与其他语义上相关的同义词群（或同义词列内部的亚群）对比，展现同义词群或同义词列内部亚群之间的共性和差异；

分析同义词之间差别中和的上下文语境（语义的、句法的、搭配的、

[①] Апресян В. Ю., Апресян Ю. Д., Бабаева Е. Э. и др., *Новый объяснительный словарь синонимов русского языка*, М. : Языки славянской культуры, 2004, стр. Ⅷ.

形态的）条件、语用条件和其他条件；

作为研究对象的某同义词列中的词位，与其语义上相近的其他词位，也要予以指出；

描写同义词之间结构和搭配方面的共性和差异；

划分出一个特定的例证区，用翔实的标准语材料展现同义词所有已知的性能，这些材料同时也是确定同义词性能的基础。①

以上是《新型》继承《英俄同义词词典》总体模式的几个特点，此外，《新型》在如下三个方面对《英俄同义词词典》有所超越：

在《新型》中反映了20世纪90年代末理论语义学取得的最新成果，对语言世界图景、词位中系统关系等表现出了浓厚的兴趣；

《英俄同义词词典》的语料仅限于19世纪和20世纪初的文学作品，而《新型》以更为广阔的现代俄语语料为基础；

《英俄同义词词典》的研究对象是英语，而《新型》的研究对象是俄语，对外语和母语的理解程度自然不可同日而语。

此外，在序言部分，阿普列相还介绍了《新型》的编纂原则，如积极性、系统性、集成性、定位于揭示语言世界图景等，鉴于前文对此都有详解介绍，这里不再赘述。

2. 词典的语言学术语

阿普列相认为，《新型》有两个最重要的目的，一是对现代俄语标准语的同义词位系统进行科学的描写。具体来说，《新型》应该尽可能充分地描写词位的语义、语用、交际、超音段、搭配、句法、形态和其他性能，描写同义词之间的区别，指明每个同义词列在整个语言词汇语义系统中的位置；二是纯实践的目的，即用普通读者（非语言学研究者）能看懂的元语言对词位进行描写。② 显然，完成这两个目的绝非易事，前者要求

---

① Апресян В. Ю., Апресян Ю. Д., Бабаева Е. Э. и др., *Новый объяснительный словарь синонимов русского языка*, М.: Языки славянской культуры, 2004, стр. VIII-IX.

② Апресян В. Ю., Апресян Ю. Д., Бабаева Е. Э. и др., *Новый объяснительный словарь синонимов русского языка*, М.: Языки славянской культуры, 2004, стр. XII.

科学性，后者要求通俗性，阿普列相只能寻找一种折中的方式。这种方式就是保留大量现代语言学理论中的概念，但是不对这些专门的语言学术语进行滥用。

《新型》中使用的术语包括两种：一种是学校语法（школьная грамматика）术语，即传统词典中对语法进行标注的系统，这类术语大约占全部专门术语的20%；另一种是相对而言较新的术语，但已经证明了其强大的生命力，且适合在词典学中使用，这类术语大约占全部专门术语的80%。前者包括词类的名称（名词、动词、形容词等），基本的词形变化语法范畴（名词的数和格、动词的时、体、式、态、人称等）；后者在概念上更为复杂，主要是语言集成描写所特有的一些概念。

3. 标识的方法与使用的符号

（1）排版用的字体

同义词列中的同义词用黑体排版。在词条词目中用大写字母书写，在词条的其他地方用小写字母书写。如果词位名称中含有数字索引，在不影响理解的前提下，在任何情况时都可以使用。

除了同义词列中的同义词，其他词位及其各种词形、词组、句子、超句统一体在例证区以外的所有区域都用斜体排版。同义词列中的同义词在例句中（例证区除外）用黑斜体标出。例证区文本中的例子用直体排版，同义词列中的同义词在例证中用黑体标出。

对所有语言和文本单位的注释或其他意义解释都用正常的直体排版。

除了例证区以外，词典所有区域的文献资料引文都用直体排版，并放在圆括号内；在例证区，这样的引文用斜体排版。

（2）词典中的符号

词典中使用三种符号：圆括号、角括号和方括号。列入圆括号中的是资料的名称、可选词组成分、各种参阅（отсылка）和简要说明；列入角括号中的是词组变体，例如 *возможный* <**вероятный**> *исход событий*（事件可能的结局）；列入方括号中的是简要的语言学、日常生活或百科知识的注释，以及各种解释（如文学作品中人物的名字），例如 *А тут,* **заметьте***, крутой* подъем（注意，这里是陡坡）［动词 замечать 在插入结构中，尤其用完成体形式，表达的不是"用视觉感知"的意思，而是"引起注意或提醒"的意思］。

词典中除了使用正常的语料外，还引入了所谓的"否定语料"（отрицательный языковой материал），即俄语中不可以那样说的语料。这样的语料，根据不正确的性质和程度，分别用下列词进行标识："不自然"（неестественно）、"奇怪"（странно）、"不妥"（неуместно）、"不标准"（нестандартно）、"可疑"（сомнительно）、"不好"（плохо）、"不正确"（неправильно）、"不允许"（недопустимо）、"不可能"（невозможно），或者使用"？""？？""＊"符号进行标识。从"？"到"＊"不正确的程度递增，其中，用"＊"表示例句的说法是错误的。

借助于上下箭头符号，表示句子的重音。其中，下箭头"↓"只表示主要的句子重音；上箭头"↑"既可以表示主要的句子重音，也可以表示语段重音，这取决于语句的类型。此外，还可以用"↓↓"表示逻辑重音或对比重音，用"↓↓↓"表示加强语势重音。

缩写词 VS（来自拉丁语 versus）表示"与之对立"之意，用于几组互相对立的语言或文本对象中。

约等于号"≈"表示大约相等，用于不完全准确或不完整的注释。此外，用该符号还表示不精确的转换关系和反义关系。

三个小连字符"---"表示引文中的省略，但是在引文的开始和结束之处不能使用。

4. 词典的参考资料

词典的参考资料包括两部分：文献资料和词典资料。

词典中最主要的文献资料来自电子文本库，该库从 1992 年词典编纂开始之时便由俄罗斯科学院俄语研究所理论语义学部开始筹建。目前，该电子文本库的总量已达到 1650 种资料，大约 3400 万个词汇用例。[①] 纳入到

[①] Апресян В. Ю., Апресян Ю. Д., Бабаева Е. Э. и др., *Новый объяснительный словарь синонимов русского языка*, М.：Языки славянской культуры, 2004, стр. LV.

电子文本库的有俄罗斯经典文学作品,"白银时代"和现代作家的作品,涵盖了语言创作的所有主要文学体裁:散文、诗歌、戏剧、文学批评、回忆录、政论作品、哲学、新闻报道,等等。其中,最主要的是20世纪散文、19世纪散文、诗歌、政论作品、文艺作品、译著等。

词典资料部分包括11部词典。

5. 缩略语

词典中使用两种类型的缩略语,语法缩略语(共33种)和修辞缩略语(共42种)。① 下面在两种缩略语中各随机选取几个,进行简要说明。

表 3-4　　　　　　　　（部分）俄语语法缩略语表

语法缩略语	语法缩略语全称	汉语译文
БУД	будущее время	将来时
ДАТ	дательный падеж	第三格
ДЕЕПР	деепричастие	副动词
ЕД	единственное число	单数
ЖЕН	женский род	阴性
ИЗЪЯВ	изъявительное наклонение	陈述式

表 3-5　　　　　　　　（部分）俄语修辞缩略语表

бран.	бранное	骂人
груб.	грубое	粗俗
диал.	диалектное	方言
жарг.	жаргонное	俚语
ирон.	ироническое	讽刺
книжн.	книжное	书面
прост.	просторечное	俗语

---

① Апресян В. Ю., Апресян Ю. Д., Бабаева Е. Э. и др., *Новый объяснительный словарь синонимов русского языка*, М.: Языки славянской культуры, 2004, стр. LXIX.

6. 索引

索引部分包含词典词条中所有研究和提及的词汇单位（词位及其等值物），所有同义词列用黑体字排版，其他词汇单位用正常字体。

二 《新型俄语同义词解析词典》的词条结构

词典的词条可以分成若干个区域和亚区域，其中的每一个部分都包含着特定的信息类型。《新型》对同义词的不同性能进行了详细描写，共划分出了九个不同的区域，分别为词条词目、导言区、意义区、注解区、形式区、结构区、搭配区、例证区和查询区。

（一）词条词目

词典的词条词目就是同义词列本身，即意义上有足够多共性部分的词位群。所有同义词用大写黑体字排版。如果词位属于一个多义词，则词位的名称中含有数字索引，例如 БЕСПОКОИТЬ₁，ТРЕВОЖИТЬ₁。

1. 主导词

主导词是某个词列的第一个词位，它在该词列中有最广泛的意义，是最被经常使用的同义词。主导词拥有最多的聚合体，最广泛的句法结构组合和搭配性能，在修辞、语用、交际、超音段方面都是最中性的词位，如上述同义词列中的 БЕСПОКОИТЬ₁。

2. 修辞标注和语法解释

在必要的时候，对进入某同义词列中的每一个词位都要进行修辞标注。《新型》采用传统的修辞标注体系，例如 предназначение（使命，任务）的修辞为 высок.（崇高）。阿普列相共使用 42 种修辞标注，详见《新型》的"缩略语"部分。[①]

对同义词还要进行必要的语法解释，其中包括对动词词位要指出其体的对应形式，例如 рисовать₁ [СОВ нарисовать]。

[①] Апресян В. Ю., Апресян Ю. Д., Бабаева Е. Э. и др., *Новый объяснительный словарь синонимов русского языка*, М.: Языки славянской культуры, 2004, стр. LXIX.

3. 词列内部语义群

同义词列内部，几个同义词排列的原则是：空间位置的远近反映其语义相近的程度，如《新型》中有一组同义词列：надеяться，уповать，рассчитывать₁，полагаться. 前两个表示主体体验到的情感，它们的语义更近；而后两个表示对情景的理性评价，它们的语义更近。

4. 词列注释

列举出同义词列后，在引号中对词位意义交叉部分进行分析性注释。关于分析性注释，参见第二章第四节。

如果某词列的主导词无法用语义元语言进行分解，则统一用这样的解释代替注释：该词列主导词是语义基元词。①

5. 用法示例

在对同义词列中各词位意义交叉部分进行分析性注释后，需要举例说明每个词位典型条件下的用法。如《新型》对 беспокоиться₁，тревожиться，волноваться₁ 意义交叉部分的注释为"体验到不愉快的情感，当一个人对与他有关的重要事件不了解，或当他担心情况发生变化或可能向不好的一面转变时，常常出现这样的情感"，然后便给出用法示例：Почему вы не звонили? Мы так беспокоились <тровожились, волновались> за вас. （为什么你们不打个电话？我们非常担心你们）。②

（二）导言区

导言区用 ПРЕАМБУЛА 标识，作用是将某同义词列引入与其相近的同义词列，并指明：其一，该词列与其他词列共性和差异之处；其二，该词列所属的更高一级的词汇语义类别，以及该词列在更高一级词汇语义类别中的地位；其三，该词列所反映的语言世界图景的某个片段。

---

① Апресян В. Ю., Апресян Ю. Д., Бабаева Е. Э. и др., *Новый объяснительный словарь синонимов русского языка*, М.：Языки славянской культуры, 2004, стр. XⅢ.

② Апресян В. Ю., Апресян Ю. Д., Бабаева Е. Э. и др., *Новый объяснительный словарь синонимов русского языка*, М.：Языки славянской культуры, 2004, стр. 26.

表示"等待"的同义词列 ждать₁.₁, дожидаться, ожидать₂, поджидать 等，在其导言区应与其他两个同义词列进行对比：表示"希望"的 надеяться, уповать, рассчитывать, полагаться 和表示"担心"的 бояться₁, пугаться, страшиться, опасаться 等。这三组同义词列的共同意义是指明主体某种内心状态和未来定位（проспективная ориентация），即说话人认为，在将来的某个时刻可能会发生的、与主体有关的事件。在表达这个意义时，ждать₁.₁ 词列是中性的评价色彩，而 надеяться 词列是肯定的评价色彩，бояться₁ 词列是否定的评价色彩。根据"未来定位"的特征，这三组词同属于更高一级的词汇语义群，该群还包括表示"许诺"意义的词列 обещать, 表示"警告"意义的词列 предупреждать, 等等。

《新型》词条 замереть₁.₁, застыть₂.₁, остолбенеть, оцепенеть, окаменеть （表示"发呆"意义）的导言区中，重构了与人的内心世界相关的语言世界图景片段：反映人的情感及其症状的朴素图景，即情感状态的身体表现。①

（三）意义区

意义区用【3】标识，主要描写同义词之间内容方面（语义的、指称的、语用的、交际的）共性和差异，也描写同义词的超音段特征。在该区域，还可能描述同义词之间差异在某种程度上发生中和、以便可以彼此替代的条件。

1. 概要

"概要"是意义区的第一个亚区域，实际就是词典词条的指南。在这里描写能构成该词列内部对立的语义、语用及其他特征。

阿普列相认为，表示"努力尝试"的同义词列 пытаться, пробовать₁, стараться₁, силиться 中，各词彼此之间的差异表现在意义特征八个方面的区别，下面列出最重要的五个。

（1）主体欲进行的行为的规模和特点。пытаться 可指任何行为，

---

① Апресян В. Ю., Апресян Ю. Д., Бабаева Е. Э. и др., *Новый объяснительный словарь синонимов русского языка*, М.：Языки славянской культуры, 2004, стр. XIV.

пробовать₁只用于可控的行为。

（2）努力的程度及其客观必要性。пробовать₁努力的程度最小，且不是必需的；силиться 努力的程度最大，且是必需的。

（3）施加努力的一个行为，是否可以分解。пробовать₁表示的行为可以分解，而стараться₁不可以。

（4）行为发生和结果达到的可能性。силиться 经常表示不可能实施某行为，因而也就不会有结果；стараться₁经常表示能完成某行为并获得相应的结果。

（5）可能失败的原因。стараться₁表示选择的途径可能不对，而силиться 表示主体的资源不足。①

2. 同义词之间的语义共性和差异

概要之后是词条的主要部分，这部分描写根据某些特征或特征的总和而划分的各种语义群和单个的词位。

表示"绘画"的同义词列 рисовать₁，зарисовывать₁，писать₄，малевать 中，可以分出两个义群，рисовать₁ 和 зарисовывать₁ 为一组，писать₄ 和 малевать 为另一组。第一组词位强调图画的轮廓、线条和形状，第二组强调图画的颜色、光线和色彩；第一组词位表示的行为，一般用铅笔、粉笔、炭笔作为工具，第二组词位表示的行为，一般用软笔蘸着颜料在油画底布上完成；第二组词位行为的目的一般是为了形成某个美术作品，而第一组未必如此；第二组词位行为的主体一般都或多或少有些专业技能，而第一组未必如此。②

3. 指称和语用性能

表示"等待"意义的同义词 ждать₁.₁和 поджидать，其区别之一是它们直接补语的指称状况有所不同，前者的补语可能有具体的所指（定指），

---

① Апресян В. Ю., Апресян Ю. Д., Бабаева Е. Э. и др., *Новый объяснительный словарь синонимов русского языка*, М.：Языки славянской культуры, 2004, стр. XIV.

② Апресян В. Ю., Апресян Ю. Д., Бабаева Е. Э. и др., *Новый объяснительный словарь синонимов русского языка*, М.：Языки славянской культуры, 2004, стр. XV.

也可能是种类的所指（不定指），例如 Она ждет жениха.（她在等未婚夫）。这里的"未婚夫"可能是定指，即已经确定的某人，也可能是不定指，即一直在寻找但尚未确定的某人；而 поджидать 的补语只能是具体的所指。

表示"请求"意义的同义词 просить$_{1.1}$，упрашивать，умолять，молить，заклинать 中，просить$_{1.1}$在语用方面有自己的特殊用法，即可以作施为动词，关于施为句，详见第三章第二节第一小节。

4. 同义词的交际性能和超音段特征

一般来说，超音段和交际性能是整个语句所具有的，而不是某个词所具有的。但是很多这样的性能已经词汇化，即已经固化到某个词位上，这时就成为《新型》的描写对象。

比较下面两个句子：Я привык вставать↓ рано.（我习惯了早起）；Я↓привык вставать рано.（早起，我习惯了）。第一个句子具有一般性的通报功能，没有其他附加意义；第二个句子则具有更加丰富的意向功能：一方面，"可以把引用过去早起的经验作为证据，证明'当前的情景对我来说没有什么困难'（起到安慰交际对方的功能）；另一方面，这个句子还能用来解释，为什么在这么早的时候我就有如此振奋的状态。"①

5. 中和化

同义词之间差异的中和化以及随后的互相替换，不是同义词必须要体现的性能，但在《新型》中对此还是进行了研究。

与 ждать（等待）相比，дожидаться（等待）的语义特点更加鲜明，它表示"在某地点耐心地、饶有兴趣地、可能是长时间地等待某一事件的出现，通常会达到想要的结果。"②

当处于一次性在某一特定地点等待特定事件发生的语境时，上述这些

---

① Апресян Ю. Д., *Избранные труды том* Ⅱ. *Интегральное описание языка и системная лексикография*, М.：Языки русской культуры, 1995, стр. 319.

② Апресян Ю. Д., *Избранные труды том* Ⅱ. *Интегральное описание языка и системная лексикография*, М.：Языки русской культуры, 1995, стр. 319.

语义特点在使用未完成体时消失，在这一条件下，ждать 和 дожидаться 的差异发生中和，如果不考虑修辞上的区别，二者可以互相替换。

（四）注解区

注解区不是每个词条必需的，是否出现该区因词而异。注解有三种：一是研究因某种原因（古旧、不标准等）未列入的同义词；二是研究同义词列中各词（多义词）的其他意义；三是研究同义词列中各词的近义词。

（五）形式区

形式区用【Ф】标识。同义词之间的共性和差异可能表现在语法形式的组合上，同一语法形式的意义组合上，某个形式的语义、语用、修辞、结构、搭配的特殊性上，以及某形式是否为该词位所特有。

1. 语法形式组合的共性和差异

表示"等待"的同义词列 ждать$_{1.1}$, ожидать$_2$, дожидаться, поджидать, подождать$_1$, обождать, прождать, выжидать, пережидать 中, ждать$_{1.1}$, ожидать$_2$, поджидать 只有未完成体形式，подождать$_1$, обождать, прождать, 只有完成体形式，剩下三个词既有未完成体形式，又有完成体形式。

表示"建议"的 рекомендовать 和 советовать 有个明显的区别，前者既可以用于主动态也可以用于被动态，而后者只能用于被动态。

表示"看见"的词列中，видеть$_{1.1}$可以用现在时，而видать$_1$不可以。

2. 同一语法形式不同语义组合的共性和差异

表示"说某人坏话"的同义词列 жаловаться$_2$, наушничать, ябедничать, фискалить, капать$_3$, стучать$_3$ 中，只有 жаловаться$_2$ 的未完成体形式可以表示现实—长度意义（актуально-длительное значение），例如 Я случайно вошел в комнату как раз тогда, когда он жаловался на меня（我偶然走进房间，正好赶上他在说我的坏话）。其余各词的未完成体形式，要么没有现实—长度意义，要么不是其典型的意义。

3. 形式的语义特殊性、句法特殊性和其他特殊性某些同义词可能在语法形式列中获得语义的、修辞的、语用的、搭配的、结构的或其他某些特殊性能，这些性能是其他同义词所不具备的。

表示"认为"的同义词列 считать₂, думать₂, полагать, находить₄, рассматривать₄, смотреть₂, усматривать₂, видеть₃.₂中，只有 рассматривать₄和смотреть₂可以自由地使用第二人称命令式形式，且完全保留自己的意义。считать₂和думать₂形式上可以使用第二人称命令式，但不表示命令意义。前者命令式的意义可参见第三章第二节第二小节，后者的命令式是约定俗成的用法，只用于固定的结构 думай что хочешь（你愿意怎么想就怎么想吧）。

4. 固有形式和非固有形式

除了进入语法聚合体的词位的固有形式，有时还需考虑从相近同义词中借用的所谓非固有形式（несобственная форма）。如动词 ждать，与其他大多数同义词不同，它没有副动词形式，因此在必须使用副动词的场合，只能借用同义词 ожидать 和 дожидаться 的副动词 ожидая, дожидаясь。

（六）结构区

结构区用【K】标识，该区域描写同义词列各词特有的句法结构组合上的共性和差异，其中包括同义词支配上的差异，句法功能和句子类型上的特性，词序以及结构的特殊性等方面。

1. 支配的共性和差异

《新型》的词条中系统地固化着同义词支配性能的下列共性和差异：

语义题元的数量。例如同一词列中 жаловаться（抱怨）和 плакаться（诉苦）都有信息受体题元，而 роптать（发牢骚）没有。

句法题元的表现形式。例如表示"通知"意义的同义词 информировать, извещать, оповещать, уведомлять, осведомлять 都用名词（代词）四格形式表示其信息受体题元，而同样表示"通知"意义的另一些同义词 сообщать, докладывать, доносить, объявлять 却用名词（代词）三格形式表示其信息受体题元。

句法题元的必选程度。如 создатель（创始人）就必须表示产品的句法题元与之共现，可以说 создатель теории（理论的创始人），但是不可以说 *бесодавать с создателем；与 создатель（创始人）同义的 автор（作者）就不需要表示产品的句法题元，既可以说 автор теории（理论的创始人），也可以说 бесодавать с автором（与作者谈话）。

句法题元的可现性。相对于 жаловаться（抱怨）和 плакаться（诉苦），сетовать（抱怨）也同样有信息受体题元，但在句法上极少出现。

2. 句子句法类型的共性和差异

对词汇语义特性最为敏感的当属否定句、疑问句、条件句等，下面就以否定句为例进行说明。

在表示"习惯"意义的同义词列 привыкнуть₁、приучиться、втянуться₃,₂、приохотиться、пристраститься、повадиться 中，所有词的未完成体形式都不能正常用于否定句中。如 ?Я не привыкал работать со словарями（?我不习惯用这些词典工作），类似的句子至少在意义上是很奇怪的。上述词列中各词的完成体，只有 привыкнуть 可以完全自由用于否定结构，如：Я не привык разговаривать в таком тоне（我不习惯用这种语调讲话）。但此时，常常发生否定转移。也就是说，这里 не 否定的不是 разговаривать，而是 в таком тоне。"我不习惯用这种语调讲话"暗含着"我习惯用别的语调讲话"之意。①

3. 词序

俄语正常的语序是主语在前，谓语在后，但对于上述词列中的 повадиться（养成某种习惯）而言，它作为谓语置于主语之前，是正常的用法，如：Повадились солдаты на рынок ходить（士兵们习惯了步行去市场）。

对于 виться（蜿蜒）、гореть（亮）、дуть（刮）这类动词而言，当它们与 тропка（小路）、свет（灯）、ветер（风）这类名词搭配时，动词均表

---

① Апресян В. Ю., Апресян Ю. Д., Бабаева Е. Э. и др., *Новый объяснительный словарь синонимов русского языка*, М.：Языки славянской культуры, 2004, стр. XVIII.

示存在意义，前置于名词是它们的特性，如：Дует ветер（刮风）、Идет дождь（下雨）。

4. 结构的语义特殊性、句法特殊性和其他特殊性

在很多情况下，结构上的差异常常伴有形式组合或搭配上的差异，以及语义上的特殊性。

ждать（等待）和 ожидать（等待）都可以支配表示等待对象意义的名词（人、交通工具、事件、时间上的某一时刻等）。如果等待的对象是人，则支配第四格，如：ждать девушку（等姑娘）；如果等待的对象是物体、行为、事件等，则支配第二格，如：ждать поезда（等火车）。

（七）搭配区

搭配区用【C】标识，主要描写同义词在语义、词汇、形态、交际—超音段以及其他形式的搭配。

1. 语义搭配

表示"认为"的同义词列 считать₂，думать₂，полагать，находить₄，рассматривать₄，смотреть₂，усматривать₂，видеть₃.₂ 中，считать₂，рассматривать₄，видеть₃.₂ 的主体题元可以是表示集体的称名，如国家、政府、单位等，而该词列中的其他词不能与表达类似意义的主体题元搭配。

радоваться（高兴）的主体既可以是人，也可以是其他高等动物，如 Собака радуется, увидев хозяина（看到主人，狗很高兴）。而表示主体情感的同义词 ликовать（欢呼）和 торжествовать（庆祝）的主体只能是人。[①]

2. 词汇搭配

动词 уменьшить（减少，降低）可以与物体和过程的任何参数搭配，如 уменьшить длину <ширину, толщину> чего-н.（减少某物的长度<宽度，厚度>），уменьшить цены（降低价格），уменьшить скорость

[①] Апресян В. Ю., Апресян Ю. Д., Бабаева Е. Э. и др., *Новый объяснительный словарь синонимов русского языка*, М.：Языки славянской культуры, 2004, стр. XIX.

<давление>（降低速度<减少压力>）。而与之同义的动词 сбросить（减少，降低），在表示同样意义时只能与有限的几个词搭配：сбросить вес <давление, скорость, температуру>［降低重量<（减少）压力、速度、温度>］。

3. 形态搭配

连接词 как только（刚一……就……）可以在某个意义上与动词 стоить（只要……就……）形成同义词，例如当表达"他一进屋，大家就站了起来"时，可以用两种方式：Как только он вошел, все вставали 或者 Стоило ему войти, как все вставали。除了意义上的细微差别外，它们在形态搭配上还有一个明显的区别：как только 可以与动词的任何体搭配，也就是说上面的例句也可以改作 Как только он входил, все вставали. 但是，стоить 只能与完成体动词不定式搭配，因此不可以说 *Стоило ему входить, как все вставали.

4. 超音段和交际搭配

阿普列相认为，动词 поторопиться（匆忙）有两个意义：一是做某事过于匆忙，导致结果过早发生；二是很快地做某事。用于第一个意义时，поторопиться 总是带句子重音，一般做述位，如 Он↓поторопился уйти（他离开得太匆忙了）。在这个例句中，"离开"是已知，"匆忙"是新知。而用于第二个意义时，поторопиться 不带句子重音，一般做主位，Он поторопился↓уйти（他匆忙地离开了）。在这个例句中，"离开"是新知，"匆忙"是已知。[1]

5. 搭配类型的语义特殊性

表示"认为"意义的推断动词同义词列中，думать 和 считать 与其他动词（усматривать, полагать, находить 等）不同，与阶段动词 начинать（开始）搭配时，形成相对固定的表述：Я начинаю думать <считать>, что он не так прост, как кажется（我开始认为，他不像感觉得那样简

---

[1] Апресян В. Ю., Апресян Ю. Д., Бабаева Е. Э. и др., *Новый объяснительный словарь синонимов русского языка*, М.：Языки славянской культуры, 2004, стр. XIX.

单）。这样的句子不是表示心智状态的简单开始，即不是某种看法的出现，而是一个已经发生的意志活动，是某种新情况迫使说话人对以前的评价进行重新审视。①

（八）例证区

例证区用【И】标识。《新型》的例证区有两个主要功能：一是该区域汇集的材料是研究的资料库，是得出同义词不同性能结论的依据；二是该区域完成纯例证的功能，展现现代俄语词位的现实语义及其他潜能。

例证区以电子文本库和作者卡片索引为基础，建构《新型》语料的主要原则是依靠现代俄语文本，即 20 世纪下半期的语言。从 19 世纪和 20 世纪上半期的经典文学作品中，主要选取完全符合现代用法规范的材料。②

（九）查询区

查询区指出同义词列各词与其他词位类型之间尽可能多的聚合上的语义联系，即指出同义词列各词的近义词、转换词、反义词、派生词等。

1. 熟语同义词

熟语同义词用【ФРАЗСИН】标识。在这一区域中，指出与同义词列中某个词位意义相同的常用熟语，如：воображать = рисовать в воображении（想象），жаловаться = плакаться кому в жилетку（向某人诉苦），обещать = давать обещание（许诺）。

2. 近义词

近义词用【АНАЛ】标识。阿普列相认为，近义词是与同义词列共性意义有交叉，但还没有近似到可以构成纯同义程度的词。如 воображать$_1$（想象）的近义词有грезить（幻想）、мечтать$_1$（梦想）、фантазировать

---

① Апресян В. Ю., Апресян Ю. Д., Бабаева Е. Э. и др., *Новый объяснительный словарь синонимов русского языка*, М.：Языки славянской культуры, 2004, стр. XIX.

② Апресян В. Ю., Апресян Ю. Д., Бабаева Е. Э. и др., *Новый объяснительный словарь синонимов русского языка*, М.：Языки славянской культуры, 2004, стр. XX.

（幻想）、придумывать（臆想）、вымышлять（虚构）、рисовать$_{2.2}$（想象）、вспоминать（想起）、мыслить$_1$（想象）、думать$_{2.1}$（思考）。

3. 精确转换词

精确转换词用【KOHB】标识。转换是语句同义代换的重要手段之一，如вмещать（装下，容下）与входить（进入）就可以构成转换关系：Будыль вмещает 10 литров（瓶子装得下10升的水）= В будыль входит 10 литров（10升的水可以装进瓶子里）。

4. 非精确转换词

非精确转换词用【≈KOHB】标识。在非精确转换的情况下，上述的标准句法对立会变得更为复杂。如заручиться（预先取得）与заверить（使确信）构成的是非精确的转换关系：Y заручился поддержкой X-a（Y预先取得X的支持）≈ X заверил Y-a в своей поддержке（X使Y确信，Y会获得X的支持）。

5. 近义（词）的转换词

近义（词）的转换词用【KOHBAHAЛ】标识。这一概念的内容从术语本身便可理解。如использовать（利用，使用）与функционировать（发挥功能）构成的就是近义（词）的转换关系：Мы используем грузовой лифт в качестве пассажирского（我们将货运电梯用作客运）= Грузовой лифт функционирует（у нас）в качестве пассажирского（货运电梯在我们这里发挥客运的功能）。

6. 精确反义词

精确反义词用【AHT】标识。如начать（делать P）（开始做P）VS перестать（停止）；присутствовать（出席）VS отсутствовать（缺席）。

7. 非精确反义词

非精确反义词用【≈AHT】标识。如надеяться（希望）≈ 感受到某种情感，当一个人期待着某件好事即将发生时，常会出现这样的情感；бояться（担心）≈ 感受到某种情感，当一个人等待着某件无法预防的坏事即将发生时，常会出现这样的情感。这时，бояться 即为 надеяться 的非精确反义词。

8. 派生词

派生词用【ДЕР】标识。该区域列举同义词列中词位的形式派生词和语义派生词。如 ошибаться（犯错误）形式上的派生词有 ошибка（错误）、ошибочный（错误的）、ошибочно（错误地）；лечить（治疗）语义上的派生词有 врач（医生）和 медикаменты（药品）。阿普列相曾举过这样的例句：Кто вас лечил?（谁给你治疗的?）≈ Кто был вашим врачом?（谁是您的医生?）；Чем лечат от ангины?（用什么来治疗咽颊炎?）≈ Какие медикаменты используют при ангине?（患咽颊炎的时候用什么药品?）。[1]

9. 索引

索引用【БИБЛ】标识。词条的最后是索引区，该区域列出研究同义词列某个语义群或某个词位时参考的理论著作。

以上是《新型》的整体构成和词条结构详解，通过对词条结构各个区域的介绍可以发现，阿普列相对俄语同义词词位进行了全面的描写，其研究已经达到极其深入的程度。

本章小结

系统性词典学是阿普列相语言学思想的重要组成部分，是语言集成描写在词典编纂中的具体体现。本章从五个方面对系统性词典学进行了论述。

第一节介绍了阿普列相系统性词典学的基本原则，即积极性的原则和系统性的原则。积极性的原则要求，词典应该包含每个词位所有重要信息，既包括理解该词位形成的文本时所必需的信息，也包括形成言语时正确使用该词位所必需的信息。系统性的原则要求，展现不同词位之间的所

---

[1] Апресян Ю. Д., *Избранные труды том* II. *Интегральное описание языка и системная лексикография*, М.：Языки русской культуры, 1995, стр. 344.

有语义联系，阐明各词位之间，以及与其他语言单位之间的语义互相作用规则。系统性原则表现在不同的词典释义类别之中。

第二节阐释了系统性词典学视域下的词位信息。系统性词典学是在词典释义类别框架内研究词位，除了常规的语义、句法、搭配等信息外，还关注词位的非常规语义特征、词位的语用信息、词位的附加意义以及词位的超音段特征等其他一些重要信息。对词位信息的扩充，既是系统性词典学基本原则的要求，也是系统性词典学基本原则的体现。

第三节举例说明了系统性词典学最重要的概念——词典学肖像。词典学肖像是语言集成描写框架下的词典词条，与传统词典学相比，词典学肖像对词条的描写更加全面和细致。一个词位的词典学肖像最多由八个区域组成：形态区、修辞区、语义区、语用区、超音段和交际区、句法区、搭配区和熟语区。实际上，词典学肖像规划了《新型俄语同义词解析词典》词条结构的总体模式。

第四节分析了阿普列相的语言世界图景理论，并对俄汉语运动动词和俄汉语动物词汇的概括性进行了对比。阿普列相将语言世界图景视为某一自然语言所反映的、为该语言所特有的一整套朴素的、前科学对世界的观点和看法。俄汉语运动动词语义的差别、俄汉语动物词汇概括性的强弱反映了语言世界图景的民族独特性。

第五节对《新型俄语同义词解析词典》的宏观构成和词典的词条结构进行了解析。该词典整体上由八个部分构成：序言、词典的词条结构、词典的语言学术语、标识的方法与使用的符号、词典的参考资料、缩略语、具体的词条及其作者和索引。除词条词目外，词典的词条结构也包括八个不同的区域：导言区、意义区、注解区、形式区、结构区、搭配区、例证区和查询区。

国内对阿普列相语言集成描写思想的研究比较深入，对系统性词典学思想的研究还有待进一步加强。

第四章　积极词典学思想

在俄罗斯，谢尔巴最早提出积极词典学的理念，阿普列相是该理念的拥护者。近年来阿普列相发表多篇文章，出版一部专著，用自己的语言学理论和词典编纂实践丰富和发展了谢尔巴的思想。积极词典应遵循系统性、集成性和方便性的原则，定位于使潜在的使用者能够正确地构建自己的话语（文本），为潜在的使用者提供一切必要的信息：语义信息、句法信息、词汇—语义搭配信息和词典化的超音段特征。

第一节　积极词典学思想概述

当今词典编纂有两种倾向：编写体系本位词典的倾向和编写读者本位词典的倾向。前者是消极的，主要起查询的作用；后者是积极的，旨在指导读者积极地掌握语言，有效地使用语言。[①] 在俄罗斯理论词典学界，最早提出积极词典学思想的是谢尔巴。20世纪30年代，谢尔巴提出划分"消极语法"（пассивная грамматика）和"积极语法"（активная грамматика）

---

① 郑述谱：《消极词典与积极词典》，载《郑述谱集》，黑龙江大学出版社2011年版，第16页。

的设想。① 言语交际过程包括信息输入和信息输出两部分，信息输入（读、听）时需对语言进行解码（理解话语），信息输出（说、写）时则需对语言进行编码（生成话语）。两种类型语法的划分，满足了言语交际过程中的不同需要，消极语法顺应语言的解码，立足的是受话人（读者）；积极语法顺应语言编码，立足的是说话人（作者）。后来，谢尔巴将"积极语法"思想延伸到词典学领域，提出"词典编纂同样存在理解话语与生成话语这两个视角"，由此产生两种不同类型的词典，被俄罗斯学者称为消极词典和积极词典。② 阿普列相是积极词典理念的拥护者，他用自己的语言学理论和词典编纂实践丰富和发展了谢尔巴的思想。近年来，阿普列相相继发表系列文章、出版专著论述积极词典思想，使之不断发展和完善。

一　积极词典的特点

如前文所述，词典既可以用来查询语言，也可以用来掌握语言，前者属于消极型的词典，后者属于积极型的词典。

阿普列相认为，消极词典定位于理解别人形成的话语（文本）。为了实现这一目的，只需提供某个语言单位形式和意义的最简单的信息即可，一般不用提供大量的用法例证。消极词典必须保证较大的词汇覆盖率（лексическое покрытие），以便理解各种各样的文本。按照阿普列相的统计，一部词条总量为 10 万的消极词典中，有 60%—70% 的词条是派生词或复合词，它们大多是术语词、书面语词、古旧词，词典对条目词的搭配性能研究得较少，基本没有给出条目词的同义词和反义词。③

相反，积极词典定位于使潜在的使用者能够正确地构建自己的话语（文本），积极词典应该为潜在的使用者提供一切必要的信息。词典中词条

---

① Щерба Л. В., *Языковая система и речевая деятельность*, М.：Едиториал УРСС. 2004, стр. 74-77.

② 陈曦、王红厂：《运用整合原则和系统原则编纂积极型词典——从〈俄语同义词新型解释词典〉谈起》，《辞书研究》2010 年第 5 期。

③ Апресян В. Ю., Апресян Ю. Д., Бабаева Е. С. и др., *Проспект активного словаря русского языка*, М.：Языки славянских культур, 2010, стр. 17-18.

的数量可以不多，但是对每一词条的释义应该尽可能地充分。也就是说，构建话语（文本）所需的条目词形式方面和意义方面的所有重要性能，积极词典中都应该有所体现，包括每个意义的语义性能、句法性能、搭配性能，使用该条目词的语用条件，条目词的同义词、反义词、转换词、派生词、近义词，以及由它构成的熟语等。

以 карта（纸牌）一词为例，在消极词典中，只要指出它是"阴性名词"，意思是"（一张）纸牌；（复数）纸牌游戏"就可以满足需要。但在积极词典中还应该描写：1) 该词的搭配，如可以与形容词搭配：игральная карта（纸牌），старшая <младшая >карта（大<小>牌），фигурная <нефигурная >карта（人头<非人头>牌）等；可以与名词搭配（做主导词或从属词）：карты одного масти（清一色的牌），карты разного достоинства（牌面大小不同的牌），масть карты（牌的花色）等；可以与动词搭配：тасовать карты（洗牌），сдавать карты（分牌），ходить картой（出牌）等。2) 该词的派生，如派生出形容词 карточный（纸牌的；打纸牌用的），картёжный <口语>（赌牌的；打牌的）等；派生出名词 картёжник（牌谜），картёжница（女牌谜），картишки（纸牌<指小>）等。3) 与该词相关的其他词，如 масти（花色）：черви（红桃），бубны（方片），трефы（梅花），пики（黑桃）；достоинство（牌面）：туз（A），король（K），королева или дама（Q），валет（J）等；занятия（用牌从事的活动）等：пасьянс（摆牌阵），гадание на картах（用牌占卜），фокусы с картами（用牌变魔术）等。

在阿普列相看来，能满足上面要求的积极词典，目前在俄罗斯还不存在。在俄罗斯词典编纂的历史中，具有积极词典学部分特征的词典只有两部：一部是20世纪70年代出版的《俄语词汇搭配教学词典》（Учебный словарь сочетаемости слов русского языка，1978）；另一部是20世纪80年代出版的《现代俄语详解组合词典》。

《俄语词汇搭配教学词典》共有2500个词条，只包括名词、形容词和动词，该词典的基础与其说是经过深思熟虑的理论概念，不如说是对外俄语教学中积累的丰富的实践经验，这从纳入词典的语料的多样性以及对词条语义阐释不足中便可得到明证。《现代俄语详解组合词典》共收词 286 个，以"意思⇔文本"理论为指导，对词条的语义、句法和搭配进行了详细描写，具体样例可参见第二章第五节。该词典的出版引起了国内外学界的广泛关注，在俄罗斯积极词典编纂史上具有里程碑式的意义。蒋本蓉认为，虽然《现代俄语详解组合词典》是 20 世纪 80 年代出版的词典，但它的编纂原则和结构设置对今天的语义词典编写依然具有指导意义。[1]

与西方大量涌现的积极词典相比，俄罗斯的积极词典编纂还需加强。阿普列相认为，尽管俄罗斯的积极词典编纂已经起步，但还具有语言试验的性质。不但词典的数量少，词典中收录的词条数量也极为有限，类似西方那样包含 4 万—6 万词条的积极词典，在俄罗斯还没有出现。[2]

二 积极词典的基本原则

阿普列相认为，积极词典应该遵循三个基本原则：系统性原则、集成性原则和方便性原则。

系统性原则总的来说，应该符合下面的形式：如果词典学信息 X 被纳入作为词典词条的某个词或词位 L1 中，作为词典词条的某个词或词位 L2 与 L1 属于同一词汇—语义类别，习惯上具有同样的性能，那么词典学信息 X 也应该被纳入 L2 中。从 второй（第二的）开始的顺序形容词，在数词语境下，如 одна вторая（二分之一），две третьих（三分之二），три пятых（五分之三）等，可以名词化构成 вторая（二分之一），третья（三分之一）等形式，表示"某物的几分之几"的意义。这样，纳入积极词典的所有顺序形容词，都应该体现出可以名词化的词位，并且应该以统一的方式进行注释。然而，阿普列相指出，在现有词典中这些名词化的顺序形容词却是用不同方式进行描写的。例如：在 MAC（《科学院小词典》）中

---

[1] 蒋本蓉：《〈现代俄语详解组合词典〉评述》，《辞书研究》2008 年第 3 期。
[2] Апресян В. Ю., Апресян Ю. Д., Бабаева Е. С. и др., *Проспект активного словаря русского языка*, М.: Языки славянских культур, 2010, стр. 29-30.

只有 вторая（二分之一）、третья（三分之一）、четвертая（四分之一）、пятая（五分之一）、шестая（六分之一）、восьмая（八分之一）、而没有 седьмая（七分之一）、девятая（九分之一）、десятая（十分之一）。此外，对 пятая（五分之一）的注释为"某物的五分之一"，而对 шестая（六分之一）的注释却为"六个不同部分中的每一个"①。

关于集成性原则，阿普列相曾在著述中多次提及。阿普列相认为，语言描写中有两个最重要的成分——词典和语法。这里的语法要做宽泛的理解，指包括语义在内的全部语言规则的总和。词典和语法应该按照某些信息类型和形式化的描写方式最大化的互相协调，这些信息应该足够充分，以便能够在文本和话语中正确使用任何语言单位，同时也能够正确地理解。这就引出一个重要的问题，即语言信息在语法和词典中应该如何配置？换言之，语法学家和词典学家应该如何工作？阿普列相指出，语法学家在形成语言的某些规则时，应该考虑到该词的全部词位（面向词典的语法），如果一些语言规则没有进入某个词的词典注释中，应考量这些规则属于该词的所有词位（如动物名词的句法标识等），有时不得不在规则中直接加入具体词位的信息；词典学家在描写某一词位时，应该考虑到全部语言规则（面向语法的词典），给每个词位注明规则要求的所有性能，经常还要求将某些规则直接列入词典中。②

方便性原则首先要求元语言的简单性和明晰性，这在第二章第二节关于语义元语言和第四节关于分析性注释中都有所介绍。此外，简单性和明晰性还要求，积极词典中使用的语言和符号，应该能被具有中等文化程度的人看懂。在积极词典中有附录部分，用来解释使用的术语，其难度大约与中学时接受的语言学知识相符。这时，在积极词典中的任何部分，都不能使用超出附录的专门术语。方便性原则还要求词位信息具有外显性。如

---

① Апресян В. Ю., Апресян Ю. Д., Бабаева Е. С. и др., *Проспект активного словаря русского языка*, М.: Языки славянских культур, 2010, стр. 31.

② Апресян В. Ю., Апресян Ю. Д., Бабаева Е. С. и др., *Проспект активного словаря русского языка*, М.: Языки славянских культур, 2010, стр. 33-34.

果某个词汇单位具有语言学上的重要性能,那么该性能应该在词条中以明显的方式记录下来,无论从词条的其他信息中能否推知该性能。如从性范畴的信息中可以推知被描写的是名词,从词的性形式和比较级形式信息中可以推知被描写的是形容词,从人称形式中也能预见到被描写的是动词。尽管这时关于词类的信息已显得有些多余,但在积极词典中也必须纳入到相应的词条中。

第二节 词位信息及其对汉语词典编撰的启示

对积极词典中的词条而言,最重要的是要体现其在语义、句法、搭配和超音段方面的信息。这并不是否认其他信息的重要性,传统词典中词条的修辞、正音、形态等信息在积极词典中依然发挥重要作用,只是在语义、句法、搭配和超音段特征方面,积极词典较之传统词典有更大的突破。鉴于第三章第二节已经对上述信息做过详细介绍,本节结合积极词典学的要求,只做提纲挈领式的回顾。

一 积极词典中的语义

语义学是研究意义的科学,它与词典学和词典编纂的关系极为密切。"词典学担负着吸收语义学的相应理论,指导词典编纂实践的任务,同时又担负着总结词典编纂的实际经验的任务。它只能随着语义学及其他语言科学和词典编纂实践两者的发展而发展。"[1] 在积极词典中,阿普列相最重视的是词位的语义,尤其是词义注释和意义的互相作用。

1. 词义注释理论

在注释词义时,要满足两个基本要求:一是要通俗易懂,让非专业人士也能明白;二是要有较强的解释力,即要解释清楚为什么有些词组(句子)是正确的,而有些是错误的。真正做到这一点,绝非易事。下面,以

---

[1] 郑述谱:《语义学与词典编纂》,载《郑述谱集》,黑龙江大学出版社2011年版,第10页。

动词 войти（走进）和 выйти（走出）的基本意义为例加以说明。对相关词位的注释，在传统词典中大多是这样进行的：войти = идя, шагая, проникнуть куда - л., в пределы чего - л.① выйти = уйти откуда - л., оставить, покинуть какое - л. место, помещение, пределы чего - л.② 这样的注释，毫无疑问，对于一般的语言使用者而言都是通俗易懂的，但是其解释力却无法让人满意。因为这样的注释，无法解释为什么可以说 войти в дом с улицы，而不可以说 *войти из дома на улицу；相反，可以说 выйти из дома на улицу，而不可以说 *выйти в дом с улицы。其实，войти 和 выйти 这两个动词，与其他带前缀 в- 和 вы- 的运动动词一样，对位移之前和位移之后的空间有一定的限制。前者意味着位移是从相对开阔的空间到相对封闭的空间；而后者则是从相对封闭的空间到相对开阔的空间。如果在注释中能说明这一点，就可以充分解释上述各句为什么有的成立，有的不能成立。

2. 意义互相作用规则

单个语言单位的意义在互相结合的时候，会像连续话语中的各个音一样，可能互相影响。③ 某一词位 X，它具有表层语义结构 x，在某种特定组合的条件下，其表层语义结构变成 x+a 或者 x-a，这里的 a 是指非常细小的语义成分。下面以物理参数形容词为例，加以说明。这些形容词包括 высокий（高）- низкий（矮），глубокий（深）- мелкий（浅），длинный（长）- короткий（短），широкий（宽）- узкий（窄），等等。它们的短尾形式具有某种特殊的语义属性，可能会发生偏离"标准"特征的语义偏移：больше нормы P ⇒ слишком большой по P для кого - то или чего - то，即超过物理量 P 的标准 ⇒ 对某人或某物而言在物理量 P 方面太过了。

---

① Кузнецов С. А., *Большой толковый словарь русского языка*, Санкт - петербург: НОРИНТ, 2002, стр. 145.

② Кузнецов С. А., *Большой толковый словарь русского языка*, Санкт - петербург: НОРИНТ, 2002, стр. 172.

③ Апресян Ю. Д., *Избранные труды том II. Интегральное описание языка и системная лексикография*, М.: Языки русской культуры, 1995, стр. 65.

例如：

① Протока мелка（на катере не пройдешь）. 河沟<太>浅（坐汽艇过不去）。

② Кровать широка（сюда не встанет）. 床<太>宽（这儿放不下）。

例①中 мелка 偏向 слишком мелка，例②中 широка 偏向 слишком широка。需要指出的是，这里参照的标准是说话人的价值标准，暗含着说话人的否定评价，具有极强的主观色彩。在上面的例证中，物理参数形容词短尾形式表层语义结构中，增加了某些语义成分。

物理参数形容词短尾形式语义属性的特殊性，还表现在表示积极、强势一端的词，在有疑问词 как 和 насколько 的疑问句中，会失去其自身积极、强势的意义，从而具有物理测量的共同标尺意义，成为相应物理参数名词 высота（高）、глубина（深）、длина（长）、ширина（宽）的等价物。例如：

③ Насколько（Как）длинна эта река？这条河有多长？

④ Какова длина этой реки？这条河的长度是多少？

例③中的 длинна 虽然原义是长度单位中表示积极、强势的一端，与коротка 相对立，但是其短尾形式在这个疑问句中已经失去了与 коротка 的对立，并非真正询问有多长，而只是泛泛询问长度而已。这时，例③和例④的语义几乎是等值的。正如张家骅所言："在要了解距离、速度、年龄、分量时，人们首选的是从强势角度着眼的问题：多远？多快？多大？多重？弱势问题'多近？多慢？多小？多轻？或者根本不用，或者在意义上和强势问题有别，不是问距离远近、速度快慢、年龄长幼、重量大小，而是要确切地知道，近到什么程度、慢到什么程度等等'"[①]。在上面的例证中，物理参数形容词短尾形式表层语义结构中，减少了某些语义成分。

类似这些意义互相作用的规则，都应该在积极词典中得以体现。

---

① 张家骅：《俄罗斯语义学：理论与研究》，中国社会科学出版社 2011 年版，第 130 页。

二 积极词典中的句法

词位的所有句法特性也都应该体现在积极词典中。关于积极词典中的句法问题，阿普列相最感兴趣的是谓词的支配关系。他认为："现代很多详解词典对支配关系处理得不好，有时甚至不太合理。"① 如 бахвалиться（自夸）一词，它的意义大约等于 сообщать кому-л. о своих достоинствах, сильно их преувеличивая（告知某人自己的优点，并对优点极为夸大），与 хвастаться（自吹）、хвалиться（夸耀）等词同义。在一般的详解词典中，大都没有明确给出这个动词的支配关系，只是通过例句推知该词可以支配第五格 кем-чем。其实，бахвалиться（自夸）属于言语行为动词，这类动词绝大多数都可以支配带连接词 что 的从属句，表示言语行为的内容，还可以支配第三格 кому-чему，表示言语行为的信息受体。遗憾的是，这些信息并未出现在现有的详解词典中。

在积极词典中，对动词及其他谓词支配属性的描写采用的是支配模式。"支配模式是一个矩阵，通过矩阵标明关键词的语义题元、深层句法题元、表层句法题元之间的一一对应关系。"② 关于支配模式，可参见第二章第五节。

构建任何谓词支配模式的出发点都是分析性注释，并用以确定语义题元的数量。语义题元的数量等于注释中使用的变项 A1、A2… An 的数量，是由该谓词的必需情景参与者的数量决定的。如动词 прибивать-прибить（钉）所描写的情景中，有五个对象参与其中，分别为：（1）钉东西的人（A1，主体）；（2）被钉的东西（A2，客体）；（3）被钉到的地点（A3，地点）；（4）钉所借助的东西（A4，工具）；（5）钉所消耗的东西（A5，手段）。

该动词的注释应为：通过锤子或功能类似锤子一样的东西 A4 的击打，

---

① Апресян Ю. Д., "О проекте активного словаря русского языка", *Вестник РГНФ*, 2009（3），стр. 123.

② 薛恩奎：《〈意思⇔文本〉语言学研究》，黑龙江人民出版社 2006 年版，第 230 页。

某人 A1 用钉子或功能类似钉子一样的东西 A5 将某对象 A2 固定到某对象 A3 上。支配模式要得以实现，除了确定语义题元的数量外，还要确定语义题元与句法题元的对应关系，即要确定 A1，A2... An 正确的句法形式。据此，прибивать-прибить（钉）的支配模式体现如下：

表 4-1 　　　　　　　прибивать-прибить（钉）支配模式表

1 ⇔A1 （施事）	2 ⇔A2 （受事）	3 ⇔A3 （地点）	4 ⇔A4 （工具）	5 ⇔A5 （手段）
名词一格	名词四格	1. к+名词三格 2. на+名词四格	名词五格	名词五格

三　积极词典中的词汇—语义搭配

关于语言单位的非完全自由搭配，在现有的详解词典中描写得也不充分、不合理，对此积极词典也要予以关注。[①] 研究语言单位词汇—语义搭配的基础是梅里丘克提出词汇函数理论，即"指一组词汇语义单位（лексемы）X（X1，X2... Xn）与另一组词汇语义单位 Y（Y1，Y2... Yn）之间的特定抽象语义关系 f：Y=f（X）。"[②]

词汇函数 MAGN 表示"被列出的关键词高程度"，给 X 取不同的值，表示高程度的相关值 Y 也不一样。当 X 分别为 температура（温度）、высота（高度）、вибрация（振动）时，得到的对应相关词分别为 высокая（较高的）、значительная（极大的）、сильная（强烈的），如果误用，就违反俄语习惯，可见词汇性联系最能体现某一个语言的特点。[③] 俄语中只能说 кромешная тьма（地狱般的黑暗）、мертвая тишина（死亡般的寂静）、但不可以说 *кромешная тишина（地狱般的寂静）、*мертвая тьма（死亡般的黑暗），就是因为上述原因。

[①] Апресян Ю. Д.，"О проекте активного словаря русского языка"，*Вестник РГНФ*，2009（3），стр. 125.

[②] 张家骅：《"词汇函数"的理论和应用》，《外语学刊》2002 年第 4 期。

[③] 华劭：《语言经纬》，商务印书馆 2005 年版，第 152—153 页。

张家骅指出:"词汇函数关系是制约词汇单位非自由组合的重要法则,在文本中普遍存在。"① 因此,积极词典中的词条注释中,必须体现出其相关的词汇函数,具体可参见第二章第五节。

四 积极词典中的超音段特征

如前文所述,超音段特征涵盖的范围很广,在积极词典中阿普列相最关注的是语言单位的句重音。他认为,在超音段特征中,句重音最容易词典化,因此获得了词典学家的关注。② 积极词典中的句重音起两种作用:一是可以作为同一词不同义项(意味)的区别标志;二是构成语义偏移的必要条件,或者成为词位特殊用法的标志。

对于句重音的第一种作用,吴哲已做过详细介绍,详见《整合一体描写及其对双语词典编纂创新的启示》一文,③ 在此不再赘述。句重音的第二种作用,以动词 выглядеть(看起来)为例加以分析。выглядеть 原本表达的是感受意义,也就是说,主体对客观世界的真值并不确信,只是一种猜测。如 Этот дом выглядит совсем новым(这个房子看起来非常新。)≈ Этот дом, на мой взгляд, совсем новый(这个房子在我看来非常新。)同样这个动词词位,在特定的条件下,可以向事实意义偏移,也可以向虚拟意义偏移。当 выглядеть 向事实意义偏移时,通常充当交际主位,不带句重音。尤其当上下文中带有表示客观意义的指示副词 иначе(按另一种方式),так(如此),следующим образом(按以下方式)时,这些指示副词充当述位,带句重音。如 В новой газете сообщение об этом событии выглядело↓иначе(在新出版的报纸中对于这一事件的报道是按另一种方式进行的。)当 выглядеть 向虚拟意义偏移时,通常充当交际述位,带句重音,经常与事实形成对比。如 Он только↓выглядит здоровым, на самом

---

① 张家骅:《建构详解组合词典的相关语言学概念再阐释》,《外语学刊》2014 年第 6 期。

② Апресян Ю. Д., "О проекте активного словаря русского языка", *Вестник РГНФ*, 2009(3), стр. 127.

③ 吴哲:《整合一体描写及其对双语词典编纂创新的启示——兼评〈世界的语言图景与系统词典学〉》,《辞书研究》2008 年第 3 期。

деле он очень больной человек（他只是看起来健康，事实上是重病患者。）

五　对汉语词典编撰的启示

"编写积极的词典，无论在理论上，还是在实践上，都面临许多难以解决的问题。"① 通过对已有积极词典的学习和借鉴，不失为一条值得尝试的路径。上述阿普列相的积极词典学思想，对我国汉语词典编撰的发展和完善有一定的启示。下面以《现代汉语词典（第6版）》为例，予以简要说明。

"大"是现代汉语中常见的形容词，基本义项为"在体积、面积、数量、力量、强度等方面超过一般或超过所比较的对象（跟'小'相对）：房子~|地方~|年纪~|声音太~|外面风~|团结起来力量~|你的孩子现在多~了?"② 仔细分析最后一个例句，似乎与其他例句有些不同，作为例句说明该释义也有些不妥。既然"大"与"小"相对，可以说"房子大"，也可以说"房子小"；同理，可以说"地方大"和"地方小""年纪大"和"年纪小"，等等。但是，一般情况下只能问"你的孩子现在多~了?"却不能问"*你的孩子现在多小了?"如前文所示，"大"是泛指性的物理参数形容词，"你的孩子现在多~了?"中的"大"发生了语义偏移。物理参数形容词中表示积极、强势一端的词，在某些疑问句中，可能失去自身积极、强势的意义，从而具有测量的共同标尺意义。"你的孩子现在多~了?"≈"你的孩子现在年龄是多少?"对类似形容词语义偏移的注解，汉语词典中未有提及。

现代汉语中，"打败"有两个义项，打败$_1$："战胜（敌人或对手）：我队~多只强队夺得冠军"；打败$_2$："在战争或竞赛中失败；打败仗：这场比

---

① 郑述谱:《消极词典与积极词典》,载《郑述谱集》,黑龙江大学出版社2011年版,第17页。
② 中国社会科学院语言研究所词典编辑室编:《现代汉语词典（第6版）》,商务印书馆2012年版,第238页。

赛如果你们~了，就失去决赛资格"①。同是一个词，却具有截然对立的两个意思，这是为什么呢？其实，"打败$_1$"是主动态，而"打败$_2$"是被动态。只是汉语没有形式标志，所以只能通过句法分析找到一些端倪。可以将"打败$_1$"和"打败$_2$"的支配关系大致分别理解为："某人打败$_1$对手"和"某人（被对手）打败$_2$"，"某人"在"打败$_1$"中是施事，而在"打败$_2$"中是受事；"对手"与此相反，在"打败$_1$"中是受事，在"打败$_2$"中是施事。

可以将"打败$_1$"和"打败$_2$"的支配模式描写如下：

表 4-2　"打败$_1$"支配模式表

1⇔A1（施事）	2⇔A2（受事）
主语	宾语

表 4-3　"打败$_2$"支配模式表

1⇔A1（受事）	2⇔A2（施事）
主语	状语（介宾短语）

也正因如此，体现"打败$_2$"被动关系的介词"被"可以与之共现，不改变"打败$_2$"的意义，即"打败$_2$" = "被打败$_2$"，所以"这场比赛如果你们打败了，就失去决赛资格"也可以说成"这场比赛如果你们被打败了，就失去决赛资格"，而"打败$_1$"没有类似的用法，不能说"*我队被打败多只强队夺得冠军"。可见，通过上面的支配模式，很容易看出"打败$_1$"和"打败$_2$"语义和句法方面的差异，进而区分出二者的差别。

现代汉语人称代词"他"有实义"他$_1$"和虚义"他$_2$"之分，"他$_1$"

---

① 中国社会科学院语言研究所词典编辑室编：《现代汉语词典（第6版）》，商务印书馆 2012 年版，第 233 页。

称自己和对方以外的某个人；"他$_2$"虚指（用在动词和数量词之间）。例如"一个人要是离开了集体，他$_1$就将一事无成"；"睡他$_2$一觉"①。从超音段特征的角度看，用作实义的"他$_1$"，既可能带句重音，充当交际述位，也可能不带句重音，充当交际主位。而用作虚义的"他$_2$"，肯定不会带句重音，不会充当交际述位。类似这样的信息，在各类汉语词典中几乎都没有体现。而恰恰是这一点，对汉语初学者，尤其是非母语学习者区分"他$_1$"和"他$_2$"非常重要。

第三节　俄语积极词典词条示例

为直观展示俄语积极词典词条的面貌，下面转述阿普列相从积极词典的视角对опасность（危险，危险性）进行的描写。俄语文献来自《积极词典学纲要》中的"词条样例"②，本节以下部分对该文献的引用不再一一标注。

ОПА́СНОСТЬ 名词，阴性，第二格为опасности。

ПРИМЕРЫ 例句

Возника опасность радиоактивного заражения моря <новой вспышки эпидемии>（出现了放射性海洋污染<流行病重新爆发>的危险）；*В джунглях Амазонки их на каждом шагу подстерегали опасности*（在亚马孙的热带雨林中，每走一步都有潜在的危险在等着他们）；*Началось таяние ледников, и села Кармадонского ущелья оказались в опасности*（冰川开始融化，格纳尔东峡谷的村庄处于危险之中）。

ЗНАЧЕНИЕ 意义

Опасность A1 для A2（A1是A2的危险）意义为"当发生某事件A1时，能够给客体A2带来损失"。

---

① 中国社会科学院语言研究所词典编辑室编：《现代汉语词典（第6版）》，商务印书馆2012年版，第1252页。

② Апресян В. Ю., Апресян Ю. Д., Бабаева Е. С. и др., *Проспект активного словаря русского языка*, М.: Языки славянских культур, 2010, стр. 148.

КОММЕНТАРИИ 注释

在 опасности пути <поездки, охоты на гюрзу> (路途<旅行，捕捉斑蝰蛇>的危险), опасность моего положения (我状况的危险性), опасность его присутствия среди нас (他出现在我们中间的危险性), опасность боевого задания (战斗任务的危险性) 等这种类型的搭配中，占据 A1 位置的是带有行为、活动或状态意义的名词，"危险"指的是当 A1 时或在 A1 的过程中，可能会发生某个事件，能够给客体 A2 带来损失。

在 опасности этих идей <этой гипотезы, этого учения> (这些想法<这个假设，这个学说>的危险性) 等这种类型的搭配中，占据 A1 位置的是带有信息意义的名词，"A1 的危险"指的是 A1 可能成为某个事件的原因，该事件能够给客体 A2 带来损失。

УПРАВЛЕНИЕ 支配

A1 可以支配名词二格。如 опасности наводнения <засухи, разрушения плотины> (洪水<干旱，破坏堤坝>的危险), опасности новой войны (新的战争的危险), опасность пути<этого предприятия> (路途<这个事业>的危险)。

A1 可以支配动词不定式。如 опасность быть пойманным (被抓的危险), опасность сбиться с дороги (迷路的危险), опасность остаться на всю жизнь калекой (成为终身残疾者的危险)。

A1 可以支配 что 连接的从属句。如 Есть опасность, что доступное жилье так и останется в области проектов (存在这样的危险：可用的住宅依然停留在方案中)。

A2 可以支配 для+名词二格。如 опасность для детей <для животных> (对孩子们<对动物们>的危险), опасность для города <для страны> (对城市<对国家>的危险), главная опасность для человечества (对人类主要的危险)。

СОЧЕТАЕМОСТЬ 搭配

表示危险程度的搭配：большая <серьезная, страшная, смертельная,

небольная> опасность（很大的 <严重的、可怕的、致命的、不大的> 危险）。

表示危险次序的搭配：главная опасность（主要的危险），опасность номер один（一号危险）。

表示危险现实性的搭配：потенциальная <близкая，непосредственная，реальная，постоянная> опасность（潜在的 <切近的、直接的、现实的、长久的> 危险）。

表示危险性质的搭配：экологическая <сейсмическая> опасность（生态的 <地震的> 危险），опасность распространения СПИДа（艾滋病扩散的危险）。

其他搭配：полный опасностей（充满危险的），осознание опасности（意识到危险），степень общественной опасности преступления（犯罪的社会危险等级），перед лицом опасности（在危险面前），находиться в опасности（处于危险之中），чувствовать приближение опасности（感觉到危险的临近），быть вне опасности（处于危险之外），уйти от опасности（脱离危险），снижать опасность（降低危险性），забывать об опасности（忘记危险），подвергать кого-л. опасности（使某人陷入危险之中），Непосредственной опасности нет（没有直接的危险），Есть опасность, что...（有……的危险），Опасность заключается в том, что...（危险在于……），Опасность нависает над кем-чем-л.（危险威胁着某人或某事），Откуда исходит главная опасность?（主要的危险来自何处？）

ИЛЛЮСТРАЦИИ 例证

① И сознание опасности, неизвестной, но грозной опасности, начало томить душу финдиректора (М. Булгаков). 意识到了危险，不可预知却极其可怕的危险，财务主任开始变得心神不安。

② Все почувствовали, что в воздухе запахло смертельной опаностью (Ф. Искандер). 所有人都感觉到了，空气中散发着致命危险的气息。

③ Нужно быть страусом, чтобы не видеть нависшую над всей

просвещенной Европой опасность（Б. Акунин）. 需要成为鸵鸟，这样就可以对威胁整个文明的欧洲的危险视而不见了。

④ Прежний план разработан уже давно, и достаточно велика опасность, что противнику он известен（А. и Б. Стругацкие）. 过去的计划是很久以前制定的，有被敌人洞察的巨大危险。

同义词：угроза（威胁）；гроза（<古旧>威胁）；дамоклов меч（<书面>达摩克利斯之剑，灾难临头的危险）。

近义词：риск（危险）。

转换词：угрожаемое положение（危险的状态）；Тучи собрались над кем-л.（乌云<灾难>降临到某人头上）。

Для города возникла опасность наводнения（城市有遭受洪水的危险）≈ Город оказался в угрожаемом положении из-за наводнения（由于洪水城市处于危险状态）。

Он оказался в опасности（他处于危险之中）≈ Над ним собрались тучи（灾难降临到他的头上）。

反义词：безопасность（安全）。

派生词：опаска（<口语>小心，谨慎）；опасный（危险的）。

从以上积极词典词条样例中可以发现，与《新型俄语同义词解析词典》中的词条相比，积极词典词条的理论性大大降低，但实用性大大提高。阿普列相认为，俄语积极词典应该完成两个功能：构成科学描写俄语的一部分；变成积极型的词典手册。作为第一种身份，它可以成为各种理论研究的对象；而作为第二种身份，它必将促进对俄语的实际掌握。① 因此，阿普列相积极词典思想对词典编纂具有重要的理论意义，对实际掌握语言也具有很大的实践价值。

---

① Апресян Ю. Д., "О проекте активного словаря русского языка", *Вестник РГНФ*, 2009（3）, стр. 129.

第四节 《俄语积极词典纲要》述评

近年来积极词典学思想逐渐成为阿普列相研究的重点之一，其核心理念主要体现在专著《俄语积极词典纲要》（Проспект активного словаря русского языка，2010）一书中。国内已出现多篇文章介绍阿普列相的《新型俄语同义词解析词典》，但介绍《俄语积极词典纲要》的文章还未曾发现。本节拟对《俄语积极词典纲要》一书进行简单评介。

2010年莫斯科斯拉夫文化语言出版社推出了阿普列相的最新力作——《俄语积极词典纲要》，以下简称《纲要》。全书一共784页，由12位学者合作完成，对俄语积极词典的理论和编纂实践进行了全面阐释和系统研究。

一 主要内容

《纲要》以简明扼要的"绪论"开始，以大量丰富的"文献"结束，正文包括四部分：前言、俄语积极词典词条编写细则、俄语积极词典词条示例和俄语积极词典词汇表。

"前言"是《纲要》的第一部分，由阿普列相执笔，对积极词典进行了总体性介绍。这一部分具体研究了如下几个问题：积极词典的概念，消极词典与积极词典的主要区别，欧洲和俄罗斯最早几部积极词典的特点，并提出了本书的任务——在现代语言学手段和理论的基础上创建新型积极词典。所谓"现代语言学手段"是指语言学实验和大规模语料库。当然，对待语料库也应该持批判的态度。这是因为：一方面，语料库收录了大量不正确的语句；另一方面，尽管语料库涵盖了数千万，甚至数亿个词的用法，却没有正确句子结构的例子。而所谓"现代语言学理论"是指现代语义学、现代句法学、词汇—语义搭配（尤其是最新发展阶段的词汇函数理论）和词汇化的超音段特征（具有辨别词位或义项功能的超音段特征），并考虑到语言其他领域中的最新研究成果。

"俄语积极词典词条编写细则"同样由阿普列相执笔，是《纲要》的第二部分。几乎所有的词典都会指出编写细则，但阿普列相对编写细则的处理与其他通用词典有明显的不同：他只是用小部分篇幅来阐述词条编写技术，而大部分篇幅用来对词典学原则进行深入的理论论述。这些原则包括：元语言的简单性和明晰性原则、词位信息的外显性原则、经济性原则等。同时，对积极词典的各个方面进行了详细描写，如词条的结构、不同词类的注释、关于词位的语言学信息和百科信息之间的关系、词位的语义关系聚合体、以某个词为基础构成的熟语等。值得注意的是，本部分"词目表"中收录的条目词，除了实词和虚词之外，还收录了某些构词成分，如复合词的组成部分：больше-，вице-，военно-，дву-，светло-等。[1]

《纲要》的第三部分——"俄语积极词典词条示例"在容量上占全书的比重最大，由阿普列相之外的其他11名作者完成。词条示例的编排按不同的语义场划分，每位作者负责编写的词条都是按照一定的主题类别进行的，这些词条构成了一定的词典释义类别，如表示真假意义的词：враньё（假话）、истина（真相）、ложь（谎言）、неправда（谎话）、обман（欺骗）；表示空间意义的词：близко（近）、вблизи（附近）、вдалеке（在远处）、вдали（在远处）、вдаль（向远处）；表示言语行为意义的词：вразумить（开导）、грозить（威吓）、доказать（证实）、донести（通知）、заявлять（声明）等。每一个词条都是按照"俄语积极词典词条编写细则"中制定的共同模式描写的，涵盖了该词位全部主要特性。就其本质而言，这个共同的模式正是阿普列相提出的语言集成描写，关于语言集成描写的具体内容，参见本书第二章。"俄语积极词典词条示例"部分收录大约400个词条，如果考虑到个别词的多义性，一共收录的词位达到了约1000个。

《纲要》的第四部分——"俄语积极词典词汇表"包含了大约12000个语词。词汇表中的核心语词是使用频率最高的修辞中立词，也包含了部

---

[1] Апресян В. Ю., Апресян Ю. Д., Бабаева Е. С. и др., *Проспект активного словаря русского языка*, М.：Языки славянских культур, 2010, стр. 57.

分交际中经常使用的某些口语词、俚语词以及书面语词、崇高语词，等等。

二　主要特点

综观《纲要》一书，可以发现它有如下几个方面的突出特点：

1. 继承与创新并举

"作为新趋势产物的积极词典绝不能是无源之水，它必然要从传统的消极词典里吸收许多合理的内容和方法。"[1]《纲要》不仅继承了已有消极词典的合理成分，而且继承了欧洲和俄罗斯积极词典学研究的成果。更加难能可贵的是，在继承的基础上又融入了自己的创新。阿普列相所构想的俄语积极词典，并非只是已有积极词典的模拟和重现，而是要确定新型积极词典的标准。俄语积极词典要建立在现代词典学原则上，利用现代语言学手段，吸收语言学理论的最新成果。对词位特性的考察从语义、句法、搭配、语用、超音段特征、百科知识等方面多维度展开。

2. 理论联系应用

《纲要》是一部专著，里面论述了许多与词典编撰相关的语言学理论，但又与其他专著不同，除了理论阐释外，还包括众多词条示例，在某种程度上具有一定的词典色彩。一般来说，以语言集成描写为原则编写的积极词典，"面向的对象显然并非普通读者，而是掌握外语已经达到中、高级程度的使用者，尤其是机器翻译理论的研究者"[2]。而《纲要》中设定的俄语积极词典则是面向大众，而不仅仅是专门的语言研究者。换言之，俄语积极词典是用大众化的语言来阐释语言学理论的最新成果，让非语言专业的普通读者（具备中等文化程度）也能看得懂。《纲要》一书首先达到了这个要求。

---

[1] 郑述谱：《消极词典与积极词典》，载《郑述谱集》，黑龙江大学出版社2011年版，第19页。

[2] 吴哲：《整合一体描写及其对双语词典编纂创新的启示——兼评〈世界的语言图景与系统词典学〉》，《辞书研究》2008年第3期。

3. 作者分工协作，全书浑然一体

虽然《纲要》的作者一共多达 12 位，但他们在阿普列相的领导下，各司其职，按照制定好的词条编写模式和样例对自己负责的词条分别进行描写。全书不仅叙述流畅，资料充盈，例证丰富，而且结构严谨，内容连贯，好似出自一人之手。这或许要归功于前期的大量准备工作、合理分工、词条编写标准制定得既科学又有可操作性。

总之，《纲要》拉开了新型俄语积极词典编纂的序幕，对词典学理论和词典编纂实践都产生了巨大影响。同时，《纲要》的理论和方法也会对其他国家积极词典的编撰有所启示。"编写积极的词典，无论在理论上，还是在实践上，都面临许多难以解决的问题。"① 通过对已有积极词典的学习和借鉴，不失为一条可以行得通的路径。阿普列相的积极词典学思想，对我国汉语积极词典编撰有一定的启示，这是值得进一步思考和研究的课题。

本章小结

积极词典学思想是系统性词典学的进一步发展，是阿普列相语言学思想的最新体现。本章从四个方面对积极词典学思想进行了论述。

第一节分析了阿普列相设想的积极词典的特点和基本原则。积极词典定位于使潜在的使用者能够正确构建自己的话语（文本），积极词典应该为潜在的使用者提供一切必要的信息。积极词典应该遵循的三个基本原则是系统性原则、集成性原则和方便性原则。

第二节阐释了积极词典学视域下的词位信息。积极词典在重视传统词典中词条的修辞、正音、形态等信息基础上，在语义、句法、搭配和超音段特征等方面较之传统词典有了更大的突破。此外，本节还举例说明了阿普列相积极词典学思想对我国汉语词典编撰的启示。

---

① 郑述谱：《消极词典与积极词典》，载《郑述谱集》，黑龙江大学出版社 2011 年版，第 17 页。

第三节转述了阿普列相从积极词典学视角对 опасность（危险，危险性）进行的描写，以便更直观地对俄语积极词典产生感性认识。积极词典中的词条至少要从六个方面进行描写：例句、意义、注释、支配、搭配和例证。

第四节评述了阿普列相积极词典学研究的最新成果——《俄语积极词典纲要》。该专著于 2010 年由莫斯科斯拉夫文化语言出版社出版，全书共 784 页，由 12 位学者合作完成，对俄语积极词典的理论和编纂实践进行了全面阐释和系统研究，是一部继承与创新并举、理论联系实际的杰作。

阿普列相的积极词典学思想还在深入发展，虽然国内对此的研究也才刚刚起步，但毋庸置疑，借鉴阿普列相积极词典学的理论和方法，进行俄汉双语、汉语（单语）积极型词典的编纂，是一个很有价值的研究领域。

结 束 语

21世纪语言研究的趋势之一是深入语言的微观世界，对词位所有性能进行全面描写，用解释学的方法揭示句法行为背后的语义制约机制，并将研究成果词典化。阿普列相正是这一趋势的倡导者，他在理论语义学和词典学领域取得的杰出成就，不仅代表了俄罗斯语言学研究的最高水平，而且在国际语言学研究前沿中占有一席之地。

阿普列相语言学思想是一个不可分割的整体，为研究和论述的方便本书将其分成三个部分：语言集成描写思想、系统性词典学思想和积极词典学思想。语言集成描写侧重的是工具、是方法，系统性词典学思想和积极词典学思想侧重的是实践、是材料。二者紧密结合，互相作用：一方面用语言学理论指导词典编纂实践；另一方面用大规模语料验证理论的有效性，根据语言事实修正理论的不足。如此反复循环，形成一个良性的动态过程。

本书勾勒出了阿普列相语言学思想的轮廓，对其思想最核心之处进行了详细解读，得出主要结论如下：

1. 阿普列相20世纪50年代开始从事语言研究，在继承和借鉴的基础上逐渐形成了自己的理论体系。1974年问世的《词汇语义学》标志着阿普列相语言学思想的诞生；1995年出版的《语言集成描写与系统性词典学》标志着阿普列相语言学思想的成熟；2004年修订的《新型俄语同义词解析词典》标志着阿普列相语言学思想的完善；2010 年推出的《俄语句法理论问题》和《俄语积极词典纲要》是阿普列相语言学思想的继续发展。

2. 语言集成描写思想是阿普列相语言学思想的基础和核心。概括而言，语言集成描写思想有三个主要特点：其一，对语言进行全方位描写时，词典与语法（指全部语言学规则）地位同等重要；其二，词典与语法应以理想的方式协调一致；其三，语法信息和词典信息应使用同一种语义元语言进行描写。

3. 阿普列相的语义元语言是理论语义学研究和积极型词典编纂的工具，包括元语言词汇和元语言句法，元语言词汇由语义基元词、过渡语义因素和语义夸克构成。安华林的元语言研究，围绕用哪些元语言词汇进行释义展开；阿普列相则侧重于如何用元语言对语言单位进行释义，两人的研究特色鲜明，互补性强。

4. 语义配价源于语言单位的词汇意义，是谓词词汇语义单位在句法上使其他语言单位从属于它的一种能力，被从属的其他语言单位就是该谓词词汇语义单位的语义题元。语义题元可以扮演不同的角色，习惯上称之为语义角色。至于语义角色的名称和数量，阿普列相没有给出定论。在《词汇语义学》中使用了 25 种语义角色，在《新型俄语同义词解析词典》中减少到 16 种语义角色，在《俄语句法理论问题》中又增加到 54 种语义角色。

5. 传统语义学和词典学对语言单位的释义，都是单层的语义结构，阿普列相提出了分析性注释的理论，即在语言单位的注释中存在五个不同的层面：陈说、预设、情态框架、观察框架和动因。这几个层面不是每个语言单位的意义中都必须具有的，而是因语言单位不同而有所差异。分析性注释的提出，标志着对语言单位微观语义研究的精细化。

6. 系统性词典学思想是语言集成描写在词典编纂中的具体运用和体现，其基本原则是积极性和系统性。系统性词典学的基本概念是词典释义类别和词典学肖像。前者指相对比较紧密的词位群，具有某一共同的语言学性能，要求进行统一的词典描写；后者是在语言集成描写指导下，对词典词条（词位）所有重要性能（包括非常规语义特征、词位的语用信息、词位的附加意义以及超音段特征等）进行全面描写。

7. 积极词典学思想是系统性词典学的进一步发展，是阿普列相语言学思想的最新体现。积极词典定位于使潜在的使用者能够正确地构建自己的话语（文本），为潜在的使用者提供一切必要信息。积极词典编纂遵循系统性、集成性和方便性三原则。阿普列相积极词典学思想集中反映在《俄语积极词典纲要》一书中。

由于篇幅、时间所限，本书还存在许多不足和尚须完善之处，在今后研究中我们将主要从以下两个方面进行深化：

1. 阿普列相研究领域广泛，语言学思想博大精深。除了语言集成描写、系统性词典学、积极词典学思想外，阿普列相还论述了意义的句法制约性、语言的形式模式、语言悖异与逻辑矛盾等问题，后续研究中将对此进行论述。

2. 本书对阿普列相语言学思想的研究，实现了介绍、解析、评述、对比和应用相结合，但仍然以介绍、解析和评述为主。后续研究中将在阿普列相语言学思想与汉语相关思想对比、运用阿普列相语言学思想研究汉语相关问题等方面进一步加强。

参考文献

Ю. Д. 阿普列相：《什么是结构语言学》，应寿礽译，《语言学资料》1962年第 11—12 期。

Ю. Д. 阿普列相：《乌尔曼的结构语义学》，尚英译，《语言学资料》1962年第 11—12 期。

Ю. Д. 阿普列相：《莫斯科语义学派》，杜桂枝译，《中国俄语教学》2006年第 2—4 期。

Ю. Д. 阿普列相：《语言整合性描写与系统性词典学》，杜桂枝译，北京大学出版社 2011 年版。

安华林：《元语言理论的形成和语言学的元语言观》，《内蒙古社会科学》（汉文版）2005 年第 1 期。

安华林：《现代汉语释义基元词研究》，中国社会科学出版社 2005 年版。

安华林：《汉语释义元语言理论与应用研究》，学林出版社 2009 年版。

陈曦、王红厂：《积极语法·积极型词典·外语词汇教学》，《中国俄语教学》2009 年第 3 期。

陈曦、王红厂：《运用整合原则和系统原则编纂积极型词典——从〈俄语同义词新型解释词典〉谈起》，《辞书研究》2010 年第 5 期。

陈秀利、李葆嘉：《莫斯科语义学派语义元语言在同义词词典中的应用》，《扬州大学学报》（人文社会科学版）2011 年第 3 期。

陈秀利、李尧：《〈最新俄语同义词解释词典〉述评》，《湖南科技大学学报》（社会科学版）2011 年第 5 版。

杜桂枝：《20 世纪后期的俄语学研究及发展趋势（1975—1995）》，首都师范大学出版社 2000 年版。

[美] C. J. 菲尔墨：《"格"辨》，胡明扬译，商务印书馆 2005 年版。

[瑞士] 费尔迪南·德·索绪尔：《普通语言学教程》，高名凯译，商务印书馆 1980 年版。

封宗信：《现代语言学流派概论》，北京大学出版社 2006 年版。

冯志伟：《现代语言学流派（修订本）》，陕西人民出版社 1999 年版。

[德] 弗雷格：《弗雷格哲学论著选辑》，王路译，商务印书馆 2006 年版。

傅兴尚、许汉成、易绵竹等：《俄罗斯计算语言学与机器翻译》，语文出版社 2009 年版。

[俄] М. В. 戈尔巴涅夫斯基：《世初有道》，杜桂枝、杨秀杰译，民主与建设出版社 2002 年版。

[法] 格雷马斯：《结构语义学》，蒋梓骅译，百花文艺出版社 2001 年版。

[德] 海德格尔：《在通向语言的途中》，孙周兴译，商务印书馆 2004 年版。

韩万衡：《德国配价论主要学派在基本问题上的观点和分歧》，《国外语言学》1997 年第 3 期。

何兆熊：《新编语用学概要》，上海外语教育出版社 2000 年版。

何自然、陈新仁：《当代语用学》，外语教学与研究出版社 2004 年版。

华劭：《语言经纬》，商务印书馆 2005 年版。

黄伯荣、廖序东：《现代汉语（增订四版）上册》，高等教育出版社 2007 年版。

季元龙：《俄语理论语义学的研究原则、对象及其方法——阿普列祥观点评述》，《解放军外国语学院学报》2002 年第 3 期。

贾彦德：《汉语语义学》，北京大学出版社 1999 年版。

蒋本蓉：《莫斯科语义学派的释义元语言》，《外语研究》2008 第 1 期。

蒋本蓉：《〈现代俄语详解组合词典〉评述》，《辞书研究》2008 年第 3 期。

蒋本蓉：《支配模式在汉语语义词典中的应用》，《外语学刊》2009 年第 4 期。

［苏］柯杜霍夫：《普通语言学》，常宝儒等译，外语教学与研究出版社 1987 年版。

李洁：《德语配价理论的发展及成就》，《外语教学与研究》1987 年第 1 期。

李炯英：《波兰语义学派概述》，《外语教学与研究》2005 年第 5 期。

李炯英、李葆嘉：《NSM 理论的研究目标、原则和方法》，《当代语言学》2007 年第 1 期。

李侠：《配位方式支配模式论元结构》，《外语学刊》2011 年第 1 期。

李侠：《配价理论与语义词典》，博士学位论文，黑龙江大学，2011 年。

李锡胤：《李锡胤集》，黑龙江大学出版社 2007 年版。

李子荣：《作为方法论原则的元语言理论》，黑龙江人民出版社 2006 年版。

林杏光、鲁川：《汉语句子语义平面的主客观信息研究》，《汉语学习》1997 年第 5 期。

刘光准、黄苏华：《俄汉语言文化习俗探讨》，外语教育研究出版社 1999 年版。

刘海涛：《依存语法的理论与实践》，科学出版社 2009 年版。

刘宏：《俄语语言与文化：理论研究与实践探索》，外语教学与研究出版社 2012 年版。

刘丽丽：《俄汉语祈使言语行为动词语义对比研究》，博士学位论文，黑龙江大学，2013 年。

倪波、顾柏林：《俄语语义学》，上海外语教育出版社 1995 年版。

倪波、周承、李磊荣等：《言语行为理论与俄语语句聚合体》，上海外语教育出版社 1998 年版。

［美］诺姆·乔姆斯基：《句法结构》，邢公畹、庞秉钧、黄长著等译，中国社会科学出版社 1979 年版。

彭玉海：《俄语动词（句）语义整合研究》，黑龙江人民出版社 2001 年版。

彭玉海：《语义动态分析方法探索》，中国社会科学出版社 2009 年版。

彭玉海：《俄罗斯民族文化概念分析与解读》，中国社会科学出版社 2020 年版。

钱冠连：《语言：人类最后的家园》，商务印书馆 2005 年版。

石肆壬：《词典学论文选译》，商务印书馆 1981 年版。

［苏］斯大林：《马克思主义与语言学问题》，李立三等译，人民出版社 1957 年版。

宋洪英：《语言文化学视野下的定型研究》，河南大学出版社 2011 年版。

苏新春：《汉语释义元语言研究》，上海教育出版社 2005 年版。

孙道功：《词汇—句法语义的衔接研究》，世界图书出版社 2011 年版。

孙淑芳：《俄语祈使言语行为研究》，黑龙江人民出版社 2001 年版。

孙淑芳：《言语行为动词的语义阐释》，《外语学刊》2009 年第 6 期。

孙淑芳：《意向语义与情态意义》，《外国语》2012 年第 3 期。

孙爽、石莹：《ЭТАП-3 机器翻译系统研究》，《哈尔滨师范大学社会科学学报》，2013 年第 5 期。

［美］塔尔斯基：《语义性真理概念和语义学的基础》，载马蒂尼奇《语言哲学》，牟博、杨音莱、韩林合等译，商务印书馆 1998 年版。

［英］特伦斯·霍克斯：《结构主义和符号学》，瞿铁鹏译，上海译文出版社 1987 年版。

王福祥、吴汉樱：《语言学历史·理论·方法》，外语教学与研究出版社 2008 年版。

王钢：《俄语取效行为研究》，硕士学位论文，黑龙江大学，2010 年。

王洪明：《俄汉阐释动词词义的元语言释义对比》，博士学位论文，黑龙江大学，2011 年。

王加兴、袁俭伟、孙飞燕等：《俄语语言与文化六讲》，北京大学出版社 2014 年版。

王铭玉：《语言符号学》，高等教育出版社 2004 年版。

[德] 威廉·冯·洪堡特:《论人类语言结构的差异及其对人类精神发展的影响》,姚小平译,商务印书馆 1999 年版。

[英] 维特根斯坦:《逻辑哲学论》,贺绍甲译,商务印书馆 1999 年版。

文旭:《同义反复话语的特征及其认知语用解释》,《外国语言文学》2003 年第 3 期。

吴国华:《"ты"与"вы"的语言国情学价值》,《中国俄语教学》1997 年第 4 期。

吴国华、杨喜昌:《文化语义学》,军事谊文出版社 2000 年版。

吴国华、彭文钊:《论语言世界图景作为语言学的研究对象》,《外语与外语教学》2003 年第 2 期。

吴哲:《整合一体描写及其对双语词典编纂创新的启示——兼评〈世界的语言图景与系统词典学〉》,《辞书研究》2008 年第 3 期。

伍谦光:《语义学导论》,湖南教育出版社 1992 年版。

徐烈炯:《语义学（修订本）》,语文出版社 1995 年版。

徐涛:《莫斯科语义学派的语言世界图景观》,《外语学刊》2011 年第 3 期。

徐涛:《以语义学为研究对象的语言世界图景》,《中国俄语教学》2013 年第 4 期。

薛恩奎:《〈意思⇔文本〉语言学研究》,黑龙江人民出版社 2006 年版。

薛恩奎:《词汇语义量化研究》,黑龙江人民出版社 2006 年版。

薛恩奎:《И. А. Мельчук 的"意思⇔文本"学说》,《当代语言学》2007 年第 4 期。

[美] 雅柯布森:《雅柯布森文集》,钱军编译,湖南教育出版社 2006 年版。

杨成凯:《Fillmore 的格语法理论（上）》,《国外语言学》1986 年第 1 期。

[丹] 叶姆斯列夫:《叶姆斯列夫语符学文集》,程琪龙译,湖南教育出版社 2005 年版。

于鑫:《阿普列相及其语义理论》,《解放军外国语学院学报》2006 年第

3 期。

袁毓林：《汉语配价语法研究》，商务印书馆 2010 年版。

张爱朴：《"配价语法"等于"依存语法"吗?》，《中国科技术语》2011 年第 6 期。

张红：《莫斯科语义学派视域下动词的语义类别》，《中国俄语教学》2014 年第 2 期。

张家骅：《莫斯科语义学派》，《外语研究》2001 年第 4 期。

张家骅：《"词汇函数"的理论和应用》，《外语学刊》2002 年第 4 期。

张家骅：《Ю. АПРЕСЯН/A. WIERZBICKA 的语义元语言（一）》，《中国俄语教学》2002 年第 4 期。

张家骅：《Ю. АПРЕСЯН/A. WIERZBICKA 的语义元语言（二）》，《中国俄语教学》2003 年第 1 期。

张家骅、彭玉海、孙淑芳等：《俄罗斯当代语义学》，商务印书馆 2003 年版。

张家骅：《莫斯科语义学派的配价观》，《外语学刊》2003 年第 4 期。

张家骅：《莫斯科语义学派的理论要点》，《中国外语》2006 年第 3 期。

张家骅：《莫斯科语义学派的义素分析语言》，《当代语言学》2006 年第 2 期。

张家骅：《语义配价合并》，《中国俄语教学》2007 年第 2 期。

张家骅：《俄汉语中的语义配价分裂现象》，《外语学刊》2008 年第 4 期。

张家骅：《"知道"与"认为"句法差异的语义、语用解释》，《当代语言学》2009 年第 3 期。

张家骅：《建构详解组合词典的相关语言学概念再阐释》，《外语学刊》2014 年第 6 期。

张可、周茂川：《老外抓狂：中国羊年究竟是什么羊?》，《扬子晚报》2015 年 2 月 16 日。

张庆华：《〈"格"辨〉评介》，《内蒙古农业大学学报》（社会科学版）2013 年第 4 期。

章宜华、雍和明：《当代词典学》，商务印书馆 2007 年版。

张喆、赵国栋：《韦日比茨卡和她的元语言思想》，《解放军外国语学院学报》2003 年第 6 版。

张志毅、张庆云：《词汇语义学》，商务印书馆 2005 年版。

赵爱国：《语言文化学论纲》，黑龙江人民出版社 2006 年版。

赵爱国：《20 世纪俄罗斯语言学遗产：理论、方法及流派》，北京大学出版社 2012 年版。

赵敏善：《俄汉语对比研究》，上海译文出版社 1994 年版。

赵艳芳：《认知语言学概论》，上海外语教育出版社 2001 年版。

郑秋秀：《语义配价、句法题元及其关系问题》，《中国俄语教学》2009 年第 4 期。

郑秋秀：《论动词的支配模式》，《中国俄语教学》2010 年第 4 期。

郑述谱：《郑述谱集》，黑龙江大学出版社 2011 年版。

郑述谱：《俄国词典编纂的传统与新篇》，《辞书研究》2012 年第 1 期。

郅友昌：《俄罗斯语言学通史》，上海外语教育出版社 2009 年版。

钟守满、赵玥萍：《论 Katz 语义学模式的作用》，《南昌航空工业学院学报》（社会科学版）2000 年第 2 期。

Апресян В. Ю., Апресян Ю. Д., Бабаева Е. Э. и др., *Языковая картина мира и системная лексикография*, М.: Языки славянских культур, 2006.

Апресян В. Ю., Апресян. Ю. Д., Бабаева Е. С. и др., *Проспект активного словаря русского языка*, М.: Языки славянских культур, 2010.

Апресян Ю. Д., "Что такое структурная лингвистика", *Иностранные языки в школе*, 1961(3).

Апресян Ю. Д., *Идеи и методы современной структурной лингвистики*, М.: Просвещение, 1966.

Апресян Ю. Д., *Лексическая семантика*, М.: Наука, 1974.

Апресян Ю. Д., "Перформативы в грамматике и словаре", *Известия АН СССР. Серия литературы и языка*, 1986(3).

Апресян Ю. Д., "Синонимия ментальных предикатов: группа *считать*", *Логический анализ языка. Ментальные действия*, М.: Наука, 1993.

Апресян Ю. Д., "О языке толкований и семантических примитивах", *Известия РАН. Серия литературы и языка*, 1994(4).

Апресян Ю. Д., *Избранные труды, т Ⅱ. Интегральное описание языка и системная лексикология*, М.: Язык русской культуры, 1995.

Апресян Ю. Д., "Образ человека по данным языка: попытка системного описания", *Вопросы языкознания*, 1995(1).

Апресян Ю. Д., "Проблема фактивности: *знать* и его синонимы", *Вопросы языкознания*, 1995(4).

Апресян Ю. Д., "О московской семантической школе", *Вопросы языкознания*, 2005(1).

Апресян Ю. Д., "О проекте активного словаря русского языка", *Вестник РГНФ*, 2009(3).

Апресян Ю. Д., Богуславский И. М., Иомдин Л. Л., Санников В. З., *Теоретические проблемы русского синтаксиса: Взаимодействие грамматики и словаря*, М.: Языки славянских культур, 2010.

Богуславский И. М., *Исследования по синтаксической семантике: сферы действия логических слов*, М.: Наука, 1985.

Богуславский И. М., Иомдин Л. Л., "Академик Юрий Дереникович Апресян (к 75-летию со дня рождения)", *Известия РАН. Серия литературы и языка*, 2005(1).

Богуславский. И. М., Иомдин Л. Л., Крысин. Л. П., "Академик Юрий Дереникович Апресян (к 80-летию со дня рождения)", *Известия РАН. Серия литературы и языка*, 2010(1).

Богуславский И. М., Иомдин Л. Л., Крысин Л. П., *Слово и язык. Сборник статей к восьмидесятилетию академика Ю. Д. Апресяна*, М.: Языки славянских культур, 2011.

Виноградов В. В., "Основные типы лексических значений слова", *Вопросы языкознания*, 1953(5).

Иорданская Л. Н., "О « Новом объяснительном словаре синонимов русского языка »", *Русский язык в научном освещении*, 2001(2).

Козырев В. А., Черняк В. Д., *Вселенная в алфавитном порядке: Очерки о словарях русского языка*, Санкт-Петербург: РППУ, 2000.

Крысин Л. П., "Академик Юрий Дереникович Апресян (к 70-летию со дня рождения)", *Известия РАН. Серия литературы и языка*, 2000(1).

Крысин Л. П., Апресян В. Ю., Аресян Ю. Д., Бабаева Е. Э., Богуславская О. Ю., Иомдин Б. Л., Крылова Т. В., Левонтина И. Б., Саншиков А. В., Урысон Е. В., "Языковая картина мира и системная лексикография", *Русский язык в научном освещении*, 2007(1).

Мельчук И. А., *Курс общей морфологии. Том Ⅰ*, М.: Издательская группа « Прогресс », 1997.

Мельчук И. А., *Опыт теории лингвистических моделей « СМЫСЛ ⇔ ТЕКСТ »*, М.: Школа « Языки русской культуры », 1999.

Мельчук И. А., "Предисловие. Про Апресяна", *Слово и язык. Сборник статей к восьмидесятилетию академика Ю. Д. Апресяна*, М.: Языки славянских культур, 2011.

Падучева Е. В., *Высказывание и его соотнесенность с действительностью*, М.: Наука, 1985.

Падучева Е. В., "Соответствие « Смысл ⇔ Текст » в исторической перспективе", *Восток-Запад: Вторая международная конференция по модели « Смысл ⇔Текст »*, М.: Языки славянской культуры, 2005.

Падучева Е. В., "'Новый объяснительный словарь синонимов русского языка' как лаборатория семантического анализа лексики", *Известия РАН. Серия литературы и языка*, 2006(6).

Серебренников Б. А., Кубрякова Е. С., Постовалова В. И. и др., *Роль человеческого фактора в языке: Язык и картина мира*, М.: Наука, 1988.

Шайкевич А. Я., "Лексикографическое представление русских синонимов (к выходу в свет 2 - го издания ' Нового объяснительного словаря синонимов русского языка ' под общим руководством Ю. Д. Апресяна)", *Известия РАН. Серия литературы и языка*, 2006(4).

Шведова Н. Ю., *Русская грамматика*, М.: Наука, 1980.

Щерба Л. В., *Языковая система и речевая деятельность*, М.: Едиториал УРСС, 2004.

Grice H. P., "Logic and Conversation", In Cole, P. and Morgan, J. (eds.), *Syntax and Semantics*, Vol. 3: *Speech Acts*, New York: Academic Press, 1975.

Levinson S. C., *Pragmatics*, Cambridge: Cambridge University Press, 1983.

词典类

冯契、徐孝通:《外国哲学大辞典》,上海辞书出版社2000年版。

黑龙江大学俄语语言文学研究中心辞书研究所:《大俄汉词典(修订版)》,商务印书馆2001年版。

傅季重等主编:《哲学大辞典·逻辑学卷》,上海辞书出版社1988年版。

鲁川:《动词大词典(人机通用)》,中国物资出版社1994年版。

戚雨村、董达武、许以理、陈光磊等编:《语言学百科词典》,上海辞书出版社1993年版。

语言学名词审定委员会:《语言学名词》,商务印书馆2011年版。

张建华等编:《现代俄汉双解词典》,外语教学与研究出版社2003年版。

中国社会科学院语言研究所词典编辑室编:《现代汉语词典(修订版)》,商务印书馆1996年版。

中国社会科学院语言研究所词典编辑室编:《现代汉语词典(第6版)》,

商务印书馆 2012 年版。

Апресян В. Ю., Апресян Ю. Д., Бабаева Е. Э. и др., *Новый объяснительный словарь синонимов русского языка*, М.：Языки славянской культуры, 2004.

Апресян Ю. Д., Ботякова В. В., Латышева Т. Э. и др., *Англо-русский синонимический словарь*, М.：Русский язык, 1979.

Зализняк А. А., *Грамматический словарь русского языка：Словоизменение*, М.：Издательство《Русский язык》, 1977.

Кузнецов С. А. Большой толковый словарь русского языка, Санкт-Петербург：НОРИНТ, 2000.

Мельчук И. А., Жолковский А. К., *Толково-комбинаторный словарь современного русского языка*, Вена：Wiener Slawistischer Almanach, 1984.

Ожегов С. И., Шведова Н. Д., *Толковый словарь русского языка*, М.：ООО《А ТЕМП》, 2013.

Ярцева В. Н., *Лингвистический энциклопедический словарь*, М.：Научное издательство《Большая Российская энциклопедия》, 2002.